SER
EXCEPCIONAL

Título original: Be Exceptional: Master the Five Traits That Set Extraordinary People Apart
Traducido del inglés por Antonio Gómez Molero
Diseño de portada: Editorial Sirio, S.A.
Maquetación: Toñi F. Castellón

© de la edición original
2021, Joe Navarro

Publicado por acuerdo con William Morrow, un sello de HarperCollins Publishers

© fotografía del autor
Morten Tonsber

© de la presente edición
EDITORIAL SIRIO, S.A.
C/ Rosa de los Vientos, 64
Pol. Ind. El Viso
29006-Málaga
España

www.editorialsirio.com
sirio@editorialsirio.com

I.S.B.N.: 978-84-18531-86-6
Depósito Legal: MA-405-2022

Impreso en Imagraf Impresores, S. A.
c/ Nabucco, 14 D - Pol. Alameda
29006 - Málaga

Impreso en España

Puedes seguirnos en Facebook, Twitter, YouTube e Instagram.

 El papel utilizado para la impresión de este libro está **libre de cloro** elemental (ECF) y su procedencia está certificada por una entidad independiente, no gubernamental, que promueve la sostenibilidad de los bosques.

JOE NAVARRO

autor de *El cuerpo habla*

con Toni Sciarra Poynter

SER EXCEPCIONAL

Desarrolla los 5 rasgos
que distinguen a la gente extraordinaria

EDITORIAL
SIRIO

A la memoria de mi padre, Albert.

Cuida tus pensamientos, porque los pensamientos
se convierten en palabras.
Cuida tus palabras, porque las palabras se convierten en acciones.
Cuida tus acciones, porque las acciones se convierten en hábitos.
Cuida tus hábitos, porque los hábitos se convierten en carácter.
Cuida tu carácter, porque el carácter se convierte en el destino.

Adaptado de Lao Tzu

Índice

Antes de comenzar

No creas que lo que te resulta difícil es imposible. Y si es
humanamente posible, piensa que tú lo puedes lograr.

MARCO AURELIO

¿Qué es lo que convierte en excepcional a una persona? Me he planteado esta pregunta durante mucho tiempo, y quizás también tú lo hayas hecho. A lo largo de más de cuarenta años estudiando la conducta humana –incluidos veinticinco de servicio en el FBI, como miembro fundador de su National Security Behavioral Analysis Program ('programa de análisis conductual de seguridad nacional')–, más de diez mil entrevistas sobre el terreno y años de consultoría con organizaciones multinivel de todo el mundo, investigando sobre el comportamiento y el rendimiento, y escribiendo más de una docena de libros sobre estos temas, nada me ha fascinado tanto como los individuos con características excepcionales. Son personas que nos hacen sentir especiales. Que nos atraen al instante con su amabilidad y cariño, nos llenan de energía con su sabiduría y empatía, y nos dejan sintiéndonos mejor que cuando llegamos. Nos gustaría tenerlos como amigos, vecinos, compañeros de trabajo o entrenadores. Y que fueran nuestros maestros, nuestros jefes, los líderes de la comunidad o los candidatos a un cargo público.

¿Qué es lo que les hace ser como son: influyentes, eficaces, dignos de servir de modelo y de liderar? Las cualidades por las que destacan no guardan relación con su nivel de educación, ingresos o habilidades, ya sean atléticas, artísticas o empresariales. No, estos individuos sobresalen en los aspectos verdaderamente importantes: parece que siempre saben qué decir y qué hacer para imponer respeto, influenciar de forma positiva e inspirar incluso a quienes se sienten más desanimados y ganarse su confianza.

Mi investigación para la presente obra comenzó hace más de una década, de manera completamente casual, cuando estaba escribiendo *Dangerous Personalities* [Personalidades peligrosas]. En ese libro analizaba las características de quienes defraudan a otros y a sí mismos con una conducta execrable, malas decisiones, irresponsabilidad y falta de control emocional, o con su insensibilidad e inconsciencia.

Fue una casualidad que, mientras investigaba a estos individuos problemáticos, surgieran con tanta claridad ante mí sus polos opuestos; es decir, esas personas con rasgos positivos tan notables que mejoran la vida de quienes las rodean. Fue esa claridad, unida a las miles de observaciones que había hecho en el FBI y en mi trabajo de asesoría a nivel internacional, lo que dio lugar a este libro.

¿Qué hace a alguien excepcional? Resulta que solo hay cinco rasgos que distinguen a los individuos excepcionales del resto. Nada más que cinco; sin embargo, se trata de atributos muy poderosos. Son lo que denomino las cinco áreas de lo excepcional.

Las cinco áreas de lo excepcional

Autodominio: la esencia de lo excepcional

Al hacernos cargo de nuestra propia educación, comprendernos a nosotros mismos a través de una reflexión profunda y cultivar los hábitos fundamentales que conducen a los logros personales, establecemos las bases de una vida excepcional.

Observación: ver lo importante

Al incrementar nuestra capacidad de observar las necesidades, preferencias, intenciones y deseos de los demás, así como sus miedos e inquietudes, mejora nuestra preparación para comprender con rapidez y precisión a las personas y las situaciones. Así obtenemos la claridad necesaria para hacer lo mejor, de una manera adecuada y eficaz.

Comunicación: de informativa a transformadora

Al adoptar tanto las habilidades verbales como las no verbales, podemos expresar las ideas de forma más eficiente e intencionada, apelando al corazón y a la mente y estableciendo vínculos que fomentan la confianza, la lealtad y la armonía social.

Acción: oportuna, ética y social

Al conocer y aplicar el marco ético y social para la acción adecuada, podemos aprender, como hacen las personas excepcionales, a «hacer lo adecuado en el momento justo».

Bienestar psicológico: la fortaleza más poderosa del ser humano

Al conocer la verdad fundamental de que lo que los seres humanos buscan en última instancia es sentirse bien, podemos descubrir lo que las personas excepcionales saben: que al final gana quien nos proporciona bienestar psicológico con su atención.

En los capítulos siguientes, combinaré perspectivas contrastadas, ejemplos y anécdotas de mis décadas de experiencia en el análisis del comportamiento y la consultoría empresarial con referencias a la historia, la actualidad y la vida cotidiana. Mi objetivo es analizar estas cinco áreas y explicarte cómo utilizarlas para mejorar y potenciar tu trayectoria vital, diferenciarte y, sobre todo, influir positivamente en los demás en tu propósito de llevar una vida más empática y ética, como la que viven día a día los seres verdaderamente excepcionales.

Es imposible no aprender ni dejarse influir por el estudio de esta gente excepcional que a diario nos demuestra que, para serlo, hemos de actuar de una manera especial. Si quieres diferenciarte del resto, solo necesitas adoptar estos cinco rasgos transformadores. Te compensarán desde el momento mismo en que empieces a incorporarlos a tu rutina diaria. Aumentarán tu capacidad de influir favorablemente en los demás y, sin duda, te convertirán en mejor persona. Asimismo, harán de ti un mejor líder: uno que no solo esté listo para serlo cuando se presente la oportunidad, sino que es digno de liderar.

Así que acompáñame en este viaje para descubrir quiénes somos y quiénes podemos llegar a ser. Adentrémonos en ese ámbito especial que comparten esos pocos seres a los que llamamos íntegros, dignos de confianza, decididos e inquebrantables, pero, sobre todo: excepcionales.

CAPÍTULO 1

Autodominio

LA ESENCIA DE LO EXCEPCIONAL

Al hacernos cargo de nuestra propia educación, comprendernos a nosotros mismos a través de una reflexión profunda y cultivar los hábitos fundamentales que conducen a los logros personales, establecemos las bases de una vida excepcional.

Todos piensan en cambiar la humanidad, pero
nadie piensa en cambiarse a sí mismo.
LEÓN TOLSTÓI

U na de las decisiones más difíciles que me han correspondido tomar siendo comandante de un equipo SWAT* tuvo lugar antes incluso de que comenzara la operación.

Como jefe de equipo, eres responsable del plan operativo y de su ejecución eficaz y segura. Una vez que recibes la «luz verde» para que comience la operación y estás perfectamente equipado, con las armas preparadas y cargadas, dices por los auriculares: «Tengo

---

* N. del T.: Un equipo SWAT, es decir, Special Weapons And Tactics ('armas y tácticas especiales') es una unidad de policías de élite entrenados para llevar a cabo operaciones de alto riesgo.

el control, tengo el control, tengo el control», y todos cuentan con que estés concentrado al cien por cien. Los ciudadanos lo esperan. También tus superiores. Y tus compañeros del equipo SWAT necesitan que pienses con la claridad de un láser, ya que su seguridad y el éxito de la operación dependen de ello.

En este caso concreto los acontecimientos se desarrollaron con rapidez: un fugitivo armado mantenía a su novia como rehén en un motel abandonado en las afueras de Haines City (Florida), y juraba que nunca lo capturarían con vida. Por lo general, un negociador especialista en rehenes puede hacer frente a esta situación, pero la chica necesitaba medicamentos y su vida corría peligro. No había tiempo que perder, el calor del día irritaba aún más los ánimos y el sospechoso no estaba dispuesto a cooperar en lo más mínimo; solo faltaba que uno de los miembros del SWAT del FBI no estuviera a la altura. Este en concreto estaba tardando más de lo habitual en formular sus preguntas y ajustar los detalles del plan final. Tampoco sacó a la luz las cuestiones que se plantean en estos casos, como determinar la estructura del edificio (para ver hasta dónde podría penetrar una bala perdida), si las bisagras de la puerta estaban orientadas hacia fuera o hacia dentro (para ayudarnos a saber cómo abrirla y qué tipo de herramientas de apertura necesitábamos), a qué distancia se podía colocar una ambulancia sin que la vieran, la ubicación del hospital más cercano con un centro de traumatología de nivel I, etc. Me di cuenta de que su cabeza estaba en otro sitio. Finalmente, me dije: «Tienes que hacer algo, ya». No había tiempo para averiguar la causa. Sabía que le pasaba algo y debía actuar.

Mis superiores no se dieron cuenta, a pesar de que habíamos estado en la misma habitación, debido a la agitación del momento y a que estaban ocupados con las decisiones que debía tomar la dirección: tratar con el cuartel del FBI, ocuparse de los cambios de última hora y asegurarse de que las fuerzas del orden locales estuvieran al tanto de lo que íbamos a hacer. Pero yo, como comandante del equipo, no podía ignorarlo. Este agente del SWAT no se encontraba bien. Era el peor momento para tener que lidiar con un problema del personal y quizá nadie se daría cuenta, siempre y cuando lo mantuviera en secreto y nada saliera mal en la operación, pero yo lo había notado, y me correspondía resolverlo.

No podía permitir que una persona en este estado participara en una operación en la que había una elevada posibilidad de que se produjera un tiroteo en un entorno urbano y era necesario tomar decisiones de inmediato. Como líder no deberías poner en riesgo a los demás si puedes evitarlo fácilmente, por más que alguien quiera formar parte de un operativo importante o, como en este caso, fuera fundamental para planificar la complicada operación de detención de un fugitivo y rescate de una joven con problemas médicos que, según su familia, estaba retenida contra su voluntad.

Me dirigí al agente especial a cargo, que estaba al teléfono informando a la sede del FBI sobre el desarrollo de los acontecimientos, y le dije:

—Necesito sacar a uno de nuestros operadores de esta misión.

Al pronunciar estas palabras, me di cuenta de que era la primera vez que algo así sucedía en mis dos décadas en el SWAT.

—Haz lo que sea mejor —fue todo lo que me respondió, porque su confianza en mí se había consolidado con los años.

Luego, como si intuyera que tenía algo más que decir, me hizo una señal con la cabeza. Fue entonces cuando añadí:

—Tengo que retirarme de esta operación, señor.

Al principio, se quedó un segundo mirándome, cubriendo con la mano el auricular del teléfono y poniendo a Washington en espera, para asegurarse de que había oído bien. Me miró a la cara y, en ese breve momento, creo que empezó a hacerse una idea de lo que me ocurría.

Me preguntó si estaba seguro. Le dije que sí.

—Haz lo que tengas que hacer. Haz lo que sea mejor — repitió, sin dudar—. Confío en tu criterio.

Y con eso, me retiré de una importante operación SWAT. No fue fácil, ya que mi segundo al mando tenía ahora la carga de asumir mi función, y sabía que algunos de los operadores del SWAT se preguntarían qué estaba pasando. En cualquier caso, era lo que había que hacer y, como comandante del equipo, era mi deber tomar la decisión.

La operación se desarrolló sin incidentes y nadie resultó herido.

¿Qué me había pasado? Al final, con un poco de introspección, acabó saliendo a la luz lo que debería haber estado claro desde el principio. Hacía una semana que mi abuela había fallecido y yo aún estaba afligido por esa profunda pérdida. Seguía de duelo, sufriendo, pero creía que podía ignorar el dolor y seguir adelante. A los ojos de los demás, quizá parecía solo un poco más reservado, menos bromista que de costumbre; pero, cuando estamos inmersos en la acción es fácil pasar por alto lo que sienten los demás. Mis emociones no me dejaban pensar bien. Por suerte, me di cuenta a tiempo.

El agente especial a cargo había dicho algo importante: «Haz lo que sea mejor». Pero ¿cómo sabemos qué es lo mejor que podemos hacer? ¿Y cómo lo hacemos? Todo comienza con el autodominio.

Definición de autodominio

Solemos equiparar el dominio con la destreza. Decimos que esta es lo que nos permite hacer un violín de la calidad de un Stradivarius o cincelar una magnífica estatua. Sin embargo, una cosa es el dominio y otra la destreza.

Para llegar a ser diestro en una materia necesitas dedicarte plenamente a ella, por muy difícil que sea; sin embargo, más importante que eso es que tengas autodominio: concentración, entrega, diligencia, curiosidad, adaptabilidad, conocimiento de ti mismo y determinación, por mencionar solo algunas de las características del autodominio.

Empiezo por esta aptitud porque es fundamental para dominar las otras cuatro que distinguen a los individuos excepcionales. La buena noticia es que lograrlo no es una tarea imposible. En realidad, podemos reprogramar nuestros cerebros para aportar lo mejor de nosotros mismos a las pequeñas y grandes tareas que hacemos cada día.

Si, como creo, nuestras vidas se caracterizan por lo que pensamos —la mentalidad y las actitudes que adoptamos y los conocimientos que adquirimos—, por lo que sentimos y por lo que decidimos hacer cada día, entonces no podemos desarrollar todo nuestro potencial sin autodominio.

Puede que esta cualidad por sí sola no conquiste montañas, pero sin ella es imposible alcanzar ninguna cumbre. Usain Bolt, el ser humano más veloz de la historia, no consiguió este estatus únicamente por su capacidad atlética. Lo logró gracias a su autodominio: aprendió, se esforzó, se sacrificó y se mantuvo centrado diligentemente. Lo mismo hizo Michael Jordan, el mejor jugador de baloncesto de la historia. Esto es lo que se necesita para llegar a ese nivel de élite que comparten los excepcionales.

Sin embargo, hay otro aspecto del autodominio que consiste en conocer nuestras emociones, nuestros puntos fuertes y, sobre todo, nuestras flaquezas. Cuando nos conocemos, sabemos en qué momento debemos dejar que otros tomen la iniciativa, cuándo nos encontramos en baja forma (como me ocurrió a mí en aquella operación de los SWAT) o cuándo necesitamos una dosis de humildad, enfrentarnos a nuestros demonios o tomar alguna otra medida para sacar lo mejor de nosotros. Eso es lo que permite el autodominio: una evaluación consciente y honesta de nuestro ser que nos impulsa y apoya para seguir esforzándonos, y para captar las sutilezas de la consciencia que pueden marcar la diferencia entre el fracaso y el éxito.

En este capítulo aprenderás a tomar las riendas de tu vida a través de tus hábitos y comportamientos diarios. Nos centraremos en cómo construir el andamiaje esencial para el autodominio, y terminaremos con una serie de preguntas de autoevaluación que te ayudarán a desarrollar esta cualidad imprescindible. ¿Quieres alcanzar todo tu potencial, aumentar tu capacidad de influencia, hacer crecer tu marca? El autodominio es la única manera de conseguirlo.

Aprendizaje: el andamiaje del conocimiento

En algún momento de la escuela secundaria, llegué a una conclusión fundamental. No me la impusieron. Nadie se sentó a hablarme de ello ni me lo sugirió. Surgió enteramente de mí, porque mi joven mente tenía muy claro que hacía falta un cambio.

El hecho de huir a Estados Unidos a la edad de ocho años como refugiado después de la Revolución cubana me había dejado en una situación de desventaja tremenda. Al trasladarme allí de golpe, sin hablar inglés, ni entender aquel entorno completamente nuevo con reglas, costumbres y normas diferentes, me sentía confuso y rezagado. Iba siempre a la zaga, aunque continuamente intentaba adaptarme a mi nuevo mundo. Llegamos a Estados Unidos sin dinero (los soldados cubanos del aeropuerto se encargaron de ello) y traumatizados, tras haber sobrevivido a una revolución comunista muy violenta en Cuba. Como recién llegado me correspondía esforzarme por encajar, pero lo único que tenía en común con los demás niños era que a mí también me gustaba aprender y hacer deporte. Ni ellos hablaban español ni yo hablaba inglés. No sabían lo que era pasar por una revolución sangrienta. No habían estado en la calle durante la invasión de bahía de Cochinos como yo, ni oído los disparos provenientes del paredón donde los soldados ponían a los ciudadanos en fila y los ejecutaban sumariamente por ser anticastristas. Ellos conocían a Campanilla, Bugs Bunny, el

Correcaminos y Disneylandia; para mí, en cambio, eran nombres que no significaban nada. Yo estaba acostumbrado a ir a la escuela en uniforme, mientras que ellos llevaban vaqueros y camisetas. Pasé de estar en un aula con un solo profesor todo el día a cambiar de clase cada cincuenta y cinco minutos; no sabía por qué. Conocía las reglas del béisbol, pero nunca había visto un balón de baloncesto. Me encantaba ese nuevo juego que me habían enseñado, el *dodgeball*,* pero detestaba que me llamaran a la pizarra para resolver problemas de matemáticas.

Fue un *shock* cultural tal y como lo definió Alvin Toffler.** Me esforcé por aprender todas las reglas sociales: no hablar en la fila; ir de la mano al cruzar la calle, pero por lo demás no tocar a mis compañeros; guardar cierta distancia; no hacer muchos gestos; no hablar muy alto; levantar la mano derecha si necesitaba ir al baño; mirar más a los ojos al profesor cuando me reprendía (justo lo contrario de lo que me habían enseñado, que era bajar la mirada, evitar mirarlo a los ojos y mostrarme arrepentido)... Tuve que aprender y superar un sinfín de diferencias para adaptarme. Pero también estaba el asunto de las tareas escolares. Durante la revolución asistir a la escuela no era seguro y, francamente, daba miedo, así que ya llevaba un retraso académico cuando huimos de Cuba. Ahora, además, no entendía nada de lo que decía el profesor porque hablaba en otra lengua.

De alguna manera, por pura cabezonería y necesidad, conseguí dominar el inglés en aproximadamente un año. No hay nada como la inmersión lingüística plena para aprender un idioma. Me hicieron retroceder un curso para poder ponerme al día académicamente, y con el tiempo recuperé dos años en uno. Pero eso fue solo el principio.

---

* N. del T.: También conocido como balón prisionero, es un juego de puntería parecido a lo que antes se denominaba «jugar a matar».
** N. de la E.: «Demasiados cambios en un periodo demasiado corto». Ese sería el concepto en esencia, en la página 121 vuelve a mencionarse al autor y se amplía la idea.

Estaba la cuestión de mi acento. Tuve que esforzarme mucho para deshacerme de él, porque sabía que, en Estados Unidos, si hablabas con acento, llamabas la atención, y lo que yo quería era integrarme. Con el tiempo superé lo del acento, pero la realidad es que siempre me quedaban muchas cosas por aprender que mis compañeros ya sabían y yo no: todos los conocimientos que absorbemos desde las primeras etapas de nuestra vida, en el patio de recreo, viendo la televisión, asistiendo a las mismas escuelas y a través de años de cultura y convivencia.

No conocía ninguna canción infantil. Tampoco las que se cantaban en el patio de recreo, y ni siquiera conseguía entender del todo *London Bridge Is Falling Down.** (¿Cómo podía una canción para niños hablar de una catástrofe tan tremenda?). Durante un año no tuvimos radio ni televisión en casa, de manera que lo único que aprendí a cantar fue el himno nacional, que cantábamos cada mañana.

Al entrar en el instituto, mis compañeros conocían a Shakespeare; yo, a Cervantes. Ellos leían a S teinbeck y yo a Federico García Lorca. Todo el mundo conocía a Bob Hope; yo a Cantinflas. Yo me sabía todas las islas del Caribe; la mayoría de mis compañeros no eran capaces de localizar el golfo de México. Los comunistas de Cuba nos habían adoctrinado sobre el «proletariado y la burguesía», términos que entendía fácilmente.

Mis compañeros pensaban que me inventaba esas palabras, pero, en cambio, yo no sabía lo que significaba ser *blue collar.***

Durante mucho tiempo, pensé erróneamente que los demás niños eran más inteligentes que yo. Con el tiempo comprendí que no lo eran; simplemente sabían cosas que yo no sabía porque no había estado en contacto con ellas. Me fastidiaba todo lo que me

---

* N. del T.: En español, «El puente de Londres se está cayendo».

** N. del T.: El término *blue collar* (o cuello azul) empezó a utilizarse a principios del siglo xx para referirse a las tareas manuales en las plantas de acero.

había perdido. Y al ritmo que íbamos en la escuela, tardaría bastante en ponerme al día.

Comprendí que la escuela solo me enseñaría lo que figuraba en el plan de estudios. No lo que me faltaba, ni lo que más quería aprender, que iba más allá de lo que el sistema escolar del condado de Dade podía ofrecerme. No estaba dispuesto a hundirme en la autocompasión, pero sabía que nadie me iba a solucionar el problema, tenía que hacerlo yo solo. Debía enfrentarme a mi realidad. Y así, en mi adolescencia, comencé mi propio programa de educación autodidacta.

Piensa un momento en las personas excepcionales que has conocido, o sobre las que has leído o estudiado. ¿Quién no apreciaría el impresionante talento atlético de Simone Biles, la gimnasta estadounidense ganadora de la medalla de oro olímpica, o de la leyenda del baloncesto Michael Jordan? ¿Y qué hay del genio inversor de Warren Buffett, conocido como «el oráculo de Omaha»? Sería maravilloso ser un cantante legendario como Frank Sinatra o como Adele, cuyas voces pueden llenar o destrozar un corazón. Todos ellos son excepcionales a su manera. Pero ¿qué hay de nosotros? Yo jamás llegaré a ser un deportista de élite, probablemente nunca dirigiré una empresa de mil millones de dólares, y cada vez que canto, me dicen que va a llover. Sin embargo, tenemos la posibilidad de ser excepcionales en otros aspectos —los principales—, entre ellos el más importante, que nos concierne a todos: el de las personas. ¿Cómo podemos alcanzar ese nivel de rendimiento, en el que nuestras acciones se vuelven realmente excepcionales?

Lo hacemos mediante el autoaprendizaje: invirtiendo en nuestro propio conocimiento, crecimiento y potencial, tal y como hacen los grandes triunfadores.

A algunos les resulta más fácil valorar y cuidar a los demás que a sí mismos. Pero al igual que apoyamos a otros para que se superen, también tenemos esa responsabilidad con nosotros. Una vez que aceptas que la mejor manera de valorarte es comprometerte con tu propia superación, estás en camino de convertirte en un individuo excepcional.

Cada vez que leo sobre un octogenario que se gradúa en el instituto o sobre alguien como Giuseppe Paternò, que a los noventa y seis años obtuvo por fin un título universitario, pienso que se trata de una persona cuyos planes se vieron quizá truncados por el trabajo, las responsabilidades o la desgracia, pero que siguió empeñada en invertir en su educación, incluso a una edad avanzada, porque se valoraba a sí misma. Y qué hermoso ejemplo es para todos nosotros.

Nunca es demasiado tarde para tomar el control de ti mismo y aprovechar todo tu potencial, para adquirir esas características y esos comportamientos de los individuos excepcionales. De esta forma, no solamente llevarás una vida mejor y más plena, sino que, cuando llegue el momento, si es que llega, podrás convertirte no solo en un líder, sino en alguien *digno* de liderar.

Con frecuencia se nos dice que busquemos mentores, personas admirables que nos sirvan de guía en el camino hacia donde queramos ir. Tener mentores es estupendo. Pero puede resultar difícil encontrarlos y a menudo tienen poco tiempo para instruirnos.

He descubierto que, para ser excepcionales y lograr el autodominio, debemos responsabilizarnos de ser nuestros propios mentores.

La historia nos ofrece un modelo práctico de esto en una etapa tan vibrante como el Renacimiento, entre los siglos XIV y XVII, cuando la ciencia y el arte florecieron en toda Europa. Con el fin de aprender un oficio, jóvenes como Miguel Ángel, que llegó a pintar la Capilla Sixtina, fueron aprendices de expertos en la materia; en su caso, maestros artistas y escultores para consolidar su formación. Los gremios artísticos reunían a los mejores profesionales del dibujo artístico, la escultura, el dibujo técnico, la pintura, la caligrafía, la mezcla de pinturas, la fundición de cerámica, la arquitectura, la costura, el trabajo de la madera, el metal, la fundición de oro, etc.

No eran campamentos de verano. Los aprendices seguían horarios rigurosos para aprender y dominar técnicas a lo largo de días de concentración disciplinada en tareas específicas. Muchos eran aprendices a edades muy tempranas, y se ganaban el sustento con su labor mientras adquirían destreza y apreciación por ser responsables de su vida y su trabajo. Con el tiempo, perfeccionaron sus técnicas, añadiendo sus propios conocimientos y matices. Así, a través del arduo proceso de reciclaje de los aprendices, surgió una nueva generación de maestros, de la que nosotros, por supuesto, nos hemos beneficiado.

Hoy en día, el concepto de aprendizaje formal se ha perdido casi por completo, excepto en algunos oficios y profesiones. Lo que hacen básicamente los médicos es pasar por un aprendizaje de doce a dieciséis años en el que aprenden el proceso tremendamente complejo de diagnosticar y tratar las enfermedades humanas. Una de mis editoras describió la formación de su oficio en el mundo editorial como un aprendizaje, en el que primero vio a su jefe trabajar con los autores para editar los libros y darles forma; luego participó en el proceso bajo supervisión, y finalmente se le confió la adquisición y edición de proyectos por su cuenta. Aún existen aprendizajes en determinados oficios, como la fontanería o la electricidad, aunque suelen ser de corta duración y con un enfoque muy limitado.

Pero si observas con atención a los individuos excepcionales, como he hecho yo, verás que son autodidactas. Aunque busquen la ayuda, el consejo o la experiencia de otros, asumen día a día la responsabilidad de superarse. Saben lo que nunca nos han enseñado: que, para ser excepcional, hay que ser aprendiz de uno mismo.

El proceso de autoaprendizaje puede adoptar diversas apariencias, formales o informales; a veces surge por necesidad o por un deseo ardiente. Y siempre se encuentra la manera de llevarlo a cabo, con paciencia, fuerza de voluntad, ensayo y error, y esfuerzo, entre una obligación y otra, o incluso entre empleos o después del trabajo.

Por mi parte, como me interesaba el comportamiento humano, empecé a llevar un diario de las conductas que observaba y no entendía. Con el tiempo, a través de la experiencia y la investigación, llegué a interpretarlas, convirtiéndome en un mejor observador. Más o menos al mismo tiempo, me formé y obtuve la licencia de piloto antes de terminar el instituto. ¿Por qué? No puedo encontrar una explicación más allá de mi profunda curiosidad. Pensé que estas actividades y habilidades me ayudarían más adelante en la vida y así fue, aunque en ese momento no sabía cómo. Las observaciones de comportamiento que hice a los quince años me salvaron más tarde la vida en el FBI al tratar con delincuentes, y la licencia de vuelo me permitió servir como piloto al mando para realizar la vigilancia aérea de terroristas. No sabía que nada de eso estaba en mi futuro, pero sin duda mis aprendizajes autodidactas me ayudaron años después.

En el cien por cien de los casos que estudié, las personas excepcionales convirtieron en un hábito de por vida dedicar tiempo a trabajar en ellas mismas. Consideraban que el afán de mejorar, de aprender y de experimentar más era una empresa valiosa y esencial.

A Mary Temple Grandin, famosa en la actualidad por su trabajo en favor del trato humano hacia los animales, en particular en lo que respecta al ganado destinado a los mataderos, se le diagnosticó síndrome de Asperger (trastorno del espectro autista) a una edad temprana. Mucho antes de que se comprendiera esta enfermedad, las personas con esa afección solían verse relegadas a trabajos serviles o perdían la oportunidad de cursar estudios superiores, ya que no se las consideraba aptas para los rigores del mundo académico.

Grandin creó su propio programa de aprendizaje para satisfacer sus necesidades especiales de formación y sus amplios y profundos intereses. Se enseñó a sí misma como hubiera querido que le enseñaran, a su manera, a su propio ritmo, y acabó obteniendo un título universitario y finalmente un doctorado. Pero quería ser una fuerza de cambio, y para ello debía ir más allá del aula. Tenía una visión de lo que quería para sí misma, de lo que consideraba necesario aprender, y elaboró el programa de formación para conseguirlo. Profundizó en el comportamiento y la fisiología de los animales. Investigó sobre el autismo para poder entender su propia afección, lo que también la llevó a comprender mejor a los demás y a los animales. Estudió psicología, e incluso investigó cómo los colores afectan a los humanos y a los animales. Aprendió dibujo e ingeniería con el fin de diseñar entornos más humanos para el ganado. Perfeccionó su capacidad de observación hasta el punto de que podía llegar a una finca en la que se iba a sacrificar el ganado y detectar inmediatamente los fallos en su manejo y tratamiento. Nunca dejaba de aprender. Se esforzaba al máximo, movida por su necesidad de llegar a los demás e influir en ellos, estudiando *marketing*, ingeniería social, técnicas de venta, relaciones con los medios de comunicación, negociaciones, creación de marcas, etc.

A lo largo de su vida, Grandin no fue aprendiz de un mentor o una escuela de pensamiento, sino de sí misma. Creó su propio camino, como lo han hecho muchos seres excepcionales, sin importar los obstáculos que se interpusieran. Al hacerlo, se convirtió en una defensora de las personas con autismo y del trato humano para con el ganado.

Más de doscientos años antes de que Grandin consiguiera hacerse un hueco para influir en la sociedad, un joven de Boston inició su camino hacia el éxito. Cuando Estados Unidos aún no existía, el primer y más notable empresario de lo que hoy en día es esta nación y el mayor *influencer* no solo de su época, sino de las generaciones posteriores, abrió el camino mostrándonos lo que se puede conseguir, sean cuales sean las circunstancias, si estamos dispuestos a aprender.

El padre de Benjamin Franklin quería que fuera sacerdote, pero desde muy temprana edad, él aspiraba a más. Siempre observador, incluso de niño, se fijaba en el mundo que lo rodeaba y veía cómo se hacían las cosas y lo que se requería para tener éxito.

Se dio cuenta de que la educación era fundamental, y también de que ninguna escuela estadounidense podía enseñarle todo lo que quería o necesitaba. Así que creó un programa de autoaprendizaje para aprender en este laboratorio implacable que llamamos vida.

Leía con voracidad y se convirtió en un escritor tan bueno que consiguió que le publicaran repetidamente en los periódicos locales haciéndose pasar por adulto, utilizando varios seudónimos, como el de una solterona de mediana edad.

A los doce años fue aprendiz de su hermano James, con quien aprendió el oficio de impresor, que incluía la composición tipográfica, la encuadernación, la comercialización y la publicación. No era simplemente un obrero que aprendía un oficio para ganarse la vida, sino que estaba aprendiendo a dominar la plataforma comunicativa más influyente de su tiempo. Aprendió a componer el tipo de letra, a formular las tintas, a trabajar con imprentas de todo tipo, a editar manuscritos, a escribir artículos concisos y a generar lo que ahora llamamos «tendencias» para influir en la opinión pública y desafiar el orden político. Leía todo lo que llegaba a la imprenta y así perfeccionaba sus habilidades de lectura y escritura. En aquella época, los libros impresos eran caros, por lo que hacía trueques y compraba todo el material de lectura que podía conseguir. Nadie le asignaba lecturas; lo hacía él por su cuenta, un verdadero autodidacta en todo el sentido de la palabra. Curiosamente, fue esa dificultad de juventud para acceder a los libros lo que lo llevó más tarde, ya de adulto, a crear la primera biblioteca de préstamo de Estados Unidos.

Al cabo de cinco años, Franklin había aprendido lo suficiente para continuar en ese oficio, pero aspiraba a más. Según cuenta la historia, con quince centavos en el bolsillo se marchó a Filadelfia, donde otras imprentas buscaban ansiosamente no su mano de obra —la podían encontrar en cualquier parte— sino sus aptitudes. La mano de obra en aquellos días era abundante, pero la aptitud y el conocimiento, como Franklin aprendió enseguida, eran muy valorados y no tan comunes.

Franklin también comprendía el poder de establecer contactos y ser accesible, así como la importancia de adoptar los rasgos y hábitos de quienes ejercen el poder, la influencia o la autoridad para encajar y ser bienvenido entre ellos (lo que en la actualidad denominamos *mirroring*,* algo de lo que hablaremos en capítulos posteriores). Del mismo modo en que mi estudio del comportamiento durante la adolescencia me ayudó enormemente en el FBI, la comprensión de Franklin de las costumbres y los modales le serviría muchos años después como primer embajador de Estados Unidos en Francia.

Con su insaciable curiosidad, sus aptitudes y su voluntad, hizo crecer su círculo de influencia hasta el punto de que, siendo todavía un joven, impresionó tanto al gobernador de Pensilvania que este lo mandó a estudiar a Inglaterra para ampliar su aprendizaje. Franklin había encontrado el secreto del éxito: que el conocimiento, la curiosidad, la capacidad de adaptación, el esfuerzo y el ansia de saber más pueden mejorar tu vida.

Para cuando murió en 1790, a la edad de ochenta y cuatro años, Franklin, cuya educación formal terminó a los diez años, había sido y hecho tantas cosas que resulta asombroso. Fue uno de los firmantes originales de la Declaración de Independencia. Dio forma a la redacción de la Constitución. Asesoró a Thomas Jefferson sobre los principios fundacionales que ayudaron a crear Estados Unidos. Como embajador en Francia durante la Revolución norteamericana, dominó las delicadas sutilezas de las costumbres y la diplomacia de este país, y acabó convenciendo a los franceses de que se arriesgaran a una guerra con Inglaterra financiando a estos flamantes estadounidenses que luchaban por la independencia. Habría sido más que suficiente con estas contribuciones. Pero él logró mucho más que eso.

---

* N. del T.: Es el fenómeno que ocurre cuando dos personas que se agradan mutuamente tienden a reflejar de forma inconsciente las maneras del otro.

Además de escritor, editor de periódicos, impresor, pionero de la independencia, extraordinario diplomático y el hombre que «domesticó el rayo», fue humorista, escritor satírico, masón, científico, inventor, educador, activista cívico, investigador, portavoz, fundador del primer cuerpo de bomberos de Filadelfia y de la Universidad de Pensilvania, estadista y artífice de la primera red nacional de comunicaciones para mantener a las colonias y a la población conectadas a través de lo que hoy llamamos el sistema postal. Como dice Walter Isaacson en su biografía de Franklin, «fue el estadounidense más destacado e influyente de su época». Fue el primer líder del pensamiento, *influencer* y gurú de crecimiento personal de Estados Unidos, y si las charlas TED hubieran estado disponibles en esa época, necesitarías unos meses para verlas.

Si pudo conseguir todo aquello fue gracias al autodominio: desarrollando el andamiaje del conocimiento, desplegando fortaleza tras fortaleza, por medio de un programa que creó para sí mismo basado en su ilimitada curiosidad. Muchas personas más instruidas tenían mejor acceso a lo que Franklin quería aprender, pero él destacó por su determinación de abarcarlo todo, de construir esa base ecléctica y robusta de conocimientos a través de su aprendizaje autodidacta que le permitió lograr todo lo que hizo. Ninguna escuela, ni entonces ni ahora, podría enseñar todas las materias por las que se lo conoce.

Franklin fue una leyenda en vida y el mundo le debe mucho. Sin embargo, quizá su mayor legado sea el ejemplo que nos dio a todos: que, por muy humildes que sean tus comienzos, puedes tomar las riendas de tu propia vida, de tus pasiones, de tu formación, y no dejar que nada te detenga.

Una vez que asumimos la responsabilidad de remodelar nuestras vidas por medio del autoaprendizaje, comienza a suceder algo realmente maravilloso.

Cuando Joseph Campbell hablaba de ir en pos de «tu dicha» en su libro de referencia , escrito en colaboración con Bill Moyers, titulado *El poder del mito*, no quería decir que la felicidad llegara sin esfuerzo, que apareciera sin más. Se refería a que, si tienes un amor, un anhelo o una pasión, has de ir a por ello, sin importarte las dificultades que puedas encontrar. Cuando lo haces, como dijo Campbell, «te adentras en una especie de senda que lleva todo el tiempo ahí, esperándote a ti y a la vida que deberías estar viviendo».

Si estás dispuesto a acometer ese autoaprendizaje —continúa diciendo—, se pone en marcha un impulso que crece y cobra fuerza: «Empiezas a conocer a gente que pertenece al ámbito de lo que te hace dichoso». Todo empieza a marchar bien. «Yo digo: sigue tu dicha y no tengas miedo —nos exhorta—, y se abrirán puertas que ni siquiera sabes que existen». Ciertamente así fue para Franklin y Grandin. También se abrieron para mí, y se abrirán para ti. Alguien dijo una vez que la suerte es el residuo del esfuerzo, pero yo diría que la suerte es el residuo del esfuerzo que ponemos en nuestro autoaprendizaje.

En 1971, cuando empecé a estudiar en la Universidad Brigham Young, solo había unos cuantos libros sobre el lenguaje corporal. Este campo apenas gozaba de reconocimiento. Ciertamente, no había carreras especializadas en la materia. Pero era mi pasión, ya que sabía lo útil que puede ser para relacionarse con los demás, algo que había descubierto en mis primeros años, cuando llegué a Estados Unidos sin saber nada de inglés. Me prometí a mí mismo que cuando me graduara, aprendería todo lo que había que saber sobre la comunicación no verbal.

El día de la graduación, lo celebré, entre otras cosas, sacándome un carné de la biblioteca de la ciudad. Lejos de la universidad, ahora tenía tiempo para leer lo que quisiera, no solo lo que se me exigía. Creé mi propio aprendizaje de la comunicación no verbal, aprendiendo un día sobre el lenguaje corporal de los isleños de Trobriand en el Pacífico y al siguiente sobre los gestos de saludo de los primeros habitantes de Alaska. El lenguaje no verbal que observaron los conquistadores al llegar al Nuevo Mundo me parecía tan fascinante como el color de la ropa que el rey Enrique VIII permitía llevar a sus nobles. El lenguaje corporal que *Sir* Richard Burton observó en África mientras buscaba los orígenes del Nilo era tan interesante como las costumbres y los gestos que el explorador medieval Ibn Battuta descubrió a lo largo de treinta años y setenta mil kilómetros de viaje por África, Oriente Medio, India y otras partes de Asia. Lo que ninguna clase podía enseñarme intenté aprenderlo por mí mismo.

Me dediqué a estudiar todo lo que podía sobre el lenguaje corporal y la comunicación no verbal de psicólogos, zoólogos, etólogos, antropólogos, clínicos, etnógrafos, artistas, fotógrafos, primatólogos, escultores y anatomistas. Este autoaprendizaje fue más allá de lo que jamás podría haber previsto, y me cambió la vida. Me ha sido muy útil en mis múltiples carreras, me ha permitido crear una empresa internacional, me ha ayudado a entablar relaciones sumamente interesantes en campos muy variados, ha enriquecido enormemente mi vida y me ha aportado valiosas ideas sobre la naturaleza humana.

Cuando obtuve el carné de la biblioteca y empecé mi autoaprendizaje de la comunicación no verbal, no soñaba que algún día conocería a los gigantes del sector: Paul Ekman, Bella DePaulo, Judee Burgoon, Mark Frank, David Givens, Joe Kulis, Amy Cuddy y muchos otros. No podía imaginar que el FBI me reclutaría y utilizaría mis conocimientos para atrapar espías, terroristas y secuestradores. Tampoco se me pasó jamás por la cabeza que escribiría más de una docena de libros sobre el comportamiento humano, que daría conferencias anuales en la Harvard Business School, que haría vídeos educativos que recibirían más de treinta y cinco millones de visitas y que sería consultor de organizaciones y gobiernos de todo el mundo. No tenía la menor idea de que, al ser aprendiz de mí mismo, siguiendo mi propia dicha, con el tiempo se me abrirían puertas que «ni siquiera sabía que existían», como pronosticó Joseph Campbell.

Fue un trabajo arduo. Tuve que comprometerme de lleno a aprender sobre la comunicación no verbal, algo que sigo haciendo cada día. Sin embargo, el esfuerzo es el precio de este regalo que nos hacemos al escoger el camino de la dicha.

Lo mejor de todo es que, cuando por fin alcanzamos esa dicha, no somos los únicos que nos beneficiamos.

Para enseñarte a ti mismo a ser y vivir mejor no es necesario que aspires a mejorar o salvar el mundo o a los animales. Pienso en el joven de la calle contigua a la mía en la piscina local que practicó hasta la perfección la «natación de combate» de lado, con los brazos por debajo de la línea de flotación para evitar las salpicaduras, deslizándose entre brazadas, solo sacando la boca del agua para respirar basándose en un vídeo descargado de Internet, porque aspira a ser un SEAL* de la Marina estadounidense. Y en William, un hombre de unos cuarenta años, que reconoce que cuando algo le entusiasma, habla más rápido de la cuenta. Por supuesto, no es el único que se ha dado cuenta de eso: también lo saben su esposa, y sus jefes, que le piden que «se lo tome con calma». Por eso, los sábados por la tarde practica con una grabadora, recitando un discurso con cadencia, casi como un predicador, enseñándose a sí mismo a marcar el ritmo para que, cuando exponga sus ideas, los demás tengan tiempo de asimilarlas. Es un gran directivo, pero quiere superarse. En su día libre, mientras sus amigos ven las carreras de Fórmula 1 por la tele, él se perfecciona, discurso a discurso.

El autoaprendizaje colma nuestra fuente de conocimientos. Nos proporciona recursos para sopesar las opciones y tomar decisiones, habilidades para descubrir y recopilar información o para emprender nuevas empresas y la confianza en que podemos aprender todo lo necesario para avanzar en la vida.

Para ser autodidacta hace falta tiempo, pero no es imprescindible el dinero. Durante años, la biblioteca local fue mi mayor

* N. del T.: Los SEAL son los equipos de mar, aire y tierra de la Marina estadounidense (la palabra SEAL se forma con esas iniciales: *Navy Sea, Air and Land*).

recurso para aprender acerca de la comunicación no verbal. Internet ofrece un universo de información al alcance de la mano, desde tutoriales en vídeo fáciles de seguir hasta artículos autorizados y *podcasts* atractivos. También puedes obtener información sobre recursos simplemente utilizando las redes sociales para contarle a la gente lo que buscas.

¿Qué vas a aprender? Esta es una pregunta que debería despertar el entusiasmo y que puedes hacerte en cualquier momento de la vida. Aprender es un regalo que te haces a ti mismo. Con él creas tu propio impulso: un descubrimiento te llevará al siguiente mientras trazas tu camino, formas tu carácter y decides quién serás y qué representas.

Si de verdad quieres ser excepcional, comienza hoy mismo tu aprendizaje. Empieza a desarrollar tu propio andamio de conocimiento. Da un paso. ¡Toma las riendas! Disfruta del proceso de decidir qué es lo que quieres y necesitas saber, y cómo vas a conseguirlo. Hay muchas maneras de aprender: leer por tu cuenta, hablar con alguien que tenga conocimientos sobre lo que quieres aprender, escuchar *podcasts*, consultar tutoriales en vídeo, apuntarte a una clase, unirte a organizaciones o grupos *online*... Déjate llevar por tu búsqueda de aprendizaje y disfruta de ella. Confía en que, como decía Joseph Campbell, se abrirán puertas donde no sabías que existían. Crea ese aprendizaje para ti. Cuando lo hagas, lo excepcional entrará en tu vida, porque entiende y respeta el compromiso que has adquirido.

Equilibrio emocional: el andamiaje de la estabilidad

Una de las mejores agentes del FBI con las que he trabajado es Terry Halverson Moody. La oficina podía ser un caos –fiscales exigiendo esto y lo otro, llamadas incesantes de la central, preguntas de los medios de comunicación que podían sacar a la luz operaciones delicadas, jefes que lo controlaban todo, entrevistas que se acumulaban–, pero ella siempre estaba tranquila. La admiraba por eso y por su capacidad para equilibrar su vida. Como esposa, madre, agente especial del FBI y mi compañera (lo cual no era tarea fácil), parecía haber asimilado desde el principio de su vida ese único requisito poderoso y fundamental que comparten todas las personas excepcionales. ¿Cuál era el secreto? Que hay que mantener el equilibrio emocional en todo momento. Si no controlas las emociones, estas terminan dominándote.

Aunque la agente especial Moody había entrado en el FBI diez años después que yo, me llevaba décadas de ventaja en lo que respecta a las exigencias y el estrés del trabajo. Esos acontecimientos cotidianos en un entorno de alta presión que mantienen nuestras emociones siempre listas para que actuemos también pueden hacer que nos irritemos, nos pongamos de mal humor o seamos desconsiderados.

Lo curioso es que era durante las situaciones de mayor presión cuando me volvía más tranquilo. En las operaciones de los SWAT me sentía más sereno y concentrado, siguiendo mi adiestramiento: las emociones quedaban a un lado. ¿Un motor de avión en llamas a novecientos metros de altura? Ningún problema: apagar la bomba de combustible, cambiar a la frecuencia de emergencia (121.5), declarar la emergencia, apagar el interruptor principal, buscar un campo de aterrizaje forzoso, mantener un ángulo de planeo adecuado, colocar el extintor cerca de las piernas (por donde es más probable que se produzca el incendio), dirigirse al aeropuerto más cercano, mantener actualizados los lugares de aterrizaje alternativos (carreteras, campos de caña de azúcar), desbloquear las puertas en caso de que tengamos que ser rescatados, evitar otras aeronaves, buscar las señales luminosas del aeropuerto que autoricen nuestra aproximación y pilotar (volar lo mejor posible) hasta lograr un aterrizaje sin motor. Eso podía hacerlo, y lo hice en Puerto Rico durante un angustioso vuelo nocturno. Era el estrés del trabajo diario

—los inconvenientes, las interrupciones, las distracciones, las exigencias— lo que me hacía estallar emocionalmente. Las emociones estaban alterando mi carácter, imponiéndose a mis propias normas de buen comportamiento, haciendo que fuera menos amable, que respondiera con brusquedad cuando me retaban, que fuera menos paciente. El mero hecho de saber que me llamaban del cuartel general era suficiente para ponerme nervioso. Esto me estaba afectando a mí y a mis relaciones con los demás.

Afortunadamente, la agente Moody aparecía justo en el momento preciso. Sentada frente a mí, me decía: «Exhala antes de atender esa llamada». «Concéntrate en solucionar el problema, aunque quien te llame sea un imbécil». *Baja la voz*, me indicaba con la mano mientras yo me alteraba cada vez más por otra exigencia irrazonable. Cuando la llamada terminaba, me decía: «Exhala despacio. Repite, esta vez una espiración más larga». Luego añadía: «Ahora, vuelve a hacerlo». Y cuando empezaba a contarle la llamada, me amonestaba: «No digas palabrotas ni maldigas», «Levántate y estírate» o «Vamos a dar un paseo antes de hablar».

Si notaba que me estaba alterando más, me dirigía una de esas miradas maternales que tanta falta me hacían y me decía: «Joe, vete a correr. No pienso hablar contigo hasta que vuelvas». Y lo hacía. Volvía mucho más tranquilo. Incluso durante la comida, ella percibía mi urgencia por volver al trabajo y me insistía en que me calmara: «Tu boca es para comer. No es una trituradora de leña».

Los días en que no hacía caso a sus consejos, me recordaba que si me daba un infarto, no me reanimaría por no haberla escuchado —así de duro—, y entonces me serenaba.

Sabía que mis emociones me estaban dominando y que no era saludable, ni productivo, y que empezaba a hacerles la vida imposible a los que me rodeaban. Sí, estaba trabajando en uno de los casos de espionaje más importantes de la historia de Estados Unidos, que al final se convirtió en un calvario de diez años, pero no podía seguir desequilibrado emocionalmente. Había que pagar un precio, y eso fue lo que finalmente ocurrió, como cuento en mi libro *Three Minutes to Doomsday* [Tres minutos antes del día del juicio final]. Tres días después de realizar la primera detención en este caso de espionaje, mi cuerpo se vino abajo. Mi sistema inmunitario se vio afectado, me contagié del virus de Epstein-Barr, tuve que ser hospitalizado y entré en un estado de ansiedad y depresión que duró casi un año.

¿Por qué te cuento esto? Es un testimonio de advertencia y un recordatorio de que podemos estar involucrados en algo que es importante, emocionante, que puede salvar vidas o cambiar el mundo, pero si las emociones no están bajo control, en el mejor de los casos, nos afectarán negativamente o, en el peor, nos destruirán. A todos nos vendría bien una agente Moody que nos entrenara y nos detuviera antes de que descarriláramos. La experiencia que me llevó al hospital no fue mi primera llamada de atención: la agente Moody ya me había advertido muchas veces, pero fue ese acontecimiento singular lo que me hizo ver que tenía que replantearme mi vida emocional para mejorarla.

Gran parte de nuestra vida gira en torno a los sentimientos, por lo que me sorprende que no dediquemos más tiempo al tema, sobre todo cuando se trata de las dos áreas que más nos afectan: las relaciones personales y el trabajo.

Durante nuestra juventud, los comportamientos emocionalmente abusivos, si no se controlan, pueden marcarnos, y no para bien. Todos hemos conocido a algún mocoso malcriado o a alguna persona desconsiderada con poco control emocional. Las rabietas, los rencores, los celos mezquinos, los comportamientos impulsivos, las crisis intencionadas para llamar la atención y otras conductas tóxicas que se imponen a los demás pueden volverse habituales. Con el tiempo tenderán a ser aún más nocivas, y llevarán al acoso, a la intimidación, incluso a actuar con violencia.

Seguro que tú o algún conocido habéis comentado alguna vez que alguien en el trabajo se comporta como un niño. No es así. Actúa como un adulto que no ha aprendido a controlar sus emociones. La mezquindad, las agresiones, el acoso o los comportamientos impulsivos que vemos en los adultos se deben simplemente a la falta de autocontrol.

Para cuando llegamos a la edad adulta, la mayoría ya hemos aprendido a manejar nuestras emociones, gracias a nuestros padres, cuidadores, profesores y demás. Aun así, pueden aflorar si no las manejamos activamente y pueden dominarnos si no tenemos cuidado, aunque sepamos instintivamente que no debemos permitirlo. Pueden afectarnos, y de hecho lo harán, mental y físicamente, además de afectar a nuestras relaciones personales y a nuestro rendimiento y relaciones en el trabajo.

¿Qué hace que las emociones ejerzan una atracción tan poderosa? Nuestras respuestas al mundo exterior, e incluso a nuestros propios pensamientos o dilemas, suelen pasar primero por el sistema límbico de nuestro cerebro, la misma zona responsable de nuestras emociones, como señalé en mi libro *El cuerpo habla*.[*] Este sistema exquisitamente sofisticado que evalúa y responde al mundo rápidamente, sin que pensemos mucho, está programado en nuestro organismo para mantenernos vivos. Como área más primitiva del cerebro que compartimos con todos los mamíferos, es muy sensible a las amenazas inmediatas, pero a largo plazo tiene limitaciones.

Ante una amenaza, el *cerebro límbico* o emocional entra en acción, paralizando nuestros movimientos para hacernos menos perceptibles a los depredadores, mientras que, al mismo tiempo, nos permite evaluar nuestra situación para que podamos entrar en modo de defensa, de protección, de huida o de lucha.

Estos estados de tensión, ya sea provocados por la presencia de un depredador, por alguien que nos asusta, por escuchar malas noticias o por tener que lidiar con un jefe tóxico, movilizan inconscientemente nuestros recursos fisiológicos en cuestión de

---

* Editorial Sirio, 2010.

segundos mediante el sistema nervioso simpático. En un instante, la adrenalina se libera para actuar rápidamente, la glucosa recorre nuestro cuerpo para proporcionarnos energía y el cortisol, que coagula la sangre si nos muerden o hieren, empieza a actuar. No tenemos que pensar en ello. Simplemente ocurre. Este sistema también activa nuestra capacidad de gritar, vociferar, despotricar y luchar ferozmente, en un estado emocional exacerbado.

Durante cientos de miles de años, los humanos hemos dependido del sistema límbico para nuestra supervivencia, porque la ira, la aprensión, el miedo e incluso la furia, al enfrentarnos a un depredador y dar rienda suelta a estas emociones en el momento adecuado, nos han ayudado a salir adelante en un entorno lleno de amenazas.

Este legado inscrito en nuestro ADN está siempre presente, pero en un mundo en el que no es probable que tengamos que abatir a un oso que nos ataca o rechazar a un gran felino, el sistema límbico puede funcionar en nuestra contra. Con el tiempo, un exceso de adrenalina o de cortisol debido al estrés o a la agitación emocional nos desgasta y afecta a nuestro sistema inmunitario, que es lo que me ocurrió a mí. Pero quizá lo más importante es que durante la excitación emocional, ya sea por un depredador, una discusión, la pérdida de un vuelo, una llamada telefónica molesta, el fracaso de «nuestro» candidato en las elecciones o la presión para completar un proyecto, pagamos un precio muy elevado, y ese precio es el pensamiento racional e incluso la facultad de recordar.

Cuando esto ocurre, se produce un *«secuestro emocional»*, un fenómeno en el que la supremacía de las emociones, tan útiles para la supervivencia, se impone a nuestra habilidad de pensar con lógica. Esto tiene consecuencias negativas cuando se trata de hacer negocios o de relacionarse. Por eso, cuando estamos estresados, olvidamos tareas o citas, nos quedamos en blanco durante un examen, no recordamos los números de teléfono o no encontramos las llaves por ningún sitio.

Con el tiempo, si no prestamos atención a regular nuestras emociones y a tomar el control de nosotros mismos cuando estamos estresados, las emociones pueden superar la lógica, la racionalidad y el sentido común y convertirse, por desgracia, en nuestra respuesta automática. Como un niño, nos derrumbamos; tenemos una rabieta; actuamos de forma impulsiva, ridícula y poco saludable, o agredimos a alguien. Eso hace que la gente nos evite, nos pierda el respeto o deje de confiar en nosotros. Pensemos en la impulsividad, por ejemplo. Básicamente, es la incapacidad de controlar nuestros deseos y utilizar la lógica para decir «esa es una mala idea» cuando nuestro acto impulsivo puede, de hecho, perjudicarnos y perjudicar a otros. No hay más que ver lo que ocurrió con la cotización en bolsa de SpaceX cuando su fundador, Elon Musk, decidió fumar marihuana durante un *podcast*. De la noche a la mañana, los inversores perdieron la confianza al preguntarse si era capaz de controlarse a sí mismo. Al fin y al cabo, si inviertes decenas de millones en la visión de un individuo, quieres que esa persona sepa, al menos, que no debe ir a un foro público a fumarse un porro. Por desgracia, un acto impulsivo puede decirle al mundo que tenga cuidado, que esta persona carece de control emocional.

He tenido, quizá como tú, experiencias con individuos incapaces de gobernar sus impulsos emocionales. Jefes que nos gritaban cuando las cosas no salían como ellos querían. Y compañeros de trabajo que se volvían agresivos cuando su labor se hacía estresante y lo pagaban con los más débiles. He visto a hombres ponerse a dar patadas de rabia en un avión porque una azafata les había dicho que pusieran su equipaje en el compartimento superior, y he sido testigo de ataques verbales lanzados de forma tan indiscriminada y desproporcionada que uno no puede evitar pensar que su intención era hacer daño, no solucionar un problema.

Como comandante de un equipo SWAT, una de las cualidades que siempre buscaba en los miembros del grupo durante el proceso de selección era la capacidad de mantener la calma bajo presión, especialmente una vez que se había planificado y aprobado una operación. Ya es bastante difícil estar atento al objetivo mientras se habla con el puesto de mando, los pilotos de vigilancia sobrevolando la zona, los operadores SWAT escondidos tras una pared y los francotiradores preparados, sabiendo que están apuntando a un blanco, medido en meros centímetros, justo delante de mi cara mientras permanezco preparado para abrir ese «embudo letal» en el que han muerto tantos agentes, todo ello en una frecuencia sobrecargada en mis auriculares, mientras los civiles gritan en la distancia, sin tener a alguien en mi propio equipo que esté hiperventilando, haciendo preguntas rápidas, preguntándose en voz alta si no hay una mejor manera de hacer esto en esta etapa tardía y dejando que todos sepan que se está desmoronando bajo presión. Como dijo el general Patton: «El momento de escuchar tus miedos es antes de tomar una decisión importante en la batalla. Ese es el momento de prestar atención a todos los miedos que puedas imaginar. Cuando hayas repasado todos los hechos y temores y hayas tomado tu decisión, olvídate de tus miedos y sigue adelante». Si el miedo te controla, estás fuera de control. Todos haríamos bien en aplicar la perspectiva de un buen operador de un equipo SWAT: emplear la inteligencia, hacer preguntas, deliberar, ser consciente... y luego, una vez tomada la decisión y con la presión en marcha, dejar de lado cualquier duda y recobrar la calma interior.

Reconozco que tengo momentos en los que las emociones me superan o están a punto de hacerlo, y es algo en lo que personalmente trabajo a todas horas. Soy lo bastante introspectivo como para saber cuándo las emociones me han hecho perder los nervios y, francamente, detesto que eso ocurra. He aprendido a analizar lo que he dicho o hecho, a plantearme cómo evitarlo la próxima vez y, con el rabo entre las piernas, a disculparme con profundo arrepentimiento por mi comportamiento desconsiderado o hiriente.

El estrés puede explicar la falta de autocontrol, pero no es una excusa. Lo que distingue a los individuos excepcionales no es que no tengan reacciones emocionales –son humanos como el resto de nosotros–, sino que realizan una gran labor de gestión de sus emociones. Al igual que un músculo, han acondicionado esta capacidad y siempre se esfuerzan para mantenerla en plena forma de manera que esté a su disposición, incluso (especialmente) en los días estresantes. Dominar nuestras emociones es un reto para muchos, ciertamente para mí, y quizá para ti también. Por eso lo he incluido en el primer capítulo de este libro, porque no podrás ser excepcional si eres incapaz de controlar las emociones.

Todos sufrimos trastornos emocionales en algún momento, por supuesto, ya sea por las incesantes e irrazonables exigencias del trabajo, las presiones en el hogar o las catástrofes que ocurren. Pero lo que puede llevarnos rápidamente a perder la credibilidad y el respeto de los demás es la continua impulsividad y falta de consideración, así como los arrebatos emocionales constantes. Y esto puede perjudicar y hundir incluso al individuo más creativo y preparado.

Bobby Knight, un excelente jugador de baloncesto que luego fue famoso como entrenador de la Universidad de Indiana, fue uno de los entrenadores más innovadores y de mayor éxito en la historia del deporte. Pero tenía un lado oscuro. Era incapaz de controlar sus emociones. El brillante entrenador que popularizó el «movimiento ofensivo» que abrió oportunidades para realizar jugadas dinámicas y ganar temporadas –porque volvía locos a los jugadores defensivos con la tarea imposible de intentar moverse más rápido que un balón en movimiento– era también la persona que fue acusada de agredir a un agente de policía en Puerto Rico durante los Juegos Panamericanos, que lanzó una silla al otro lado de la cancha en un partido de Purdue, el mismo que dio un cabezazo a un jugador en otro partido y que insultó y reprendió repetidamente a jugadores, entrenadores, árbitros, estudiantes y gerentes del personal docente.

Pero al final, el comportamiento de Knight ya no tenía excusa. Su carrera se vio truncada cuando el decano de la Universidad de

Indiana, Myles Brand, se hartó. En el año 2000 lo despidió por su carácter agresivo y un «patrón de comportamiento inaceptable». En otras palabras, estaba cansado de un entrenador que no podía controlar sus emociones. Y punto. Algunos dicen que el castigo fue muy leve y llegó demasiado tarde, y que a la mayoría de nosotros nos habrían despedido del trabajo si hubiésemos hecho algo parecido a lo que él hizo. No hay duda. Es una lección para todos de que las emociones descontroladas acaban por destrozarnos. La falta de autorregulación emocional puede acabar con una carrera o una relación.

¿Por qué tendríamos que seguir o respetar a un adulto que tiene rabietas, que es emocionalmente inestable o que está fuera de control? No deberíamos. Cuando he trabajado para personas que gritaban y vociferaban cuando las cosas no salían como ellas querían, ni mis compañeros ni yo las respetábamos, empezábamos a cuestionarnos sus sentimientos y nuestra productividad se resentía.

La primera clave para la regulación emocional es reconocer que las emociones pueden afectarnos, y lo hacen, y aprender a darnos cuenta de cuándo sentimos que se descontrolan. Empieza con unas sencillas preguntas sobre tus hábitos emocionales:

- «¿Qué emociones me cuesta más gestionar (preocupación, miedo, tristeza, ira)?».
- «¿Qué tiende a «sacarme de quicio» (tener que cumplir muchos plazos ajustados, no dormir lo suficiente, cuando una determinada persona dice o hace tal cosa, cuando se produce cierto cúmulo de circunstancias)?».
- «Cuando estoy secuestrado emocionalmente, ¿cómo me comporto (grito, digo barbaridades, me enfado, doy golpes a algún objeto, me retraigo, como o bebo de manera poco saludable, tomo drogas)?».

Una vez que tengas una idea de lo que te hace estallar emocionalmente y de cómo tiendes a reaccionar, refuerza tu resistencia frente al secuestro emocional buscando estrategias prácticas para lidiar con el estrés. Esto podría ser un excelente autoaprendizaje, ya que hay una gran cantidad de estudios y literatura científica sobre la reducción del estrés. También podrías empezar por quienes te rodean:

- Piensa en la gente que conoces que maneja bien las situaciones, no pierde la calma, se mantiene centrada y decidida bajo presión, y trata con respeto a los demás incluso cuando ponen a prueba su paciencia.
- ¿Qué hacen en estas situaciones? Observa atentamente y sé específico en este punto.
- ¿Cómo podrías adaptar sus estrategias a las situaciones que te desafían emocionalmente?
- Busca publicaciones en blogs, libros y vídeos que traten sobre el control emocional o la gestión de la ira.
- Busca ayuda profesional para manejar la ira: solo puede ser beneficioso.

Tuve la suerte de contar con padres, líderes y, sí, con una agente Moody que me ayudaron. A veces necesitamos ayuda profesional, ya se trate de un terapeuta, un médico, un especialista en el control de la ira o un líder religioso. No hay por qué avergonzarse. Hace falta valor para decir: «Necesito encontrar algo mejor», y buscar formas de afrontar tu problema que sean saludables y permanentes.

Distanciarnos de las emociones no significa no sentirlas. Significa utilizar la razón para ver cómo nos sentimos y canalizar de forma productiva nuestras emociones. En el año 2018, durante once semanas, el equipo de voleibol femenino de la Universidad Brigham Young (BYU, por sus siglas en inglés) fue el número uno de la nación. Cuando se le preguntó a su jugadora estrella, Lyndie Haddock-Eppich, sobre el notable éxito del equipo, lo atribuyó a una «ética de trabajo muy sólida en todo el equipo» y a esto, que me llamó la atención: «Somos un equipo que no se complica la vida. Trabajamos y hacemos lo que tenemos que hacer. Creo que eso es lo que nos ha hecho tan fuertes».

No es que los jugadores no tengan emociones, las tienen: son *hiperapasionados*. Es que sus emociones se canalizan en algo productivo.

Debemos distanciarnos de nuestras emociones para poder pensar con claridad, resolver los problemas y, como dijo el famoso director de vuelo de la NASA Gene Kranz a los ingenieros durante el vuelo espacial Apolo 13, «manejar el problema» para que el problema no nos maneje a nosotros.

Sea cual sea tu estrategia, tanto si son las advertencias de una agente Moody como si te alejas para poder pensar, escuchas música, rezas, llamas a un amigo, haces ejercicio o practicas yoga, asegúrate de tenerla lista y a mano. Como descubrió el equipo de la BYU, cuando no te complicas la vida, hay eficacia, armonía y, si te esfuerzas, éxito.

Para mí, la solución puede ser cualquier cosa: distanciarme físicamente de alguien que busca el enfrentamiento, recurrir al humor, respirar profundo repetidamente, dar un largo paseo, hablar con un amigo o escribir mi respuesta en un papel en el que lo suelto todo; pero me aseguro de que nunca se envíe por correo. Este último truco lo aprendí nada menos que de Thomas Jefferson, que descargaba su bilis en un papel, lo dejaba reposar toda la noche y al día siguiente agradecía no haberlo enviado por correo. Así que adelante, redacta ese desagradable mensaje, pero no lo envíes hasta pasadas veinticuatro horas. Te alegrarás de haber esperado y podrás borrarlo antes de que la situación que te irritó te haga más daño. Lo sé porque me ha salvado muchas veces.

Otra estrategia que he aprendido y utilizado para evitar que las emociones me hagan descarrilar es canalizarlas inmediatamente en una acción constructiva. A mitad de mi carrera, Sue Adams, una fantástica agente especial del FBI y famosa instructora de la Academia del FBI en Quantico, me llamó y me dijo: «Queremos que vengas a enseñar aquí permanentemente». Le dije que me encantaría. Pero tres semanas después, me llamó para disculparse y decirme que retiraba la oferta porque yo no tenía un máster.

Era una oportunidad de oro y sentí que me hervía la sangre. Pero tenía el ejemplo de las personas excepcionales: no te lamentes, no te quejes, actúa de forma constructiva. Y lo hice. En dos días me dirigí a la oficina de registro de la Universidad Salve Regina de Rhode Island, que tiene uno de los mejores programas de posgrado en relaciones internacionales del país. Y gracias a esa acción positiva, pude dejar de lado toda esa decepción. Me abrió muchas puertas dentro y fuera del FBI.

A lo largo de los años he visto al gran Michael Jordan jugar al baloncesto, y aprendí de él que cuando las cosas no salían como él quería, simplemente volvía la siguiente vez y jugaba aún mejor: más concentrado, incluso más entusiasmado, más suelto, con más fuerza e inteligencia, dedicado exclusivamente a lograr su objetivo de superar al otro equipo. El mejor jugador de baloncesto de todos los tiempos lo conseguía gracias a una acción concentrada y constructiva.

El control emocional no significa ser un robot insensible a los contratiempos u otros acontecimientos emocionales. Se trata de gestionar esas emociones e impulsos. He sufrido indignidades contra mí y mi familia porque éramos refugiados y no sabíamos hablar inglés, o por el trabajo que hacía. Me han llamado de todas las maneras imaginables. He llorado en los funerales de compañeros muertos en acto de servicio. He sentido asco y furia cuando un pederasta reincidente se burlaba de mí después de que el juez le impusiera una condena leve. Pero aprendí a apartarme, a centrarme en lo que podía hacer o en lo que había que hacer para que la próxima vez fuera diferente. Y, lo que es más importante para mi autodominio, aprendí que *podía* dejarlo pasar si me centraba en lo que vendría después. La clave es tener un plan, un plan de acción centrado y constructivo. Tal vez a esto se refería Mark Twain cuando nos advirtió que no nos dejáramos arrastrar por los insultos o por los troles, como decimos ahora, algo que merece repetirse más que nunca: «No te pelees con los cerdos; ellos lo disfrutan, y tú terminas ensuciándote». Sigue adelante. Céntrate en algo positivo y constructivo.

Especialmente cuando te enfrentas a pérdidas personales o a grandes contratiempos, el autodominio consiste en darte cuenta de cuándo no estás bien del todo y dar un breve paso atrás para ocuparte de ti antes de solucionar el problema. Si puedes tomarte un tiempo para centrarte, hazlo. Si necesitas veinticuatro horas para pensar en una decisión, dilo. No todo puede esperar, pero muchas cosas sí. Ser fuerte significa saber cómo manejarse cuando se está estresado para que eso no repercuta negativamente en el trabajo y las relaciones.

Al final, la agente Moody y su marido, otro agente, se mudaron, y yo volví tontamente a muchos de mis malos hábitos. Pero luego, con la ayuda de buenos amigos, familiares y modelos de conducta en mi vida y en la historia, me daba cuenta y volvía a centrarme, a recapacitar y a dedicarme a seguir un plan para gestionar mis emociones.

No siempre lo conseguí, pero a través de mi propio auto-aprendizaje he tratado de imitar a esas personas de temperamento calmado que tanto admiro para dominar mis emociones. Puedo decir que ahora lo hago mucho mejor que hace treinta años. Se trata, lo mismo que yo, de un proyecto en desarrollo.

Las próximas secciones te ayudarán a aumentar tu capacidad de mantener la calma, haciendo uso de las asombrosas habilidades cognitivas de tu cerebro, proporcionando alternativas a la respuesta límbica cuando no puedas permitirte el lujo de dejarte llevar por las emociones. Los individuos excepcionales harán lo que haga falta para conseguirlo, porque saben que cuando se pierde el control emocional, nadie gana; de hecho, seguramente el que más tenga que perder seas tú.

La responsabilidad: el indicador principal del éxito

El hecho de ser un artista, un empresario o un científico extraordinario no te convierte en una *persona* excepcional. Los individuos excepcionales no son solamente extraordinarios en lo que hacen o por lo que saben; lo que los hace excepcionales es su forma de vivir y de tratar a los demás. Destacan por lo que más nos importa: cómo nos hacen sentir, cómo se comportan con otros, cómo se preocupan y se sacrifican por sus semejantes. El autodominio tiene que ver con lo que somos como personas, aparte de lo que hacemos. Gran parte de esto se reduce a lo que llamamos responsabilidad.

En la teoría de la personalidad, la responsabilidad[*] se considera uno de los «cinco grandes» rasgos que, junto con la extraversión, la amabilidad, el neuroticismo y la apertura a la experiencia, ayuda a determinar la capacidad de una persona para tener éxito en la sociedad, en los estudios y en el trabajo. Pero de todos los indicadores de éxito que han estudiado los investigadores, desde el coeficiente intelectual hasta el entorno familiar, la responsabilidad es el que destaca por encima de los demás.

La gente responsable tiene la capacidad de distinguir entre la realidad objetiva y la emocional. Puede combinar sus conocimientos, sus habilidades técnicas y el conocimiento de la situación con la comprensión del papel de sus propios sentimientos y los de los demás. Esta capacidad les hace ser muy perspicaces y enormemente eficaces, capaces de aprovechar todo su potencial y fomentarlo en los demás.

---

[*] N. del T.: Este factor de la personalidad (*conscientiousness*, en inglés) también es conocido como conciencia o escrupulosidad.

Una forma de entender este factor es observar cómo se comportan las personas responsables:

- Realizan las tareas siendo conscientes de sus obligaciones hacia los demás, la comunidad y el medioambiente.
- Son conscientes de las consecuencias de sus actos.
- Pueden postergar la gratificación cuando otros asuntos tienen prioridad.
- Tienen la humildad de reconocer que no siempre tienen la razón.
- Son fiables, disciplinados, persistentes y bien intencionados.

Antes de continuar, vuelve a mirar la lista anterior y hazte estas dos preguntas:

1. «¿Con cuál de estos comportamientos me identifico?».
2. «¿En cuáles podría mejorar?».

En conjunto, estos rasgos permiten a los individuos responsables actuar de forma racional en sus planes y acciones. Se aplican al aprendizaje y al estudio y les gusta estar preparados y organizados. Tienen la capacidad de empezar y terminar proyectos, persistiendo a pesar de los obstáculos. Para ellos, el futuro está lleno de posibilidades y por lo general tienen un plan de vida con las cosas que les gustaría conseguir, hacer o ver, a menudo desde una edad temprana. Suelen cuidar su apariencia, son educados y empáticos con los demás. Su fiabilidad y capacidad de organización tienen un efecto positivo tanto sobre ellos como sobre los que los rodean.

Fíjate en que no he mencionado lo inteligentes que son. Eso es porque la responsabilidad no tiene que ver con la inteligencia o con los estudios que se hayan cursado. Se trata de cumplir tus promesas y obligaciones contigo mismo y con los demás, llevando una vida con propósito.

Muchos expertos en negocios y capitalistas de riesgo me han contado que frecuentemente las empresas prometedoras fracasan no por falta de buenas ideas o de un producto digno, sino por la falta de responsabilidad de sus líderes, incluida la incapacidad de mantenerse enfocados, cediendo a actos impulsivos o precipitados, o dejándose llevar por necesidades egoístas que interfieren en el cumplimiento de los compromisos. Como me dijo un inversor: «La gran casilla que tengo que marcar para mí y para mis colegas inversores cuando se trata de capital riesgo es: ¿En qué medida creo que esta persona o este grupo será capaz de cumplir sus objetivos? Cuando percibo un indicio de falta de responsabilidad, y eso incluye la puntualidad en las reuniones, empiezo a preocuparme. Empiezo a dudar».

Por tanto, la responsabilidad no es tan solo un buen rasgo de carácter o una exigencia moral, sino también una necesidad profesional.

Esta es la realidad. Cuando uno comete errores con frecuencia, puede que no se trate de esto, de aquello o de lo otro. Es posible que sea cuestión de tu nivel de responsabilidad. Si tus respuestas a las preguntas anteriores revelan áreas en las que podrías mejorar en cuanto a responsabilidad, ten por seguro que no eres el único. Te sorprendería saber cuánta gente hay que no termina lo que empieza: personas inteligentes y con talento que se distraen con excesiva facilidad. Empiezan con buenas intenciones, pero luego pierden el impulso. Este no es un problema moderno causado por el ritmo frenético y el estrés de la vida contemporánea. Siempre ha afectado a la humanidad. Si Leonardo da Vinci viviera hoy, me pregunto cuál sería su valoración en Internet. Cierto que era un genio indiscutible sin parangón en el mundo del arte, pero también un perfeccionista que se distraía con facilidad y que tenía fama de dejar inacabados los proyectos que le encargaban, para consternación de los muchos mecenas que lo perseguían para que terminara los trabajos, les devolviera el dinero o justificara los retrasos de varios años. Tardó más de una década en terminar la *Mona Lisa*. Eso sería inaceptable hoy en día. Entre su perfeccionismo y su curiosidad casi compulsiva, que lo obligaba a investigarlo todo, desde los principios del comportamiento de los remolinos de agua cerca de la costa hasta la disección de cadáveres humanos, pasando por el estudio del vuelo de las aves o la determinación de la longitud de la lengua de un pájaro carpintero, era incapaz de mantenerse centrado en su tarea. Sí, era brillante a más no poder y su talento lo llevó lejos. Pero, aun así, la gente perdía los nervios al tratar con él.

La capacidad de mantenerse enfocado en la tarea, cumplir las promesas y las expectativas, y no distraerse con lo insignificante ni con la necesidad de complacer los caprichos personales es fundamental. Se tiene poca paciencia con la persona incapaz de organizarse, que siempre llega tarde, que no responde a las llamadas ni a los correos electrónicos, que entorpece los proyectos porque está obsesionada analizándolos interminablemente o por su perfeccionismo enfermizo, que provoca retrasos o problemas, o que abusa de su poder. Para lograr cualquier cosa, desde la creación de una empresa hasta la agricultura, pasando por la crianza de los hijos o la gestión en los niveles más altos, la responsabilidad es un rasgo esencial para ser excepcional. Centrarte en las cinco áreas que caracterizan esta virtud te ayudará a desarrollar e interiorizar hábitos que favorecen una vida responsable.

Sin ataduras: desafía los límites que te imponen los demás

En un viaje de negocios a San Francisco, el taxista me preguntó si podíamos escuchar las noticias sobre un corredor de África oriental que acababa de ganar un maratón. Cuando se anunció el nombre del ganador, exclamó:

—Soy de la misma tribu que este corredor.

—Debes de estar muy orgulloso —dije.

—Lo estoy —contestó, mirándome por el retrovisor y añadiendo, con una sonrisa—: Yo mismo fui todo un corredor en mis
tiempos.

Siempre había sentido curiosidad por saber por qué tantos
grandes corredores de maratón son de Etiopía y Kenia, así que
decidí preguntarle. Esperaba muchas respuestas —genética, dieta sana, fisiología, altitud, disciplina inculcada—, pero no la que él
me dio.

—Cuando yo era niño no teníamos ni radio, ni televisión, ni
siquiera periódicos —me contestó.

Fue una respuesta curiosa y que no había escuchado antes, así
que le pregunté qué quería decir con eso.

—En mi infancia —dijo— simplemente corríamos a todas partes, siempre, y lo más rápido posible, porque teníamos responsabilidades.

Yo seguía sin entenderlo. Se rio de buena gana mostrando una
hermosa sonrisa que resplandecía en contraste con el color oscuro
de su piel y prosiguió:

—Nadie nos informó nunca de los récords de velocidad mundiales. De niños nadie nos imponía límites, tampoco nos los im-
poníamos a nosotros mismos. Nos pasábamos el día corriendo por
todas partes tan rápido como podíamos. Por ningún lado había va-
llas, ni señales de *stop*, ni líneas de meta. Ni siquiera teníamos zapatos: nuestro único objetivo era llegar deprisa a los sitios y antes
que el niño de al lado. ¿Que había que subir una montaña? Se subía.
¿Correr hasta el siguiente pueblo, a trece kilómetros de distancia?
No pasaba nada. ¿En días fríos? No había el menor problema. Y
tampoco lo había en correr durante horas seguidas. Nadie nos decía que teníamos que parar a descansar, que no podíamos seguir
corriendo o que era demasiado.

«Vaya —pensé—. No me lo esperaba». Pero esas fueron sus palabras, su reflexión sobre una época, la de la infancia, en la que
él y sus amigos simplemente corrían y corrían sin obstáculos. Se

permitían a sí mismos sobresalir, sin límites autoimpuestos, sin pausas inducidas por las reglas y sin restricciones externas.

Quizá nunca sepamos con certeza por qué tantos grandes corredores provienen de esa parte del mundo. Estoy seguro de que la genética y las carreras a gran altura tienen mucho que ver, pero no puedo ignorar sus palabras. Como dijo, «no había líneas de meta», ni límites de tiempo. Seguramente este es un factor. ¿Cómo podría no serlo?

Tendemos a absorber los mensajes y las «reglas», habitualmente limitantes, de la sociedad, de las instituciones y de otras personas. Estoy convencido de que es posible liberarse de esas expectativas que nos condicionan. Mediante prácticas, pensamientos y comportamientos puedes reprogramar tu cerebro y, al hacerlo, cambiar lo que eres y lo que puedes lograr, y abrirte a nuevas posibilidades.

Dedica unos momentos a responder a estas preguntas con sinceridad:

- «¿Qué esperan de mí los demás?».
- «¿Me motivan estas expectativas o las considero una carga?».
- «¿Cuáles son compatibles con mis propios objetivos e intereses?».
- «¿Qué espero de mí mismo?».
- «¿Podría estar restringiendo mi propio potencial de diversas formas?».
- «¿Qué formación, información, conocimientos o habilidades necesitaría para alcanzar mis objetivos y satisfacer mis intereses?».
- «Si algo me está frenando, ¿qué es? ¿Qué podría hacer para avanzar?».

No dejes que los demás te condicionen intelectual, física o emocionalmente con sus expectativas. No impongas restricciones a tu autoaprendizaje ni a lo que deseas aprender. No establezcas límites en tus ideas sobre lo que eres capaz de conseguir. No dejes que nadie decida por ti lo que puedes lograr: imagina que no hay líneas de meta. Experimenta, esfuérzate y descúbrelo por ti mismo.

¿De verdad podemos cambiar a fondo cuando no existen límites establecidos? Sí, y hay, como mínimo, un ejemplo de que se puede reprogramar el cerebro y además cambiar radicalmente la fisiología y la anatomía. Pensemos en el pueblo bajau del sudeste asiático.

Según los investigadores, estos merodeadores del mar, como se los conoce, pasan hasta el sesenta por ciento de su jornada en el agua, buceando sin tanques de oxígeno en busca de peces, erizos y babosas de mar, pulpos y bivalvos. Con el paso de las generaciones, se han adaptado tanto a la necesidad de bucear a gran profundidad y durante períodos más largos que sus bazos han crecido un cincuenta por ciento más que los de sus vecinos no buceadores de Malasia (o, para el caso, cualquiera que lea estas palabras), para transportar más glóbulos rojos ricos en oxígeno. Esto les permite sumergirse a más de sesenta metros de profundidad y permanecer sumergidos durante trece minutos seguidos. Por el contrario, la mayoría de los seres humanos apenas pueden aguantar la respiración durante cuarenta y cinco segundos, e incluso una cría de ballena tiene que salir a la superficie para tomar aire al menos cada tres o cinco minutos.

Los científicos sostienen que, a medida que los bajau se fueron adaptando durante siglos a sus necesidades acuáticas, se produjeron cambios no solo en sus actitudes en relación con el mar, sino también en su propia fisiología. Por necesidad, sin duda, pero quizá también por estar libres de restricciones autoimpuestas, estos nómadas acuáticos se permitieron, a través de su intrépida relación con el mar, evolucionar y convertirse en superbuceadores, hasta el punto de que sus cuerpos llegaron a transformarse. Esta capacidad fenomenal forma ahora parte de su ADN, permanentemente programada, lo que los hace inigualables en lo que respecta a la resistencia del buceo.

Así que cabe preguntarse: ¿qué podrías conseguir si no te pusieras límites?

Demonología: evaluar los defectos que nos frenan

A menudo, pido a mi público que escriba cuáles creen que son sus puntos débiles, o aquellas cosas que desearían mejorar. Algunos no saben qué escribir, mientras que otros escriben rápidamente una letanía de defectos que rivaliza con la lista de la compra. En ambos casos, me pregunto hasta qué punto somos realistas con nosotros mismos. ¿De verdad puede alguien tener tan pocos defectos, o tantos? ¿Podemos vernos a nosotros mismos como verdaderamente somos? Y si es así, ¿qué hacemos con esa información?

El poeta y diplomático James Russell Lovell dijo: «Nadie puede conseguir grandes logros si no es completamente sincero consigo mismo». Los individuos excepcionales practican la autocrítica constructiva. Se preocupan por mejorar su forma de ser y de hacer. Este autoanálisis, que yo llamo *demonología*, les permite enderezar su ritmo. Quizá esto explique por qué estás leyendo este libro. Sea cual sea tu edad y tu experiencia vital, hay un mundo mejor que puedes crear si estás dispuesto a hacer lo siguiente:

- Obsérvate de manera realista.
- Reflexiona sobre cómo puedes cambiar.
- Examina cómo te ves a ti mismo y te relacionas con el mundo que te rodea.
- Adopta medidas constructivas para rectificar o mejorar constantemente tus comportamientos.

¿Por qué pasar por todo esto? Porque cuando empezamos a cambiar, tenemos un efecto positivo no solo en nosotros mismos y en nuestra propia satisfacción vital, sino también en la de los demás. Esa es la base de la influencia.

Por lo general, la autocorrección se produce de dos formas: o bien tomamos la iniciativa de cambiar mediante la introspección y el ejercicio de las habilidades de autodominio de las que hablamos en este capítulo…, o bien esperamos a que la vida nos dé una dura lección. Parece obvia cuál es la mejor (es decir, la menos dolorosa) opción. Pero piensa en cuántas personas no se toman en serio el ejercicio y la dieta hasta que tienen un infarto. Es asombroso hasta qué punto la gente deja que la situación empeore antes de enfrentarse a lo que les impide controlar su vida. A veces, ni siquiera una crisis desencadena una introspección y una autorregulación duradera.

Aquí es donde los individuos excepcionales difieren, ya que utilizan los fracasos, los errores y las dificultades para conocerse mejor a sí mismos y autocorregirse, si es necesario, con el fin de hacer las cosas mejor la próxima vez. Estas vivencias dolorosas pueden servirnos como valiosas enseñanzas que nos empujen a la acción y despierten en nosotros el deseo de mejorar.

En las profundidades de tu cerebro medio hay dos estructuras idénticas que a los primeros anatomistas les parecían caballitos de mar, por lo que les dieron el nombre correspondiente del latín: el hipocampo. Estas notables estructuras retienen, entre otras cosas, todo lo negativo que afecta a nuestras vidas, por lo que solo tienes que aprender una vez a no tocar la estufa caliente.

Si prestamos atención a los recuerdos de nuestros fracasos que se almacenan en el hipocampo, aprendemos a no repetir los mismos errores. Tanto los errores como los fracasos sirven también para otro propósito: nos mantienen humildes, y gracias a eso sentimos compasión por las dificultades propias y ajenas. Sin embargo, depende de nosotros aprender de nuestros errores, pasos en falso y carencias.

Cuando me encuentro con personas que dicen que se meten continuamente en problemas, que no duran mucho en un trabajo, que siempre salen con el «tipo equivocado» de persona, etc., pienso enseguida: «Aquí hay alguien que ha tenido muchas experiencias de aprendizaje, pero que nunca se ha autocorregido». Aunque ciertas vivencias pueden ser frustrantes, incluso dolorosas, los individuos excepcionales no se limitan a aprender, sino que se autocorrigen. Una y otra vez. De hecho, se autocorregirán durante toda la vida.

¿Por qué esperar a la próxima calamidad? Anticípate: empieza a tomar conciencia de ti mismo ahora.

Para iniciar el proceso solo tienes que pararte a pensar: «¿Estoy haciendo algo que contribuya a esta situación? ¿Cómo puedo cambiar para mejor?». Nadie arreglará tus problemas. Nadie te salvará de ti mismo. Tienes que hacerlo tú. Eso significa averiguar cómo y por qué haces las cosas y aislar esos demonios que pueden frenarte.

—¿Por qué estás tan disgustado?

Esas fueron las primeras palabras que le dije al nuevo empleado de Correos que se encontraba detrás del mostrador.

Fui a la oficina de Correos local para recoger el correo que habían retenido durante el par de semanas que pasé fuera de vacaciones. Mientras esperaba en la cola, me di cuenta de que Michael, el nuevo empleado de Correos que atendía a los clientes que estaban delante de mí, realizaba sus tareas con una mueca constante de impaciencia y desgana en su rostro. A veces incluso era abiertamente hostil, como cuando le dijo a un cliente: «A mí no me pagan para decidir por ti».

No siento más que desprecio por los prepotentes, y no tengo ningún problema en decirlo. Si la dirección no estaba dispuesta a hacer algo al respecto, yo sí. Cuando me tocó el turno, me salté la obligada cortesía de «feliz Año Nuevo» y me lancé de lleno:

—¿Por qué estás tan disgustado?

Se me quedó mirando fijamente. Eso me trae sin cuidado. Se me ha quedado mirando más de un psicópata, y en comparación, él era un cachorrito. Le devolví la mirada en un punto justo por encima de sus ojos (una técnica que descubrí que desconcentra a los prepotentes y a los psicópatas porque quieren que les mires a los ojos, pero eso sería halagarlos, y yo no halago a ese tipo de gente; miro a través de ellos). Así que lo miré poniendo cara de *estoy esperando tu respuesta*. Como no respondió, le dije:

–Cinco dólares en sellos, por favor.

Apartó la mirada y soltó de golpe una libreta de sellos sobre el mostrador. Ignoré aquel gesto infantil, pagué mi compra, le di las gracias y me fui.

Un par de días después, en la puerta lateral de la oficina de Correos, vi a Michael ayudando a descargar una furgoneta llena de correo, así que me acerqué. Lo hice porque íbamos a tener que tratar el uno con el otro durante quién sabe cuánto tiempo en esa oficina de Correos. Esperaba que pudiéramos quedar en buenos términos.

Esta vez, lo miré con una sonrisa, me apoyé en la pared como si lo conociera de toda la vida y volví a preguntar:

–¿Por qué estás tan disgustado?

Creo que se dio cuenta de que no tenía intención de enfrentarme a él. Mientras descargaba las cajas, además de disculparse, se sinceró. Resultó que tenía muchos motivos para sentirse mal. No voy a entrar en detalles, pero en las familias disfuncionales, a menudo no es una sola cosa la que falla, sino muchas, y no eran insignificantes.

Mientras Michael hablaba, me di cuenta de que estaba ansioso. Su pecho se agitaba, exhalaba con las mejillas hinchadas (exhalación catártica) y tenía la boca seca. Le pregunté si alguien del trabajo sabía lo que acababa de decirme. Me respondió que no, y que como se le habían acabado las vacaciones y los días de enfermedad, no podía atender los asuntos familiares. Así que nos limitamos a hablar y le dejé desahogarse.

No recuerdo cuánto tiempo estuve allí; no pudo ser mucho porque no sonó mi busca (sí, entonces teníamos localizadores, no había teléfonos móviles), y sonaba al menos veinte veces al día. Le dije a Michael que las situaciones anómalas provocan reacciones anómalas, y que el día que me lo había encontrado fue realmente desagradable. Una vez más, se disculpó. Le di las gracias y le dije que todos tenemos días malos.

Pero había algo más. Le pedí que pensara en cómo quería que lo consideraran. ¿Quería que lo consideraran como un imbécil con el que nadie quería tratar, o como ese tipo tan simpático de la oficina de Correos con quien todo el mundo estaba deseando hablar, que recibía regalos de sus clientes en los días festivos?

Michael dejó a un lado lo que estaba haciendo. No sé qué sintió, pero por un momento pareció que estaba a punto de llorar. Luego volvió a su trabajo. Le pedí que pensara en lo que le había dicho porque su carrera no había hecho más que empezar y ahora era el momento de abordar la cuestión.

Mientras me alejaba, dijo algo que nunca olvidaré:

—Nadie nos dijo nunca en la formación que pensáramos en cómo nos gustaría que nos consideraran.

—A mí tampoco me lo dijeron nunca en el FBI —respondí.

El hecho es que ninguna organización te lo va a decir. Esa es la clase de pregunta que únicamente se hacen los individuos excepcionales.

¿Cómo quieres que te consideren? Muy pocos, si es que hay alguien, te harán esta pregunta. Pero es la única que cuenta. Porque es lo único que depende de ti.

¿Cómo quieres que te describan? Podrías elegir infinidad de adjetivos: *eficiente, preciso, ingenioso, capaz, listo, inteligente, trabajador, creativo, amable, alegre...*, por nombrar algunos. Pero, seguro que no escoges ninguno como *indiferente, sarcástico, mezquino, engreído, cáustico, quejica* o *perezoso*.

Lo que eres no tiene nada que ver con tu nivel de estudios, el dinero que ganes o la categoría de tu trabajo. Da igual que te dediques a limpiar mesas en un restaurante de comida rápida, como hice yo cuando empezaba, o a pintar casas (también lo hice), o que dirijas a una docena de personas con un elevado nivel de formación (también). Tu trabajo, sea cual sea, consiste en lo que haces. Pero tú eres mucho más que lo que haces. ¿Quién vas a *ser*? De ahí que la pregunta que hemos de hacernos, si de verdad queremos ser excepcionales como individuos o líderes, sea: «¿Cómo quiero que se me considere?».

No sé qué hizo Michael, ni cómo lo hizo; estoy seguro de que no fue fácil. Pero con el tiempo, esa persona tan antipática que conocí empezó a sonreír siempre que me veía. Y no solo a mí, también les sonreía a los demás en la cola, y al dirigirse a los clientes, su tono ya no era agresivo. Hablaba con amabilidad y paciencia. Empecé a tener ganas de hablar con él cada mañana. Resulta que teníamos varias cosas en común.

Como trataba con amabilidad a sus clientes, ellos le respondían de la misma manera. Un año después, al acercarme al mostrador para enviar unos paquetes para las fiestas, vi junto al monitor del ordenador de Michael un plato con galletas envueltas para regalo. Cuando nos saludamos, él miró inmediatamente hacia las galletas como diciendo: «Fíjate en lo que me han regalado por Navidad».

¿Y tú qué opinas? ¿Cómo quieres que te consideren? ¿Hay aspectos que te gustaría mejorar? ¿Eres impaciente, intolerante, inquieto, chapucero, desconsiderado, mandón, maleducado, procrastinador, pasivo-agresivo, propenso a hacerte el mártir o [rellena el espacio en blanco]? Puedes trabajar en todos estos defectos. Al fin y al cabo, están en ti, no tienes que ir a ningún sitio. De ti depende esforzarte y conseguirlo, o no hacer nada y seguir igual. Has de estar dispuesto a mirar a fondo en tu interior y actuar con energía para cambiar. Tú decides. Nadie más que tú puede salvarte de tus demonios. Como dice Joseph Campbell en *El héroe de las mil caras*: «Solo cuando un hombre subyuga a sus propios demonios, se convierte en rey de sí mismo, por no decir del mundo».

Te hablaré de uno de mis demonios: soy impaciente. Es un fallo que trato constantemente de enmendar, sobre todo cuando aflora. Y aquí hay otro que sorprende a mucha gente: hablar en público me sigue resultando estresante, a pesar de que viajo por todo el mundo dando conferencias a las que asisten cientos o incluso miles de personas. Soy muy introvertido y, en muchos sentidos, tímido. No me gustan los grupos grandes. Me cuesta participar en conversaciones triviales y prefiero estar con unos pocos amigos. La enseñanza me produce una gran satisfacción; sin embargo, ser conferenciante público me parece un trabajo duro y agotador. Este era uno de mis demonios, pero tenía que solucionarlo si quería crear un negocio para ayudar a los demás a aprender sobre la comunicación no verbal y el comportamiento humano.

Empecé hablando frente a grupos reducidos (menos de doce personas) una y otra vez, incluso me ofrecía como voluntario para hacerlo. Al principio me costó. Luego, con la práctica repetida comprendí que podía hacerlo, aunque me pusiera nervioso, y poco a poco fui desarrollando la confianza necesaria para hablar ante grupos más numerosos. Tengo que aclarar que sigo teniendo nervios, y a menudo se me nota en los primeros minutos de mis conferencias, pero no importa. Es uno de mis demonios, sí, pero tengo estrategias para afrontarlo. Para compensar el nerviosismo me preparo meticulosamente, conociendo a fondo la materia que voy a enseñar y manteniéndome al día de las últimas investigaciones; además de eso, utilizo técnicas pedagógicas que me han sido de una gran utilidad, como la de interactuar con los miembros del público, y asegurarme de aportarles algo nuevo e interesante cada vez. Estas tácticas me dan confianza a pesar de los nervios. Luego, a medida que se desarrolla la sesión y empiezo a disfrutar del intercambio de información con el público, el nerviosismo se esfuma.

¿No estás seguro de cuáles son tus demonios? Acuérdate de esos momentos en los que tu familia, amigos, compañeros de trabajo o jefes te hablaron claramente sobre tus errores o fallos. ¿Te vienen a la mente algunas ideas? O piensa en aquellas ocasiones en las que, por motivos que no acabas de entender, una relación se enfrió, unos clientes se marcharon en silencio o todos se mostraron amables, pero no te invitaron a volver. Si te siguen ocurriendo cosas así, tal vez sea el momento de autocorregirse. Eso solo se consigue cuando dedicamos un tiempo a reflexionar sobre cómo nos comunicamos o nos relacionamos con los demás; en qué medida somos conscientes de sus necesidades, debilidades o preferencias y cómo respondemos a ellas, así como en las acciones que llevamos a cabo cada día hacia nuestros semejantes: ¿son favorables y beneficiosas para la sociedad, o no? Estos son los rasgos que analizaremos en los próximos capítulos para situarte en la senda que todos los individuos excepcionales han emprendido.

Esta labor de introspección ha adquirido una gran importancia a raíz del cambio que se ha producido en los últimos veinte años en las prácticas empresariales. Hoy en día, las organizaciones son mucho menos tolerantes que en el pasado con los comportamientos caprichosos, descontrolados, indisciplinados o tóxicos. Asesoro a empresas de todo el mundo, y muchas me dicen que ahora es mucho más fácil que en el pasado identificar a los empleados problemáticos, ya que existen listas de comprobación de conductas tóxicas que permiten saber si un empleado encajará bien o, por el contrario, será perjudicial o afectará a la armonía del entorno de trabajo. Mantener en plantilla a una persona indisciplinada, problemática o tóxica es un lastre demasiado grande para la productividad, la moral y la imagen pública, por no mencionar la posible responsabilidad legal. O haces las cosas bien o te ponen en la calle. Basta con mirar las noticias de un día cualquiera para ver a quién han despedido por un comportamiento poco profesional.

Hacer un examen de conciencia no solo es importante en el ámbito laboral. A nuestras relaciones personales también les vendría bien una revisión. Con el tiempo, es fácil desarrollar malos hábitos o comportamientos que habría que corregir. Por desgracia, muchos creen erróneamente que son los demás quienes deben decirles si están haciendo algo mal, y si nadie se queja, eso significa que todo está bien. Otros saben que no se comportan como es debido, pero les da igual: esperan, o incluso exigen, indulgencia, comprensión constante, ampliación de plazos, segundas oportunidades, que les pongan la otra mejilla, que se les dé la oportunidad de volver a hacer las cosas, que se ceda en su favor a expensas de los demás y que se los perdone continuamente. Hay también quienes insisten en que no son responsables, que todo lo que sucede es culpa de otro.

Lo cierto es que podemos ignorar nuestra responsabilidad personal, mentirnos a nosotros mismos, fingir ser lo que no somos, pero al final es imposible ocultar la influencia que ejercemos sobre los demás. Nuestro impacto en quienes nos rodean demuestra quiénes verdaderamente somos. No corregir nuestro comportamiento tendrá consecuencias. Al final, el mensaje se convierte en: «O espabilas o me largo».

Ahora es el momento de hacer un examen de conciencia, no esperes a mañana. Haz tu propia evaluación demonológica. ¿Qué defectos tienes? ¿Qué te frena? Toma la decisión de corregirte. Identifica tus puntos débiles y crea una lista. Enfréntate a cada uno por separado, dándole prioridad a trabajarlos. Puede llevar años. Yo sigo trabajando en ello, pero lo hago porque sé la importancia que tiene. Algunos días son mejores que otros. Y puedo decirte que ahora hay más días buenos que malos. Se trata de un proceso. Un proceso que merece la pena si quieres entrar en la esfera de lo excepcional.

Todos tenemos demonios. Lo importante es que sigamos enfrentándonos a ellos. No hay nada malo en admitir que se tiene una debilidad. Es preciso abordar y corregir lo que nos inhibe, frustra o bloquea, por muy inteligentes, triunfadores o expertos que seamos. Ese es el precio que hay que pagar para tener una vida excepcional. Recuerda la incapacidad de Leonardo da Vinci para terminar los proyectos que le encomendaban; imagina cuánto más podría haber logrado de haber dominado sus demonios.

Las personas excepcionales son realistas en cuanto a sus imperfecciones y las afrontan cara a cara. Busca los recursos que te ayuden a hacerlo, ya sea recibiendo formación, asesoramiento, tutoría o ayuda a través de libros e investigación para obtener conocimientos y estrategias de superación. Sea cual sea el punto débil que quieras reforzar, como elegir mejor a los amigos, perfeccionar la oratoria, enfadarte menos o aprender a ser más organizado, hay formas de conseguirlo eficazmente.

Tal vez seas reacio a correr el riesgo. ¿Y si fracasas? El fracaso solo es una calamidad si no aprendes nada de él. Como te dirán muchos líderes de éxito, cuantos más proyectos de mejora personal emprendas, aunque los resultados no sean los que esperas, más posibilidades de éxito tendrás. Sun Tzu lo expresó mejor: «Cuantas más oportunidades aprovecho, en mayor medida se multiplican ante mí».

Examina tu vida, reconoce tus demonios y enfréntate a ellos, de uno en uno. Sobre todo, sé sincero contigo. Ha habido momentos en los que he tenido que decirme a mí mismo: «Joe, no estás dando la talla, ponte las pilas». No se trata de machacarse. Se trata de enfrentarse a una verdad que, una vez afrontada, puedes manejar. Si quieres ser excepcional, acepta el Reto Demonológico. Afronta lo difícil, corrige lo que está mal, dedícate a superarte. ¿La recompensa inmediata? Convertirte en una persona mejor. ¿Los beneficios que se obtienen en el futuro? Inconmensurables.

Autodisciplina: el andamio de los logros

Cuando daba clases en el Departamento de Criminología de la Universidad de Tampa, conocí al doctor Phil Quinn, que fue mi mentor y supervisor en la universidad. Además de profesor titular y director del departamento, era un psicólogo en activo y antiguo sacerdote cuyas experiencias y formación le daban una perspectiva esclarecedora de la vida.

Un día, cuando hablábamos de por qué la gente fracasa a la hora de alcanzar sus objetivos, dijo: «En mi consulta privada veo todo el tiempo a personas que tienen la sensación de que su vida está fuera de control. He comprobado, sin excepción, que la gestionan mal. Les falta la disciplina para hacer las tareas más sencillas a tiempo, y así todo lo demás se vuelve abrumador».

Phil llevaba años asesorando tanto a pacientes como a estudiantes para que desarrollaran todo su potencial. En su opinión, el hecho de no realizar a tiempo las tareas más básicas era un indicador fiable de problemas más profundos, como el malestar en las relaciones personales. Yo también he comprobado, en mi experiencia en la aplicación de la ley y en la asesoría de rendimiento para empresas, que el hecho de no realizar las actividades más simples de forma ordenada y a tiempo les impide a muchos alcanzar los objetivos más importantes de la vida.

Veinte años después, mientras escuchaba a una persona extraordinaria pronunciar un discurso que se hizo viral por su sencillez y fuerza, recordé esa afirmación del doctor Quinn. El orador era el almirante de la Marina estadounidense William H. McRaven, quien, como comandante de los SEAL que lideró la operación contra Osama bin Laden, y que posteriormente fue rector del sistema de la Universidad de Texas, sin duda está cualificado y acreditado de sobra para dar ese tipo de consejo. En su discurso, planteó a su audiencia lo que debían hacer para convertirse en líderes y tener un gran impacto en la sociedad.

El almirante McRaven dijo lo siguiente: «Si queréis cambiar el mundo, empezad por haceros la cama». Se oyeron las risas de los estudiantes, pero no por mucho tiempo. Continuó diciendo que no puedes llegar a ser un miembro de los SEAL si no te haces la cama perfectamente según los estándares de la Marina cada mañana, sin importar lo privado de sueño, dolorido o lesionado que estés. Todos los días. Sin excusas.

Resulta que cumplir con la más pequeña de las tareas con diligencia es uno de los indicadores más certeros y fiables del éxito futuro, y esa es la esencia de la investigación sobre la responsabilidad. ¿Por qué estos soldados de élite necesitan hacerse la cama como parte de su entrenamiento básico?

Porque cuando uno hace las cosas simples con esmero, se está valorando a sí mismo y reforzando un «sentimiento de orgullo» en la forma de realizar sus obligaciones en la vida. Aportar dedicación a las pequeñas tareas cotidianas crea una tendencia positiva. Y esa tendencia, alimentada de forma adecuada, se transforma en nuestro destino.

Dominar las acciones de cada día les permite a los individuos excepcionales fabricar los andamios del conocimiento y la estabilidad emocional que hemos visto en este capítulo. Hace que puedan seguir con su autoaprendizaje mientras cumplen con otras responsabilidades. Los ayuda a mantener en orden su vida incluso en medio de dificultades emocionales. Eleva la calidad de su presencia en el mundo. De hecho, para «cambiar el mundo», primero debemos cambiar nuestras propias acciones. Como añadió el almirante McRaven: «Si no puedes hacer bien las cosas pequeñas, nunca podrás hacer bien las grandes».

La disciplina y la atención a la hora de realizar tareas sencillas distinguen a los individuos excepcionales. Ya que no las evitan ni se esfuerzan menos en su ejecución. Es fácil caer en la tentación de pensar que no pasa nada por ahorrar esfuerzos si nadie nos está mirando. Pero, invariablemente, cada vez que se me ocurre hacerlo incluso si se trata de acortar mi entrenamiento en tan solo cinco minutos me acuerdo de las antiguas advertencias de mis entrenadores de no engañarme a mí mismo. Sin embargo, existe una razón más poderosa para adoptar el hábito de «no tomar atajos», y es que puede servir de fuerte elemento disuasorio para evitar tentaciones mayores.

Mientras escribo esto, los fiscales federales anuncian la acusación de numerosas personas, entre ellas dos estrellas de la televisión (Felicity Huffman y Lori Loughlin), por el presunto pago de sobornos para que sus hijos entraran en las mejores universidades. Qué lamentable error han cometido al tomar ese atajo, privando así a sus hijos del crecimiento personal y de la satisfacción que supone hacer diligentemente las múltiples pequeñas tareas que son necesarias para lograr con su propio esfuerzo el éxito académico, deportivo y de servicio a los demás.

Orden y prioridades

Practicamos la diligencia día a día poniendo en orden nuestra vida. Eso empieza por priorizar lo que es importante.

En palabras de Peter F. Drucker, autor del éxito de ventas *El ejecutivo eficaz*: «Quizá nada distingue tanto a los ejecutivos eficaces como la atención que dedican al tiempo».

El día se nos presenta a todos, ya seamos ricos o pobres, por igual, con solo mil cuatrocientos cuarenta minutos para completar todo lo que tenemos que hacer. Lo que hagamos con cada minuto importa durante toda la vida. Y ahí estriba la diferencia. Mientras que la mayoría piensa en lo que quiere hacer en un día, los individuos excepcionales piensan en el tiempo como un bien valioso, y para ellos cada minuto cuenta.

Las personas excepcionales emplean el tiempo de forma intencionada. De hecho, se preguntan: «¿Qué podría y debería hacer en estos preciosos minutos, para sacarles más partido, alcanzar mis objetivos laborales o personales, o disponer de más tiempo para mi familia?». Tienen la capacidad de priorizar lo que es más importante y pueden reorganizarse según sea necesario para hacer frente a las circunstancias cambiantes y a situaciones complejas. Al enfrentarse a múltiples opciones, pueden hacer rápidamente el triaje[*]

---

[*] N. del T.: El triaje, trillaje o cribado, es un método de selección y clasificación de pacientes empleado en la enfermería y la medicina de emergencias y desastres.

para identificar y asumir la tarea más importante. En los primeros auxilios básicos, hacemos esta operación recordando el ABC:* las vías respiratorias (asegurarse de que están despejadas), la respiración (que tiene lugar sin ayuda o con ayuda) y la circulación (el corazón late, es irregular o necesita ayuda). Esto es bastante fácil de recordar y se puede enseñar incluso a los niños. Sin embargo, cuando hay muchas víctimas, una pérdida de sangre catastrófica o daños en los órganos, es mucho más difícil hacerlo. Aun así, se hace y se enseña, tal y como lo aprenden todos los profesionales sanitarios de primeros auxilios y médicos de urgencias.

Pero en la vida no hay aulas dedicadas a las crisis. Tenemos que enseñarnos a nosotros mismos a hacer el triaje diario de lo urgente, lo significativo, lo importante, lo no significativo pero atractivo, y lo insignificante. Es un proceso que se aprende únicamente con la práctica, probando y equivocándose. En el momento en que nos proponemos deliberadamente clasificar lo que se requiere de nosotros cada día, empezamos a construir una base que nos servirá a medida que la vida se vuelve más compleja. Pensar en lo que es más importante y en lo que debemos hacer en orden secuencial requiere un esfuerzo, pero establecer prioridades se vuelve más fácil cuanto más lo hacemos.

Establecer prioridades no consiste en atender las llamadas en el orden que vayan entrando, responder cada mensaje o asegurarte de que al final del día hayas leído todo tu correo, digital o físico. De lo que se trata es de tomar las riendas de tu vida mediante decisiones conscientes sobre cuándo, dónde y cómo vas a dirigir tu atención y energía.

En la universidad, tuve la suerte de tener un profesor que nos dio un consejo sobre cómo establecer prioridades que me cambió la vida. Nos dijo que, antes de acostarse, escribía por orden, en una ficha de 7,5 x 12,5 centímetros, todo lo que quería hacer al día

---

* N. del T.: ABC se corresponde con las siglas de *Airways* ('vías respiratorias'), *Breath* ('respiración') y *Circulation* ('circulación').

siguiente. Durante el desayuno, revisaba la lista y hacía los cambios necesarios. Luego, con las instrucciones en la mano, comenzaba a organizar su día. También podía cambiar o añadir rápidamente prioridades a la lista a medida que se desarrollaba la jornada.

Este sabio profesor era Stephen R. Covey, que posteriormente escribió el famoso éxito de ventas *Los siete hábitos de la gente altamente efectiva*. En 1972, cuando yo estaba en la universidad, no era mundialmente conocido, pero tenía una gran reputación en el campus por ser un excelente orador. Nos dijo que solo este acto de pensar en sus prioridades y escribirlas contribuyó más que cualquier otra cosa a su éxito y al de muchos ejecutivos a los que entrenó.

En ese momento, decidí que si confeccionar una lista cada día había beneficiado tanto al doctor Covey, también me vendría bien a mí. Desde entonces, llevo una ficha en el bolsillo en la que enumero por prioridades todo lo que debo hacer ese día. Estoy tan convencido de la eficacia de este sencillo método que he hecho imprimir mi nombre en la parte superior de estas tarjetas como recordatorio de que las listas que anoto en ellas representan mis responsabilidades, mis prioridades, mis valores, y he de cumplirlos. Es un contrato diario que debo cumplir, como cualquier otro al que me comprometo.

Cuando doy conferencias, me suelen preguntar por lo que llamo mi «lista de acciones diarias». Me encanta mostrar mis fichas y explicar cómo funcionan. No fueron idea mía, pero no cabe duda de que me han ayudado enormemente, al igual que a muchos ejecutivos que las convierten en parte de su rutina diaria.

¿Por qué? Porque funciona y es muy sencillo. Te hace pensar en lo que hay que hacer y en qué orden. El mero hecho de pensar en ello, me parece, permite que mi subconsciente me ayude a empezar el duro trabajo de organizar mis pensamientos y considerar cómo voy a tramitar lo que tengo que hacer. Esto ha disciplinado mi mente para que pueda lograr más y sobre la base de la prioridad correcta.

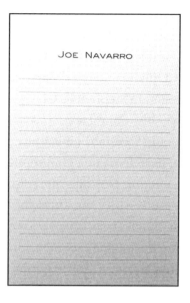

Además, el hecho de escribir tus prioridades de puño y letra les confiere una fuerza que aumenta su importancia. Aunque utilizo mi *smartphone* y otros dispositivos para hacer un seguimiento de las distintas responsabilidades, cuando se trata de establecer las prioridades diarias clave, las fichas me parecen más accesibles, más fáciles de revisar rápidamente y más fiables, gracias a ese elemento añadido de mostrar mi compromiso personal de mi propia mano, casi como una firma, con lo que me he propuesto hacer.

Sé que este método sencillo y poco tecnológico funciona, porque los días en los que parece que no consigo hacer nada son, invariablemente, los días en los que decido «improvisar» y no me molesto en escribir las cosas. La vida es demasiado complicada como para no afrontar cada día con un plan; me fallo a mí mismo y a los que me rodean porque, sin esa lista, me distraigo con mucha facilidad.

Solo cuando la hago, y priorizo y reordeno las tareas a lo largo del día, consigo hacer las cosas y alcanzar todo mi potencial.

¡Y qué placer es mirar la ficha al final del día y ver que todo lo que me propuse se ha cumplido! Ese es mi momento de triunfo.

Como explica Joseph LeDoux en su libro *Synaptic Self* [El yo sináptico], el cerebro tiene un mecanismo de recompensa para motivarnos cuando cumplimos un objetivo. Quizá por eso a veces me he sorprendido a mí mismo sonriendo, al saber que he logrado todo lo que me propuse ese día.

Establecer prioridades y no perderlas de vista conduce al autodominio, ya que te da el control sobre tu vida a través de las decisiones deliberadas que tomas, día a día, hora a hora, sobre dónde pones tu energía y esfuerzo. Nuestras prioridades nos definen. Eres libre de priorizar poco o nada, pero no esperes obtener los mismos resultados.

Cuando no estableces tus prioridades, otros lo hacen por ti. Si esa idea no te gusta, puedes empezar aquí y ahora a darle la vuelta a la situación estableciendo tus prioridades para el resto del día. Luego, vuelve a hacer lo mismo de mañana en adelante.

Práctica deliberada: el poder de la mielinización

Al tercer día de llegar a la Academia del FBI, empezamos el entrenamiento con armas de fuego. Estábamos en 1978. Éramos una clase pequeña, apenas veintiuno de unos ocho mil aspirantes. La primera pregunta que nos hizo nuestro instructor de armas de fuego fue: «¿Cuántos de ustedes han recibido entrenamiento con armas de fuego antes?». Ocho levantamos la mano, incluido yo. Habíamos recibido formación sobre armas de fuego en un departamento de policía o en el ejército.

Me sentí muy bien siendo uno de esos ocho. «Esto podría darme ventaja», pensé. Tal vez incluso pudiéramos saltarnos el entrenamiento.

Qué equivocado estaba.

Todos habíamos entrenado de forma diferente y, como aprendimos enseguida, habíamos adquirido hábitos terribles que hacían que nuestro manejo de las armas y nuestra puntería fueran muy mediocres.

Aprenderíamos a disparar a la manera del FBI: de forma rápida, dinámica y eficaz hasta los sesenta metros con el revólver Smith and Wesson de dos pulgadas y media* que nos habían entregado. Lo íbamos a hacer con seguridad y sin problemas. Y todos teníamos que obtener una puntuación superior al noventa y dos por ciento para aprobar el entrenamiento.

Pero primero íbamos a tener que desaprender los malos hábitos que habían arraigado en nuestros cuerpos y cerebros.

En la actualidad se reconoce que la *práctica deliberada o profunda* –ensayar pequeños segmentos de un proceso hasta la perfección– es el factor más importante para alcanzar la excelencia deportiva o artística. Como Rachel Cossar, autora de *When You Can't Meet in Person: A Guide to Mastering Virtual Presence* [Cuando no es posible reunirse en persona: una guía para dominar la presencia virtual] y antigua bailarina profesional de *ballet*, me explicó en una entrevista: «En el *ballet*, un detalle tan minúsculo como la forma de sujetar con precisión la mano de tu pareja para realizar la transición entre un movimiento y el siguiente se ensaya cientos de veces, hasta poder realizarlo con rigurosa perfección. Algo que para el público es insignificante o aparentemente intrascendente tiene una gran importancia para los intérpretes a efectos de expresión artística o para facilitar la ejecución técnica».

Ve a una pista universitaria, como he hecho yo, y verás a los velocistas dedicándose a ensayar la posición de partida: se agachan y colocan los pies en las marcas inclinadas y ajustables. Sitúan las manos con precisión en la línea de salida (en el borde, no encima), con los dedos separados y flexibles. Notan la presión de las suelas de las zapatillas contra los bloques de plástico. Sienten y ajustan con meticulosidad el ángulo de la espalda: el trasero elevado, la cabeza baja y proyectada exageradamente sobre la línea de salida; la tensión en las pantorrillas, los isquiotibiales y los glúteos; los hombros

---

* N. del T.: 6,5 centímetros. Se refiere a la longitud del cañón.

preparados para liberar la fuerza de los brazos en un instante e impulsar la salida.

Repiten esto una y otra vez, chorreando sudor bajo el caluroso sol de Florida, antes de plantearse empezar a correr. Saben que, en una carrera que podría decidirse por milésimas de segundo, la consistencia y la perfección del movimiento cuentan. Hazlo perfectamente cada vez, y, como me dijo un corredor: «Lograrás hacer una buena salida. Y no puedes ganar sin una buena salida: sencillamente, no hay manera de hacerlo».

Habla con expertos en cualquier campo y te dirán que el «talento» es algo que se trabaja. Puede que estos hombres y mujeres hayan nacido con talento para correr. Pero solo logran desarrollarlo por medio de una práctica perfeccionada.

Aprovechan una capacidad con la que todos nacemos. Estamos programados para la autosuperación. El cerebro puede funcionar con tanta eficacia que nuestras acciones se vuelven automáticas, sin necesidad de pensamiento consciente; de esta manera se libera a la mente para que permanezca atenta al momento, mientras el cuerpo actúa dejándose llevar por su profunda sabiduría.

Cada vez que los corredores adoptan esa posición, refuerzan lo que los neurocientíficos denominan *mielinización*.* En pocas palabras, la mielinización es el afianzamiento o fortalecimiento de las conexiones entre las células cerebrales (neuronas) y los espacios especiales de comunicación entre ellas (sinapsis). Las fibras nerviosas del cerebro son básicamente circuitos eléctricos por los que fluyen impulsos y se liberan neurotransmisores como la acetilcolina y la serotonina. Estos se transforman a su vez en actividades fisiológicas, como una respiración más profunda o contracciones cardíacas rápidas, según sea necesario, o en movimientos físicos más visibles (una salida perfecta en una carrera) o incluso en comportamientos que reflejan nuestro estado de ánimo.

---

* N. del T.: Proceso por el cual se forma la vaina de mielina en los axones de las neuronas.

Cuanto más practicamos algo, más mielinización se produce alrededor de los circuitos que facilitan ese proceso. Y cuanto mayor sea la capa de mielina, más intensa, concentrada y rápida será la señal transmitida, y menos probabilidades habrá de que ese circuito se interrumpa o se desgaste con el tiempo. Por eso, si durante la infancia dedicamos el tiempo suficiente a montar en bicicleta, siempre podremos volver a hacerlo, incluso aunque hayan pasado décadas.

Este mismo proceso tiene lugar en el cerebro cuando la mundialmente conocida guitarrista clásica Ana Vidović practica con su guitarra acústica. Ana escoge un pequeño fragmento musical, quizá no más de cinco notas, y practica la secuencia una y otra vez a una velocidad muy lenta. Con cada repetición, su cerebro, en coordinación con sus dedos, produce la mielina necesaria para reforzar la capacidad cerebral de recordar la secuencia y ejecutarla sin problemas. Una de las ventajas de la mielinización es el hecho de que el público aplauda, pero aún hay más: le permite al intérprete añadir maestría a un proceso complejo que, en cierto modo, se ha automatizado y puede ejecutarse a la perfección sin requerir una gran cantidad de pensamiento consciente.

Mediante la mielinización se construye el maravilloso andamiaje neurológico que nos permite desarrollar nuestras habilidades y expresar nuestro potencial al máximo. Por eso los cirujanos practican durante horas la sutura de una herida. Es lo que diferencia a los individuos excepcionales de los demás, permitiéndoles ejecutar eficazmente lo difícil o delicado una y otra vez. Por eso una buena enseñanza, un buen entrenamiento y la crianza de los hijos, a ser posible desde una edad temprana, son tan importantes para el correcto aprendizaje y ejecución de cualquier tipo de habilidades.

La mielinización funciona únicamente si dividimos los procesos en pequeñas acciones que podemos perfeccionar mediante una repetición disciplinada. Leonardo da Vinci solía dedicar horas a trabajar en las pinceladas más minúsculas para perfeccionar un solo remolino de pelo en un cuadro. Hoy en día, esos remolinos que pintaba con la mano izquierda, realizados a menudo con una sola hebra del pincel, son considerados tan únicos y tan perfectos que se utilizan para autentificar su obra.

Desafortunadamente, los malos hábitos pueden arraigarse tanto como los buenos con la práctica. No obstante, podemos reentrenar nuestro cerebro para que nos ayude a superarnos en cualquier aspecto que nos importe; por ejemplo, mejorar nuestra respuesta al estrés y a las situaciones difíciles, desarrollar prácticas más eficientes de trabajo, hacer frente al miedo o desarrollar relaciones personales más satisfactorias.

Uno de mis clientes chinos de la ciudad de Tianjin tuvo que recurrir a trabajadores de todo el país para dotar de personal a uno de sus nuevos hoteles. La industria de la hostelería es ahora uno de los principales sectores de la economía china. Al igual que en Estados Unidos, reunir a gente de diversas partes de la nación conlleva una gran cantidad de diferencias regionales y culturales, hasta en la forma de vestir, hablar y gesticular.

Era necesario abordar rápidamente muchas de estas diferencias para que el hotel abriera a tiempo. Decidí que la forma más fácil era aprovechar la mielinización eligiendo una tarea sencilla y haciendo que la experimentaran, validaran y dominaran, para que luego utilizaran el mismo procedimiento con otras labores que debían aprender.

Primero, les pedí a todos que señalaran el reloj y luego que me señalaran a mí. A continuación, les sugerí que probaran algo ligeramente diferente. Les pedí que abrieran la mano, con los dedos juntos o un poco flexionados, y que utilizaran toda la mano para señalarme a mí, a los demás y a los objetos cercanos, en lugar de emplear solo el dedo índice como suele hacer casi todo el mundo.

Lo que no sabían era que sonreían cada vez que yo los señalaba o ellos se señalaban unos a otros con la mano abierta.

Les expliqué que, al parecer, según las investigaciones que había realizado a lo largo de los años, la gente aprecia más cuando señalamos a personas u objetos con la palma de la mano abierta que cuando lo hacemos utilizando solo el dedo índice.

Este pequeño dato es vital en el negocio de la hostelería, que consiste básicamente en garantizar que los clientes se sientan a gusto en todo momento, y en el que el personal les ofrece constantemente asistencia y orientación. Como veremos en los próximos capítulos, comprender esos detalles, pequeños pero fundamentales, que influyen de forma positiva tiene una gran importancia para los ejecutivos, sea cual sea su nivel.

Los siguientes minutos los dedicamos a una práctica que consistía en simular que indicábamos dónde se encontraban los ascensores, los baños y la piscina; dónde había una silla para sentarse, a dónde fue uno de los clientes y los folletos que había en el mostrador. Ensayamos una y otra vez este sencillo gesto, y animé al personal a seguir practicando a lo largo del día, incluso en los descansos, cada vez que se presentaba la oportunidad. Al final de la jornada, todos lo hacían correctamente, con la palma de la mano abierta... incluso me señalaban bromeando por el pasillo.

Se trata de una acción muy simple, pero basta con llevarla a cabo para que los demás se sientan bien. Qué gratificante fue volver al cabo de unos meses y ver que todo el mundo, desde el portero hasta el personal de la recepción, pasando por el conserje y las camareras, señalaban así, convirtiendo un pequeño gesto en algo especial. Me alegré aún más al saber que habían utilizado el método de la práctica repetida de una acción específica en todo lo demás: desde contestar al teléfono hasta abrir las puertas de los coches y saludar a los huéspedes que llegaban, pasando por la entrega de toallas en la piscina. Una prueba fehaciente de cómo, con una práctica diligente, la mielinización te ayudará a pasar de realizar simplemente una tarea, algo que cualquiera puede hacer, a lograr un buen rendimiento que, a su vez, influye positivamente en los demás.

Ya escribí antes sobre cómo la agente Moody me ayudaba a controlar mi tendencia a la impaciencia y a la irritación por las tensiones cotidianas del trabajo. No se limitaba a decirme «relájate». Me asignaba pequeñas tareas para que las practicara: respirar profundamente; comer más despacio; salir a caminar o a correr. Me llevó un tiempo, pero con la práctica conseguí adoptar estas técnicas para calmar mis emociones, primero al lidiar con pequeños agravios como interrupciones o actividades que se demoraban más de lo que yo creía; luego en situaciones más estresantes. Las emociones son poderosas, pero, aun así, pueden gestionarse mejor con la práctica deliberada. ¿Hay algún mal hábito que quieras eliminar o uno bueno que desees adoptar? Piensa en cómo puedes dividirlo en pequeños segmentos.

A continuación, trabaja en ellos de uno en uno, creando nuevas vías neuronales más resistentes.

Por ejemplo, digamos que todos los días después del trabajo te quitas los zapatos, abres una cerveza, te tumbas en el sofá y enciendes la televisión. Al cabo de tres cervezas y un documental de Netflix (que quizá acompañes en algún momento con tu comida preparada favorita) ya estás listo para acostarte. Al día siguiente te levantas y vuelves a hacer lo mismo. Esta es una vida sedentaria, que la inmensa mayoría de los médicos desaconseja. ¿Y si quisieras cambiar? ¿Cómo lo harías utilizando este método?

Podrías reconfigurar la programación de tu cerebro dividiendo tu comportamiento habitual en secuencias que puedas trabajar y moldear poco a poco.

Empieza por pensar con antelación en lo que harás después del trabajo, y haz un plan para modificar tu rutina al llegar a casa. ¿Qué hay que cambiar?

En vez de quitarte los zapatos en el salón, podrías obligarte conscientemente a ir al dormitorio, y una vez allí, descalzarte y ponerte enseguida la ropa de deporte, con las zapatillas de correr. Esta acción la tienes que planificar y ejecutar, pero, una vez que la has realizado, sientas las bases para que ocurra todo lo demás. Estás trasladando tus patrones automáticos o subconscientes a la consciencia, donde puedes controlarlos.

A continuación, en lugar de cerveza, tomas agua o una bebida energética. Mientras bebes, te concentras en apreciar los efectos del agua en tu organismo, probablemente deshidratado. Para ejecutar esta acción, también es necesario llevarla a la mente consciente, y al principio quizá sientas algo de malestar –al fin y al cabo, estás eliminando un hábito– pero se trata de reprogramar el cerebro, y eso requiere esfuerzo.

Como recompensa, puedes poner tu emisora de noticias preferida en el móvil, si te interesan las noticias, o bien un *podcast*, un audiolibro o la música que te agrade. A continuación, sales de casa con la idea de realizar un poco de ejercicio físico, como caminar o hacer *footing* ligero.

A partir de ahí, día a día, piensa en cumplir cada paso de esta rutina mientras reconfiguras tus circuitos neuronales. Aumenta poco a poco la distancia que recorres en el entrenamiento para que, con el tiempo, tu cuerpo y tu mente empiecen a desear esta nueva actividad física. Mediante este proceso, refuerzas (mielinizas) gradualmente una nueva red que tiene un efecto gratificante. Estás quemando calorías, fortaleciendo los músculos, aumentando tu ritmo cardíaco con el ejercicio aeróbico, moviendo las articulaciones, que se vuelven más elásticas; eres menos sedentario y cada vez te sientes mejor. Con el tiempo (el plazo varía según la persona), el proceso pasa de ser algo en lo que tienes que pensar conscientemente a algo automático: tu subconsciente ha tomado el control. En ese momento, has reemplazado tu antiguo patrón de conducta por uno nuevo y más eficaz. En eso consiste el poder de la mielinización.

A mis compañeros de formación y a mí nos costó un tiempo desaprender viejas técnicas que habían sido reforzadas muchas veces por medio de una formación previa bien intencionada pero deficiente. A veces, disparábamos peor que los que recibían una formación correcta por primera vez. Tuvimos que reaprender y remielinizar cada movimiento a través de una práctica específica. Nos entregaron armas de entrenamiento pintadas de rojo que podíamos utilizar para practicar en nuestras habitaciones. Al principio ni siquiera nos permitían apretar el gatillo, solo debíamos practicar cómo sacar el arma de la funda.

Y eso es lo que aprendimos: a desabrocharnos suavemente la chaqueta, apartarla con un solo movimiento del codo y el brazo con el que vamos a efectuar el disparo, mientras giramos un poco el cuerpo para convertirlo en un blanco más pequeño. Al mismo tiempo nos agachamos ligeramente y agarramos de lleno la empuñadura del arma de forma simétrica para que la eminencia tenar (la zona grasa bajo el pulgar) de la palma actúe como fuerza estabilizadora contra la empuñadura. A continuación, despejamos la funda con un ligero movimiento ascendente, llevando cuidadosamente la mira trasera a la altura de los ojos, a justo treinta y cinco centímetros del rostro, flexionando suavemente el brazo que porta el arma para absorber el retroceso en línea recta, mientras la mano de apoyo se une a la de tiro y la agarra lateralmente con firmeza para asegurar la estabilidad. Todo esto, antes de que el dedo índice comience a entrar en el seguro del gatillo.

Al principio, el mero hecho de abrir la funda resultaba complicado, porque esta era diferente a todas las que había utilizado antes. Practicábamos cada movimiento por separado, con una lentitud exagerada; luego los encadenábamos para crear una sucesión; después aumentábamos la velocidad. Finalmente, la lentitud se convirtió en rapidez. Podíamos realizar toda la secuencia en un segundo o menos. Sin titubeos, sin tanteos. No había otra manera de desenfundar el arma, solo la de la agencia. Podíamos confiar en que lo haríamos correctamente bajo la lluvia, en la nieve, con poca luz, en un coche, al dar una orden, al detener a alguien, cuando surgía un objetivo de la nada, en el suelo..., en cualquier momento y en cualquier lugar. La práctica, en efecto, lleva a la perfección. Una formación, o, mejor dicho, un reciclaje, de un valor incalculable que nunca me ha fallado en mis veinticinco años de carrera.

La mielinización estaba obrando milagros, eliminando nuestros malos hábitos. En el caso de los agentes que nunca habían disparado un arma, creó vías neuronales impecables, resistentes y sin obstáculos, conductos de gran ancho de banda dentro de sus cerebros para realizar siempre correctamente esta acción de suma importancia.

Así pues, céntrate en un hábito que quieras cambiar o en algo que quieras perfeccionar. Divídelo en pequeños segmentos que puedas practicar y perfeccionar. Pondrás la mielinización a trabajar a tu favor. Ahora sabemos que el cerebro es lo suficientemente plástico como para poder corregir o perfeccionar nuestros comportamientos a cualquier edad. Ese proceso se produce mediante la práctica específica y el milagro de la mielinización.

Perseverancia

¿Qué es lo que impulsa nuestra capacidad de practicar de la manera que he descrito anteriormente? La perseverancia. Para aprender o conseguir algo, no basta con apuntarse a la clase, comprar el libro, asistir al seminario web o ver el vídeo. Tienes que asistir a la clase, hacer las tareas, corregir los errores, leer (y releer) el libro.

Las personas excepcionales perseveran. Pueden hacer una pausa para pensar, para digerir la información que han reunido. Pero no pierden el rumbo. Pueden fracasar muchas veces, pero siguen adelante. Thomas Edison fracasó miles, no cientos, sino miles de veces al crear la primera bombilla sin ninguna garantía de éxito; al fin y al cabo, estaba intentando crear algo que no existía. Pero nunca se rindió. Y tampoco lo hicieron los hermanos Wright, esos dos mecánicos de bicicletas que, sin tener siquiera un título universitario y mucho menos una formación en ingeniería aeronáutica, inventaron y perfeccionaron el vuelo a motor. El mundo está iluminado y es posible volar gracias a tres hombres que encarnaron la conciencia, el aprendizaje autodidacta, pero sobre todo la perseverancia.

En los últimos treinta años, James Dyson, poseedor de estos mismos rasgos, deseoso de introducir mejoras en la vida cotidiana, siempre lleno de curiosidad, se percató del fallo de las aspiradoras de los años setenta que perdían progresivamente su succión con el uso repetido, lo que implicaba la molesta obligación de comprar nuevas bolsas.

Así que, como sus predecesores, se propuso crear lo que no existía. Ensayó, probó, perfeccionó y ajustó nada menos que 5.127 prototipos, que finalmente se convirtieron en la primera aspiradora Dyson. Hoy en día, los aparatos Dyson, desde secadores de manos y de pelo hasta aspiradoras, se encuentran en todo el mundo, pero esa trayectoria nunca fue segura ni fácil. El motivo por el que hoy tenemos estos aparatos y por el que *Sir* James Dyson es multimillonario fue que perseveró, como Edison y los hermanos Wright. Eso fue lo único que le dio la certeza de que al final, de algún modo, triunfaría.

Muchas de las comodidades de las que disfrutamos como sociedad fueron descubiertas, creadas, mejoradas o innovadas por individuos que se enfrentaron a los mismos retos que muchos otros, pero que, al contrario que ellos, fueron perseverantes.

Tras realizar miles de entrevistas, si hay un atributo que me parece que diferencia a los individuos excepcionales de los demás, es su perseverancia.

Las recompensas del autodominio

Winston Churchill es conocido por liderar Inglaterra durante su época más aciaga, cuando el pueblo británico se enfrentaba al mayor peligro que el mundo había conocido hasta la fecha: el avance de la Alemania nazi sobre Europa occidental. La razón por la que fue elegido para liderar el gobierno pese a haber sido vilipendiado durante décadas por su carácter agresivo y belicista guarda relación con algo que decidió hacer a la edad de veintiún años. Esa decisión lo convertiría, años más tarde, en la única persona en Inglaterra capaz de hacer lo necesario para salvar la nación.

Churchill había recibido una rigurosa educación en Harrow y más tarde en la Real Academia Militar de Sandhurst, pero en su primer destino en el extranjero, en la India, como subalterno, comprendió que no era suficiente. Desde muy joven, supo que jugaría un papel destacado en la política nacional. Así que, mientras estaba destinado en el extranjero con mucho tiempo para estudiar y leer, y con la ayuda de su madre, que le enviaba todo lo que podía conseguir, comenzó su formación autodidacta.

Estudió ética, algo que no se había atrevido a hacer antes, y a los filósofos griegos (Sócrates y Platón eran sus favoritos), pero también economía. Leyó con voracidad *Historia de la decadencia y caída del Imperio romano*, de Edward Gibbon, en ocho volúmenes, y la obra cumbre sobre la historia de Inglaterra, de Thomas Babington Macaulay, en doce volúmenes. Según cuenta, leía de tres a cuatro libros a la vez para evitar el «tedio». Leyó *La riqueza de las naciones*, de Adam Smith; *El origen de las especies*, de Charles Darwin; *Bartlett's Familiar Quotations* [Citas familiares de Bartlett], *Modern Science and Modern Thought* [Ciencia moderna y pensamiento moderno], de Samuel Laing, *Constitutional History of England* [Historia constitucional de Inglaterra], de Henry Hallam, y muchos más. No son los hábitos de lectura de una persona corriente.

Aprendió poemas que, décadas más tarde, recitaría de memoria. Es aquí donde Churchill desarrolló un amor por las palabras y una profunda comprensión de su poder. Como señaló en sus escritos: «Por supuesto, *The Annual Register*[*] es valioso solo por

---

[*] N. del T.: Anuario publicado sin interrupción desde 1758 hasta la actualidad; está dedicado a realizar un análisis panorámico de los asuntos políticos, sociales, culturales y literarios de Inglaterra y el mundo.

sus datos. Conocerlos bien me armaría con una espada afilada. Pero Macaulay, Gibbon, Platón, etc., deben entrenar los músculos para blandir esa espada lo mejor posible». Todo ese conocimiento, combinado con su amor por el lenguaje, perfeccionó la mente de Churchill para que fuera excepcional. Esa mente excepcional salvaría a Inglaterra.

Cuando llegó la guerra, el país se dirigió al único político en toda Inglaterra que tenía las credenciales, la preparación, la seriedad, la resolución, la fuerza y la sabiduría, en esencia, todo lo que se requería inmediatamente de un líder en tiempos de guerra para hacer frente a los desafíos que exigía un conflicto bélico mundial.

Como señaló Edward R. Murrow, el famoso corresponsal de guerra estadounidense que se hallaba en Inglaterra cuando Churchill se convirtió en primer ministro, «había llegado la hora de que movilizara la lengua inglesa y la enviara a la batalla, haciendo de ella una punta de lanza de esperanza para Gran Bretaña y el mundo que esta sostenía. Levantó los corazones de todo un pueblo cuando más solo se encontraba». Fue la certeza de Churchill, basada en su experiencia y formación, expresada en sus notables palabras, lo que impactó profundamente a los británicos y les devolvió la esperanza. Su voz singular y persuasiva también convenció al presidente Roosevelt para que hiciera algo, aunque solo fuera para abastecer a un país cada vez más desesperado a través de la Ley de Préstamo y Arriendo.*

Churchill estuvo a la altura de las circunstancias gracias al extenso aprendizaje que había iniciado cuando apenas tenía veintiún años y estaba destinado en la India. Más de cuarenta años de servicio a su país, estudio, investigación, escritura y curiosidad intelectual construyeron las inigualables bases de conocimiento, fortaleza emocional y autodisciplina que aportó durante los tiempos más difíciles de Inglaterra. Esto es lo que constituía la fuente de su fuerza

---

* N. del T.: en inglés *Lend-Lease*. Esta ley, aprobada por la Administración de Roosevelt, permitía que se ofreciera ayuda y suministros militares a otros países.

y lo que marcó la diferencia. Gracias a su arduo aprendizaje, logró encontrar una forma de superar las dificultades cuando muchos de sus colegas insistían en negociar la paz con Hitler y Mussolini.

Churchill se dedicó a aprender con un solo propósito: servir a su país. No podía predecir cuándo surgiría esa oportunidad. Pero ¿no es esa la razón por la que los seres excepcionales se preparan? No porque estén seguros de que habrá un momento y un lugar en el que se necesitarán sus habilidades, sino porque es lo que hay que hacer.

El autodominio es, al mismo tiempo, el esfuerzo y la recompensa de vivir bien y con sabiduría. Yo estoy en esa senda. Y tú también, por eso estás leyendo esto. Mientras desarrollamos todo nuestro potencial, podemos aprender unos de otros, como yo he aprendido de muchos. Aunque solamente tú puedes moldear tu propio futuro y crear ese andamiaje único que refleje tus objetivos e intereses, como compañero de viaje y de lucha en el camino hacia el autodominio, te ofrezco las siguientes preguntas para que las tengas en cuenta dentro de cada área que hemos cubierto:

Aprendizaje

> ¿Hay algo en tu vida que te gustaría conocer mejor o estudiar más?

> ¿Requeriría eso una educación formal, más lecturas, clases *online* o tutoría?

> ¿Alguna vez has pensado en darte el gusto de asistir a una clase, de preguntar a un experto, de probar?

> Si no lo has hecho, propóntelo como objetivo. Investiga para encontrar ayuda y luego fija una fecha para empezar.

> ¿Qué hábitos podrías cultivar que te ayuden a formarte y a abrirte más a lo que la vida te ofrece? Quizá leer media hora al día. Estudiar un tema que te interese. Ve a un museo

en lugar de al cine. Mira un documental en vez de una película de acción. Date unas vacaciones educativas guiadas. Entabla conversación con un nuevo vecino. Busca cambios graduales que construyan esos hábitos que te educan, que te ayudan a experimentar la vida más plenamente.

Equilibrio emocional

> ¿Qué haces cuando te encuentras mal? ¿Esa conducta es productiva, improductiva o algo intermedio?

> ¿Alguna vez has reaccionado de forma desproporcionada ante una situación y luego te has sentido mal por ello? Si te ocurre a menudo, piensa en estrategias que puedan ayudarte a reaccionar de forma más equilibrada.

> Si con frecuencia te sientes frustrado, disgustado, decaído y deprimido, o dominado por el estrés y la ansiedad, ¿has pensado en ver a un especialista? No hay nada malo en acudir a un profesional para que nos guíe en los momentos difíciles.

Responsabilidad

> En lo referente a la amabilidad, la fiabilidad, la honestidad y la confianza, ¿crees que podrías mejorar en alguno de estos aspectos?

> ¿Qué necesitarías hacer para potenciar estas cualidades y para que te aprecien más?

> A partir de hoy, dite a ti mismo: «Haré _____ para ser más _____». Y, por si acaso crees que eres perfecto, pregunta a los demás en qué creen que deberías mejorar.

Sin límites

> Identifica algunos límites o restricciones que otros te han impuesto sobre tus capacidades o tu potencial.
> Decídete a salir a la calle y hacer simplemente un poco más.

Demonología

> ¿Cuáles son sus demonios? Dicho de otra manera: ¿cuáles son tus debilidades? Haz una lista.
> Si te molestan o te frenan, ¿qué harás para afrontarlos? ¿Qué estrategias podrías utilizar?
> Revisa tu lista de vez en cuando. ¿Ha cambiado algo?
> ¿Cómo quieres que te consideren? Responde aquí y ahora:

_____

_____

_____

_____. Y vive como de verdad quieres vivir.

Autodisciplina

> ¿En qué áreas te falta disciplina? (También en este caso, si te cuesta encontrar respuestas, pregunta a alguien que te conozca bien cómo podrías mejorar en el apartado de la disciplina).
> ¿Cómo cambiarías eso gradualmente?
> ¿Cuál sería un objetivo sostenible?
> ¿Despertar quince minutos antes supondría una diferencia? ¿Qué tal leer dos páginas más de un libro al día? ¿Hacer ejercicio con un compañero? ¿Comer porciones más pequeñas? ¿Llevar un registro de los progresos realizados

hacia objetivos específicos? ¿Hacerte la cama, ordenar la habitación o la cocina, cajón por cajón? Empieza con algo pequeño.

Orden y prioridades

> De todas las cosas que tienes que hacer cada día, ¿qué debería tener mayor prioridad?
> Empieza tu propia «lista de acciones diarias» y escribe claramente tu nombre en la parte superior. Este es tu compromiso contigo mismo.
> En tu lista de hoy, escribe lo que te propones lograr en este día.
> Sigue la lista durante una semana, un mes, un año, y comprueba si esto por sí solo no cambia la cantidad de actividades que realizas cada día.

Práctica (mielinización)

> Piensa en algo que quieras hacer mejor. ¿Se trata de dar una charla? ¿Aparcar en paralelo? ¿El tiro en suspensión de baloncesto, la técnica de levantamiento de peso o la brazada de natación? Establece una rutina de práctica ralentizando el proceso, dividiéndolo en pequeños pasos y ensayando cada uno de ellos, sin saltar al siguiente, hasta que hagas ese paso perfectamente. Con el tiempo, aumenta la velocidad.
> Si te da miedo hablar en público, practica cómo subir al escenario con confianza. Establece contacto visual, detente y ubícate, deja que el público se acostumbre a ti y empieza con un sencillo: «Buenos días». Luego detente y vuelve a

hacerlo desde el principio, hasta que tus movimientos y tu porte muestren confianza. Oí decir una vez a la gran Helen Mirren que el reto más difícil para un actor es entrar en el escenario o en una escena. Ponte a trabajar en ello.

Perseverancia

> ¿Has dejado de hacer algo que querías hacer, como escribir en un diario, realizar ejercicio físico, mantenerte en contacto con tus amigos, estar al día de la actualidad, hacer voluntariado, mejorar tus relaciones laborales o familiares, ahorrar más dinero? Sea lo que sea, dedícate a hacerlo, aunque sea quince minutos al día, o da un pequeño paso adelante en el proceso.

> La perseverancia no consiste en dar grandes pasos y luego perder el impulso. Se trata de seguir con constancia a largo plazo. Como dijo alguien, el barco más grande del mundo puede dar una vuelta completa con solo girar un grado el timón.

> No pasa nada por tomarse un descanso, pero no te descuides. Vuelve a ello.

Albert Einstein, que sabía un par de cosas sobre la vida, dijo: «Procura no convertirte en un hombre de éxito, sino en un hombre de principios». El autodominio no proviene de conseguir hacer bien algo y tener éxito en el momento. Eso es suerte, no autodominio. El autodominio viene de días, semanas, meses, incluso años de trabajo, pensamiento, estudio y hábito. Se consigue siguiendo adelante incluso cuando no lo hacemos bien. Viene de hacer nuestra cama metafórica en todos los aspectos importantes. Colocar los pies en las marcas cada mañana. Aguantar la respiración y sumergirnos en lo más profundo incluso cuando no estamos seguros de poder hacerlo.

Desarrollar los hábitos de autodominio es una de las formas más profundas y gratificantes de valorarse a uno mismo. Nunca se es demasiado viejo para aprenderlo. A medida que adquieres dominio sobre ti mismo, lo ganas también sobre muchos otros aspectos de tu vida, desde la mente y el cuerpo hasta las más nobles intenciones.

Dar pasos hacia el autodominio en medio de los altibajos de la vida no siempre es fácil, pero eso hace que el esfuerzo y la victoria sean aún más valiosos. De hecho, lo mejor del autodominio es que no te lo regalan. Se gana día a día, y una vez ganado, nadie te lo puede quitar. Es una búsqueda que te cambia profundamente para bien. Y cuando te embarcas en esa búsqueda, ocurre algo aún más extraordinario.

El autodominio consigue la confianza, la cooperación y la admiración de los demás: es la herramienta más poderosa con la que un empresario puede contar con el mejor rendimiento de la inversión. Nadie dice: «Quiero ser como la persona más normal del mundo». Tratamos de emular a quienes son excepcionales. Buscamos a los que tienen dominio sobre sí mismos porque nos inspiran a mejorar nuestras propias vidas. *Eso* es poder. Eso es lo que entendemos por ser excepcional. Todo comienza con el autodominio.

CAPÍTULO 2

Observación

VER LO IMPORTANTE

Al aumentar nuestra capacidad de observar las necesidades, las preferencias, las intenciones y los deseos de los demás, así como sus miedos y preocupaciones, estamos mejor preparados para poder discernir las personas y las situaciones con rapidez y precisión, obteniendo la claridad necesaria para hacer lo mejor, lo correcto y lo eficaz.

> *Tú ves, pero no observas.*
> SHERLOCK HOLMES,
> *Un escándalo en Bohemia*

E l Cessna 150 acababa de alcanzar los setecientos sesenta metros, que yo controlaba en el altímetro mientras disfrutaba de la vista por las ventanas de la cabina, cuando mi instructor de vuelo, Bob Lloyd, me golpeó en la cabeza con su tablilla portapapeles.

—¿Dónde estamos en relación con el aeropuerto? —ladró.

Empecé a buscar el aeropuerto. El portapapeles volvió a golpearme en la cabeza.

—¿Cuál es nuestro rumbo?

Mi mirada se dirigió al panel de instrumentos, buscando desesperadamente el indicador de rumbo. De nuevo, el portapapeles.

—El motor acaba de detenerse —anunció Bob, apagando el carburador del Cessna 150, reduciendo intencionadamente la velocidad al ralentí, lo que lo convirtió en un planeador pesado y poco eficiente—. ¿Dónde se puede hacer un aterrizaje de emergencia ahora mismo? *¡Ahora mismo!*

Bob empujó repetidamente los timones hacia la izquierda y la derecha, haciendo girar el avión de un lado a otro, al tiempo que subía el volumen de la frecuencia de la torre de control del aeropuerto de Opalocka y la minúscula cabina de mando se llenaba de llamadas entrecortadas a los aviones que estaban aterrizando.

Mientras me esforzaba por orientarme en ese entorno ruidoso y vertiginoso, Bob me pasó el micrófono y dijo:

—Declara una emergencia. ¿Qué le vas a decir al ATC [control de tráfico aéreo]?

En aquel momento el micrófono bien podría haber sido un ladrillo, porque yo era incapaz de hacer nada. Estaba empapado de sudor, la cabeza me daba vueltas, tenía el estómago revuelto, los músculos del pecho estaban contraídos y el corazón me latía contra el arnés de los hombros. No podía pronunciar las sencillas palabras de la conocida llamada de socorro internacional: «*¡Mayday, mayday, mayday!*». Ni siquiera era capaz de decir en voz alta el número del avión, que estaba pegado al panel que tenía frente a mí.

Bob Lloyd estaba haciendo lo que hace un buen instructor de vuelo, crear *complejidad*: es decir, una sucesión de acontecimientos que producen ansiedad y ponen a prueba (y educan) la capacidad de observar, pensar y actuar en situaciones de estrés. Estaba desafiando mi capacidad de, como dicen los pilotos, «volar, navegar y comunicar».

—¡Si quieres ser piloto, más vale que sepas siempre dónde te encuentras, hacia dónde te diriges, qué podría perjudicarte aquí arriba y dónde puedes aterrizar en cualquier momento! —tronó

Bob por encima del ruido del motor Lycoming cuando tomó los mandos y aceleró a fondo–. ¡Debes ser consciente del entorno a cada instante!

Lo dijo dos veces más, cada vez con más énfasis mientras bajaba el volumen de la radio:

–¡Conciencia del entorno! ¡¡Conciencia del entorno!! *Ser consciente* de dónde estás. *Ser consciente* de lo que te rodea.

Cuando escuché por primera vez esas palabras, aún no había entrado en el instituto. Nunca las olvidé. Eran una advertencia y un reto, un mantra y una metáfora: estar siempre atentos, saber lo que nos rodea en todas las situaciones, pero sobre todo en las importantes. Aunque en aquel momento no lo sabía, fue mientras sudaba y trataba de no vomitar en aquella cabina cuando aprendí que para ser consciente no basta con mirar. Para ser consciente, hay que *observar*. Y para tener éxito en la vida, ya sea como padre o madre, en una relación, en una ocupación cualificada o como líder, debes ser capaz de observar con atención. En este capítulo analizaremos la observación dividiéndola en sus componentes, examinaremos cómo contribuye a un rendimiento excepcional y ofreceré ejercicios que te ayudarán a aumentar tus poderes de observación y a sacarle el máximo partido a esta capacidad innata.

Observación: convertir la información en entendimiento

Todos observamos. Así es como nos desenvolvemos. Miramos para ver si podemos cruzar la calle con seguridad, si debemos llevar un paraguas, qué cola del supermercado avanza más deprisa, qué está haciendo nuestro vecino. Nos pasamos el día entero mirando.

Mirar es una experiencia pasiva que tiene su utilidad, aunque no siempre nos proporciona una información completa. Observar, en cambio, es un proceso activo. Requiere un esfuerzo; sin embargo, los resultados son más esclarecedores y útiles.

Al observar, estás interpretando el mundo que te rodea en ese preciso momento a un nivel multisensorial. Mientras observas, todos tus sentidos están activos: el visual, por supuesto, pero también escuchas los sonidos y las palabras; hueles el aire; tu piel nota el viento y la temperatura; los millones de neuronas de tu intestino envían a cada instante señales a tu cerebro sobre la consciencia corporal de tu entorno en una mezcla exquisita y fluida de impresiones que revelan una información profunda. Estas impresiones se entrelazan a nivel consciente y subconsciente como las piezas de un rompecabezas tridimensional, ofreciéndote una comprensión minuciosa de las situaciones. Cuando te cruzas con alguien por la calle, te fijas en sus manos: algunas veces están ocultas, otras llevan algo, o van pegadas al cuerpo, en ocasiones se balancean con el paso. Ves quién parece cansado, pendiente de su móvil, alerta o tenso. Notas quién tiene prisa por efectuar entregas y quién está pasando el tiempo. Te fijas en la ropa, y en lo que esta te dice sobre quien la lleva: el mono de carpintero, los trajes a rayas de los ejecutivos de Wall Street, el deporte y equipo favoritos de alguien, lo que le influyen las tendencias, lo indiferente que es a las normas sociales.

En un restaurante, te fijas en la mesa donde los adolescentes están concentrados en sus móviles mientras los padres conversan con el camarero. Te das cuenta de qué camarero está estresado y de cuál se apresura para atender a las mesas más exigentes.

En el supermercado, examinas el pollo envuelto en plástico y notas que parece un poco «pasado», así que lo hueles y decides que no lo vas a comprar.

No te limitas a ver subir a tu vecina a su coche para ir al trabajo. Te fijas en *cómo* lo hace. ¿Camina más despacio hoy? ¿Su cuerpo parece un poco encorvado?

Estas son las diferencias entre mirar y observar.

El mundo transmite constantemente información. Los individuos verdaderamente despiertos, los excepcionales, están atentos a ella.

Quizá pienses: «¿Cómo voy a poder hacer esto si ya estoy saturado de información?».

Se puede. Simplemente, se requiere un poco más de esfuerzo al principio, para crear hábitos de observación y desarrollar ese conjunto de habilidades; y con la información y los ejercicios de este capítulo podrás empezar a hacerlo. Te aseguro que, con el tiempo, se volverá más sencillo.

El mundo está lleno de gente que no es consciente de por dónde anda. Observa a los pasajeros cuando bajan de los aviones o por las escaleras mecánicas. De repente, se detienen quizá para esperar a alguien o para consultar mensajes o direcciones en sus dispositivos, lo que obliga a los demás a apiñarse y forcejear a su alrededor para hacer sus conexiones o evitar que se interrumpa el paso por las escaleras mecánicas. En YouTube hay miles de vídeos de personas distraídas que chocan contra puertas de cristal, parquímetros, o incluso osos, o sufren otros percances igualmente ridículos. Nos reímos de ellos y de nosotros mismos, si nos ocurre. Pero la falta de conciencia del entorno conlleva graves consecuencias. Son tantos los accidentes de tráfico provocados por conductores que envían mensajes de texto mientras están al volante que ahora la policía confisca los móviles como prueba de falta de atención al conducir.

¿Qué hay detrás de esta falta de atención? ¿Una sociedad acelerada? ¿Una cantidad abrumadora de información? ¿Nuestra necesidad neurológica de novedad, antes alimentada en gran medida por los cambios en nuestro entorno, y ahora por los constantes estímulos digitales? Tal vez esto y más.

Parece ilógico, pero observar, y no solo mirar, es un poderoso antídoto contra la sobrecarga de información, ya que nos obliga a eliminar el parpadeo, la distracción y el abrumador ruido blanco de la vida para poder centrarnos en la información que más nos sirve. Al centrarte en lo más importante y no en lo más ruidoso o brillante, puedes llevar a cabo tu análisis de forma mucho más rápida y precisa. Esta es la esencia del extraordinario libro de Daniel

Kahneman *Pensar rápido, pensar despacio*. Al observar, perfeccionamos la habilidad de saber qué hay que buscar para informarse mejor y más eficazmente.

Por eso, una vez que se aprende a observar correctamente, hay menos sobrecarga porque, si se sabe qué buscar, un rápido examen proporciona la información necesaria.

La observación también es una salvaguarda para evitar verse sorprendido cuando las situaciones se vuelven repentinamente complejas, como me ocurrió en la cabina del Cessna. Te permite mantener la calma bajo presión. Garantiza que puedas detectar y atender lo más importante.

Por último, la observación te ayuda a emprender acciones más adecuadas y productivas, ya que te permite atender mejor las necesidades de los demás mientras te ocupas de las cosas importantes para ti.

Tanto si eres padre como si eres profesor, director o un ejecutivo con mucho trabajo, si no estás preparado para la observación cuando las circunstancias te obliguen a hacerlo, te encontrarás como ese joven piloto en formación: en desventaja cuando la situación se complica. Las consecuencias abarcan desde la incomodidad o la vergüenza hasta el abandono de nuestros deberes o la puesta en peligro de uno mismo, de los otros o de toda una organización. Si no observamos, no podemos guiarnos ni guiar a nadie; no entendemos los cambios; no logramos discernir las necesidades, los deseos, las aspiraciones, las intenciones, las preferencias, las preocupaciones o los temores de los demás. Ellen DeGeneres fue objeto de críticas en 2020 por no darse cuenta de lo que sus invitados, como Brad Garrett, decían haber notado: que en su programa de televisión se respiraba un ambiente de trabajo tóxico. DeGeneres se vio obligada a pedir disculpas públicamente, y esta es una advertencia para los ejecutivos de las empresas de lo que puede ocurrir cuando no nos esforzamos en observar.

La buena noticia es que somos observadores natos. Lo que ocurre es que perdemos el contacto con esta habilidad a medida que crecemos y las exigencias de la vida reclaman nuestra atención. Los datos científicos son abrumadores: siendo más observadores podemos cambiar nuestro cerebro. Este órgano no solo tiene capacidad para el reto, sino que está diseñado para ello gracias a la neuroplasticidad.

Por neuroplasticidad entendemos el fenómeno, ahora bien reconocido, de que el cerebro es capaz de establecer nuevas conexiones neuronales y cambiar el entramado de vías y circuitos, lo que nos permite no solo aprender cosas nuevas, sino hacerlo cada vez más deprisa. Cuanto más utilizamos el cerebro y lo exponemos a experiencias novedosas, más eficiente se vuelve para reforzar o reconducir las conexiones sinápticas y crear otras nuevas. En definitiva, cuanto más observamos e interpretamos el mundo que nos rodea, más fácil nos resulta hacerlo.

De hecho, como afirmó el afamado neurólogo español Santiago Ramón y Cajal, uno de los primeros en explorar la neuroplasticidad: «Todo ser humano, si se lo propone, puede ser el escultor de su propio cerebro».

Podemos activar y potenciar deliberadamente esas conexiones, construyendo la infraestructura para observar con mayor rapidez y alcance, tan indispensable y decisiva para el éxito y la influencia de los individuos excepcionales. Y eso no es todo. La capacidad de observar enriquece nuestras vidas y aporta un mayor valor tanto a nuestra esfera profesional como a nuestras relaciones. Fíjate en cualquier profesión y verás que los mejores observadores suelen alcanzar más éxito porque esa habilidad les permite ver lo que otros no ven: eso es lo que los diferencia.

Recuperar una habilidad natural

Desde el momento en que salimos del vientre materno y nos encontramos con la mirada de un semejante, estamos observando.

El rasgo más destacado de la cara de un bebé son los ojos. Cuando sus grandes órbitas se fijan en la cara de los padres, están recogiendo información, alimentando esa zona del cerebro del tamaño de un puño llamada *corteza visual*. Cada vez que el bebé está despierto, registra los movimientos y establece conexiones neuronales. Poco a poco, la criatura aprende a detectar el más mínimo matiz facial. En pocos meses, puede diferenciar entre individuos, imitar comportamientos como arquear las cejas e incluso percibir el estado de ánimo de quienes lo rodean, como describe la famosa investigadora Ellen Galinsky en su libro *Mind in the Making: The Seven Essential Life Skills Every Child Needs* [Mente en construcción: las siete habilidades vitales esenciales que todo niño necesita].

Partiendo de estos inicios, se sientan los cimientos para adquirir información visual para toda la vida, que seguirá aumentando mientras seamos activos y curiosos. Se crean y refuerzan nuevas conexiones sinápticas, mientras que con el tiempo se produce una «poda neuronal». En otras palabras, si no utilizamos nuestro cerebro, si no estamos expuestos a una variedad de estímulos, por razones prácticas, las conexiones neuronales que no se emplean comienzan a desaparecer. Cuanto más trabajamos el cerebro, mayor será el número de conexiones neuronales que se establezcan; cuanto menos lo hagamos, más conexiones terminarán por desaparecer.

Aunque la información llega abundantemente a través de los ojos, estos no son su única puerta de entrada. Como al principio tenemos poco control sobre nuestro cuerpo, nuestra principal ocupación mientras estamos despiertos es ejercitar los sentidos, lo que explica que los bebés se lleven todo, incluso los dedos de los pies (que les encantan), al que podría ser su órgano sensorial secundario: la boca. A medida que conocemos el rostro de nuestros padres, empezamos a asociarlo con las emociones, con una voz y su tono, y con un olor. Incluso en el útero, en el tercer trimestre, el feto se acostumbra a la «prosodia» de la voz de la madre: su ritmo, melodía, cadencia y entonación. Los bebés lo aprenden tan bien que, cuando nacen, su llanto imita el ritmo de la voz materna. En otras palabras, un bebé alemán llorará de una forma diferente a un bebé francés, porque mientras está en el vientre materno, ya está estableciendo las conexiones sinápticas que necesitará para adaptarse y sobrevivir más fácilmente.

En el impulso por sobrevivir y prosperar es donde entran en juego las restantes fuentes sensoriales de información. El bulbo olfativo, que tiene una gran antigüedad en nuestro cerebro, detecta los olores únicos de la piel de la madre.

La nuca, las areolas del pecho y el pezón producen olores distintos que el bebé asocia con la comodidad y la alimentación, mientras que la boca del bebé, llena de nervios, registra el calor de la piel de la madre y el sabor de su leche. Las pequeñas manos y los diminutos dedos que agarran, empujan y tiran recogen información táctil que, con el tiempo, se convierte en una caricia en la mejilla de los padres o en un dedito que hurga en una tarta de cumpleaños.

A medida que crecemos, continúa este proceso de observación aguda, conexión sináptica y vigorización neuronal a través de la repetición. El niño pequeño puede seguir a una mariposa por el patio o perseguir a una ardilla siempre esquiva. Una caja desechada puede proporcionarle un placer infinito al observar sus esquinas perfectas, sus bordes precisos y cómo está ensamblada.

Para cuando llega el momento de ir a la escuela, has observado a los que te rodean innumerables veces y te has dado cuenta de quién es amable y a quién debes evitar. Es a través de la observación como empezamos a entender quién forma parte de nuestra importantísima comunidad de crianza: primero en el seno de nuestra familia y luego cuando nos aventuramos en el mundo y hacemos amigos.

Cuando aprendemos y practicamos algo nuevo, nos dedicamos a una afición o practicamos un deporte, observamos atentamente. Y cuando contemplamos el rostro de nuestra pareja o de un bebé, pasamos inconscientemente de mirar a observar. Nos fijamos en los encantadores matices de los rasgos faciales: los entrañables ojos con sus pupilas dilatadas, los pliegues, la coloración, incluso los poros de la piel, porque lo que realmente estamos haciendo al observar es recoger información sobre este ser tan querido que nos ayudará a entender cuándo está enfermo, preocupado, molesto o simplemente necesita nuestra atención. Así, observar nos prepara para asumir esa responsabilidad superior que caracteriza a los seres excepcionales, que es tener empatía y cuidar. Nuestros antepasados cazadores-recolectores observaban con atención su entorno. Sabían dónde se encontraban en cada momento, dónde había agua, por dónde no se debía caminar o cruzar, dónde había plantas medicinales y dónde se podía encontrar caza junto con bayas silvestres comestibles, frutos secos, semillas y miel. Sabían dónde acechaba el peligro, siempre atentos a los escondites de cada especie, a los excrementos frescos en un sendero, a los movimientos irregulares, a las huellas o a las llamadas de advertencia de los animales cercanos. Por la noche podían orientarse por las estrellas o por la vegetación que rozaba su piel. Sus fosas nasales estaban siempre atentas a los olores almizclados, a las marcas de olor o a la orina de los animales, que proporcionaban información que los ojos no podían ver, pero que los guiaban o les advertían mientras atravesaban un terreno que para nosotros sería inhóspito.

En lo más profundo de la selva amazónica todavía hay gente que vive de esta manera, relativamente inalterada por el mundo moderno, en maravillosa sintonía con su hábitat. Para ellos, la observación es una cuestión de supervivencia. Sin embargo, si se les preguntara, dirían que hacer estas observaciones no es difícil, una vez que se sabe qué buscar. En cierto modo, como decía Santiago Ramón y Cajal, han esculpido su cerebro para atender sus necesidades específicas.

Fijémonos en las pinturas rupestres encontradas en toda Europa, algunas de las cuales se remontan a más de cuarenta y cuatro mil años antes de Cristo (las cuevas de Lascaux y Chauvet, en Francia, y las de Altamira, en Cantabria, España). Los animales están dibujados con gran atención al detalle. Estos primeros artistas pudieron hacerlo porque vivieron entre ellos, estudiaron sus movimientos, su musculatura y sus costumbres. Vieron, oyeron, tocaron, probaron, olieron y vivieron literalmente en la piel de estos animales. Esa intimidad les permitió representar su vitalidad y belleza con seguridad y elegancia. Su habilidad no procedía de una escuela de arte, sino de esa escuela de la vida que nos permite recurrir a lo que está profundamente arraigado en la mente a través de la observación intensa y constante.

Gracias a la observación, el ser humano pudo comprender el tiempo. Las cuidadosas observaciones de los mayas sobre el movimiento de las estrellas y los planetas les permitieron desarrollar un calendario más preciso que el que utilizamos hoy en día.

En la inmensa mayoría de los casos los avances de la ciencia y la medicina se basan en la observación. A partir del siglo xv, en numerosas partes del mundo (China, India y África), los pastores y granjeros observaron que quienes ordeñaban las vacas que habían contraído la viruela bovina no se infectaban después con la otra variedad de viruela, mucho más mortal, que a veces mataba a más del treinta y cinco por ciento de los contagiados.

Por medio de la curiosidad, la observación y la comprobación, descubrieron que podían inocularse contra la viruela mortal haciéndose un rasguño en la piel y aplicándose en él la viruela bovina, menos letal. Creemos que las vacunas son una práctica médica moderna, pero las sociedades avezadas ya la empleaban mucho antes de que Cristóbal Colón llegara al Nuevo Mundo.

La observación sigue siendo el motor de nuestras mayores oportunidades de avance, creatividad, innovación, comprensión e influencia. Observar, cuestionar, buscar, poner a prueba y descifrar el mundo que nos rodea: así es como siempre hemos sobrevivido y prosperado.

Con la práctica, podemos recuperar este poder innato.

El sistema límbico y la conciencia

¿De dónde surgen la observación y la conciencia del entorno? De los ojos, se podría decir. O de los cinco sentidos. Yo propongo una respuesta diferente. Ya he hablado y escrito en otras ocasiones sobre el gran trabajo de Paul Ekman, Joseph LeDoux, David Givens y Gavin de Becker (todos ellos citados en la sección «Bibliografía y referencias», página 303) al señalar que nuestras emociones y reacciones al entorno suelen estar gobernadas por nuestro sistema límbico, de excelente capacidad de respuesta, que reacciona en lugar de pensar, y que este sistema tan rápido como un rayo es la clave de nuestra supervivencia. Las estructuras que componen el sistema límbico, es decir, el tálamo, el hipotálamo, el hipocampo y la amígdala, forman parte de nuestro cerebro de mamífero. Reciben información a través de nuestros sentidos, pero sobre todo del olfato y la vista. Reaccionan a nuestro entorno: aceleran los latidos del corazón cuando estamos bajo presión, activan las glándulas sudoríparas para que nos mantengamos frescos o nos obligan a permanecer quietos cuando el peligro nos acecha. Todo esto ocurre sin que lo pensemos. Es reactivo, lo que hace que el sistema límbico sea eficiente y a menudo muy auténtico en lo que revela sobre nosotros.

El sistema límbico es la razón por la que nos acercamos al borde del precipicio para mirar hacia abajo en lugar de saltar. Nuestro cerebro límbico simplemente nos lo impide. Por eso nos quedamos inmóviles ante un ruido fuerte y repentino, no sea que nuestro movimiento desencadene el instinto de persecución, ataque y mordedura de los depredadores, sobre todo de los grandes felinos de hace milenios. Las reacciones límbicas están tan arraigadas en nuestros paleocircuitos que los niños que nacen ciegos muestran respuestas límbicas, pese a que jamás han visto estos comportamientos. Nuestras necesidades, sentimientos, emociones, pensamientos e intenciones son procesados por el cerebro límbico y expresados en nuestro lenguaje corporal. Estas reacciones son inmediatas, fiables, comprobadas y universales.

El sistema límbico también nos ayuda a comunicarnos en silencio. No hay palabras para expresar la importancia que esto tiene para la supervivencia. Los primeros homínidos, e incluso el *Homo sapiens*, nuestra especie, sobrevivían evitando el movimiento y el ruido cada vez que había depredadores cerca. Cuando uno de los miembros del grupo veía a una leona, su reacción de parálisis y su mirada de terror bastaban para advertir a todos los demás sin necesidad de hacer ruido y descubrirse. Este sistema se volvió tan determinante y útil para nuestra especie que, aunque hace muchísimo tiempo que desarrollamos la capacidad de hablar, nuestro principal medio de comunicación sigue siendo no verbal. De hecho, todavía elegimos a nuestras parejas, expresamos nuestras emociones, mostramos nuestro amor y realizamos muchas otras acciones principalmente de una manera no verbal.

Nuestras respuestas límbicas, especialmente las relacionadas con la comodidad y la incomodidad, el agrado y el desagrado, la confianza o la falta de confianza, etc., suelen reflejarse de forma no verbal, inmediatamente y con mucha precisión. Cuando tratamos de guardar silencio y alguien hace ruido, fruncimos la frente y entrecerramos los ojos para comunicar nuestra desaprobación. Es una muestra instantánea que refleja y transmite con precisión nuestros sentimientos.

Cuando entré en el FBI, ya llevaba una década estudiando las expresiones no verbales. Para un investigador, ser capaz de ver cómo los seres humanos muestran no-verbalmente y en cada momento si se sienten bien o mal, tranquilos o agitados, confiados o no, es como disponer de una ventana al interior de la mente del individuo que estás interrogando. Puedes darte cuenta de qué preguntas le agradan y cuáles le provocan tensión. A veces, una pregunta sencilla, como «¿dónde estuviste anoche?», que para la mayoría es fácil de responder y no debería causar demasiado estrés, desata un torrente de distorsiones faciales (desplazamiento de la mandíbula, comprimir los labios hacia abajo) en aquellos que tal vez tienen algo que ocultar o que por alguna razón se sienten agobiados cuando les hacen esa pregunta. Como investigador, observar estas reacciones me dio aún más motivos para buscar detalles complementarios o, al menos, una explicación de por qué percibía estos signos de malestar psicológico. Sus expresiones no verbales me hablaban incluso antes de escuchar sus respuestas verbales: la lengua fuertemente presionada contra la mejilla, la rigidez en los labios, el tragar saliva con dificultad seguido de un descenso de la barbilla, todo ello sugería que la pregunta que acababa de hacer les resultaba incómoda. Para un investigador esto era una mina. Era como notar una mancha descolorida en el techo después de una tormenta: seguir esa pista puede llevarte al goteo en el ático y luego a la teja agrietada en el tejado.

Sin embargo, estas percepciones también se aplican a las personas en general, en todos los ámbitos de la vida. Y como estas expresiones de comodidad e incomodidad son universales y traspasan las culturas, ofrecen al observador una amplia visión de los demás. En los negocios, esto tiene un valor incalculable. Una hábil vendedora de vestidos de novia de Londres me dijo que atribuía su éxito comercial a su capacidad de leer a sus clientes. La euforia de la futura novia por un determinado vestido a veces no coincidía con lo que manifestaban sus hermanos adultos y sus padres por medio de su lenguaje no verbal. Encontrar ese vestido mágico que hiciera felices a todos era a menudo cuestión de estudiar el lenguaje corporal en contraste con las palabras que se decían.

Ser capaz de discernir lo que de verdad pensaban sobre cada vestido la ayudó a abrirse paso por un terreno en el que a menudo se enfrentaban la estética personal, las tendencias de la moda, las tradiciones familiares y las limitaciones presupuestarias.

El lenguaje universal de las expresiones no verbales para revelar lo que pensamos tiene un valor incalculable en innumerables aspectos. Un bebé al que no le gusta un determinado alimento frunce los labios en Gran Bretaña y en Borneo. Cuando recibimos malas noticias, nuestros labios se contraen en una versión de ese fruncido de rechazo. Cuando perdemos un vuelo, nos frotamos el cuello o la frente de forma similar a las caricias de un padre para calmar a un bebé. Cuando nos piden que trabajemos un fin de semana más, las órbitas de los ojos se estrechan y la comisura de la boca se contrae, demostrando nuestra aversión.

Por el contrario, los bebés de todo el mundo expresan su alegría con las pupilas dilatadas al ver a sus madres. Cuando vemos a alguien que nos gusta de verdad, nuestras cejas se arquean (desafiando la gravedad), nuestros músculos faciales se relajan y nuestros brazos se vuelven más flexibles, incluso se extienden, demostrando afinidad. En presencia de alguien a quien queremos, imitamos su comportamiento (isopraxis) e inclinamos la cabeza, exponiendo el vulnerable cuello. La sangre fluye hacia nuestros labios, hinchándolos y calentándolos, mientras nuestras pupilas se dilatan para captar aún más de esta persona y situación agradables.

En todas estas demostraciones de comodidad e incomodidad, estamos transmitiendo lo que sentimos o lo que pensamos, con una precisión que nuestro cerebro límbico ha perfeccionado durante millones de años. Nuestros gestos son silenciosos, pero muy poderosos.

Así que, aunque en algún momento de la vida hayamos dejado de lado nuestra capacidad de observación y nuestra conciencia del entorno, no nos equivoquemos: el mundo le habla alto y claro a nuestro sistema límbico si decidimos escucharlo.

Por eso, cuando tu empleado dice: «Claro que puedo trabajar este fin de semana», pero al decirlo se pellizca los ojos e inclina ligeramente la cabeza, puedes estar seguro de que hay problemas no expresados. ¿De qué se trata? Podría haber infinidad de motivos, desde que es una sorpresa inesperada que le arruina los planes para el fin de semana hasta que está harto de que le pidan que trabaje cuando otros pueden disfrutar de sus días de descanso. Quizá no llegues a saber el motivo; lo que está claro es que tu comentario causó incomodidad, sobre todo cuando se refleja en una de las manifestaciones más precisas: el bloqueo visual.

Lo que hagas con los mensajes no verbales que observes depende de ti. Hablaremos de ello en los próximos capítulos. Pero ahora lo importante es notar la auténtica respuesta de malestar límbico de una persona, especialmente cuando no se expresa en sus palabras. Más adelante en este capítulo, te mostraré doce comportamientos no verbales que son extremadamente precisos para revelar un fuerte malestar psicológico. Pueden proporcionarte una enorme ventaja a la hora de entender a los demás y mejorar tu capacidad para identificar cuestiones o áreas problemáticas.

Conciencia del entorno: observación más experiencia

Cuando salgo de casa para pasear a mi perro, huelo el aire. Seco y fresco. En Florida, esto significa que se acerca un frente frío.

Cruzo la calle, mirando a mi alrededor para ver si hay tráfico en dirección contraria y si hay alguien por aquí, divisando a los corredores a lo lejos. Al pasar por la primera casa a mi izquierda, veo luces encendidas. Parece que alguien se levantó antes de lo habitual.

Paso por delante de un viejo Volvo que no está aparcado delante de una vivienda, sino entre dos casas. Qué raro. Todo el mundo en nuestra calle aparca en su entrada. Las hojas y los residuos se acumulan alrededor de los neumáticos. El parabrisas está sucio. Hay bastante basura en los asientos delanteros y traseros. El coche da la impresión de estar abandonado. Me pregunto por qué está aquí.

Más adelante, veo a alguien sentado en un coche con el motor al ralentí. Con el reflejo de la luz de su móvil, veo que es una mujer. Mira la puerta de la casa cercana y luego vuelve a centrarse en su teléfono. Me mira y aparta la vista. En esa casa viven niños en edad escolar. Tal vez esté esperando para llevarlos. Un gato se detiene y se agacha cuando me acerco; afortunadamente, mi perro no lo ve. Este es un paseo diario realizado con conciencia del entorno. Se podría decir que esta conciencia tiene tres componentes:

1. Conciencia de lo que nos rodea: vistas, sensaciones, olores, sonidos, etc.
2. Conciencia de cómo se comportan los individuos en nuestro entorno.
3. Conciencia de nuestra base de conocimientos (experiencias vitales, formación profesional, escolarización, autoaprendizaje)

Las dos primeras nos llegan a través de la observación. La tercera se basa en nuestra neuroplasticidad natural, que recurre a nuestro pasado para comprender el presente y anticipar el futuro, todo ello en el tiempo que tardamos en ver un coche polvoriento en la carretera. Estos sistemas funcionan en fusión dinámica e instantánea. Pero para ello, debemos darnos la oportunidad de establecer esas conexiones y no ignorarlas.

En mi paseo matutino, dejo que el entorno me hable. Todo lo que en ese momento importa, lo noto y lo interpreto. El tiempo, mi seguridad (dónde cruzar, la presencia y las actividades de otros peatones), por dónde pasear a mi perro con el menor tráfico posible, lo que ocurre en la calle, lo que hacen mis vecinos de forma habitual o diferente... Todo ello es importante para mí. Mi formación policial y el hecho de vivir en la zona durante muchos años me permiten fijarme en detalles e irregularidades que otros no verían, como el Volvo aparcado en la calle y la acumulación de hojas alrededor de los neumáticos, que posiblemente indican que ese vehículo ha sido abandonado. Mi conciencia del entorno proviene de mis observaciones sobre el terreno y de mi base de conocimientos. Estoy eliminando el ruido y centrándome en los detalles.

La gente excepcional absorbe la información que le proporciona la vida de forma intencionada y con un propósito. No la consideran una carga, ni una tarea extra. Piensan que esa información está ahí para que la observemos y la interpretemos. Luego dan un paso más: comparan lo que observan con lo que saben. A partir de ese proceso ulterior, pueden hacer evaluaciones con mayor fundamento y tomar mejores decisiones.

¿Y si las circunstancias no te permiten observar? Entonces se hace lo siguiente en la lista. Como me dijo un ejecutivo de una marca de ropa bien establecida en Nueva York, mientras me llevaba al muelle de carga: «Para tener éxito, necesito saber hacia dónde quiero llevar este negocio, pero también tengo que conocer la información que tienen mis empleados. Esta gente –los señaló en el muelle de carga–, está al tanto de cuestiones que necesito conocer, desde los problemas de entrega hasta los camioneros poco fiables, pasando por el momento en que los policías multan a los camiones estacionados en doble fila. Son mis ojos y mis oídos, y cuento con ellos para que me informen de lo que yo no puedo saber». De un modo u otro, los individuos excepcionales encuentran la manera de observar, y eso, a su vez, los lleva al éxito.

Hacia una vida excepcional

Quizá nunca te hayas planteado que la observación pueda dar sentido a un trocito de tu vida tan insignificante como un paseo matutino. O tal vez creías que solo quienes han sido entrenados podían observar a este nivel.

Es cierto que hemos dejado la observación en manos de otros. Queremos que el dentista observe la línea de las encías que parece retroceder antes de que se convierta en un problema. Que el policía se fije en el vehículo, que normalmente no está allí, aparcado detrás de ese negocio a las dos de la madrugada. Que el profesor se dé cuenta de que Felicity extiende el libro a la distancia del brazo para leer, lo que sugiere que tiene problemas oculares. O automatizamos la observación: le pedimos a Alexa o a Siri que me digan qué tiempo hace en lugar de mirar al exterior. Para aligerar nuestra carga de trabajo, nos hemos hecho un flaco favor: somos menos observadores y más reacios a prestar atención.

Esto es lo que diferencia al individuo medio del excepcional. Este último considera que es muy importante tener una mayor conciencia de sí mismo, de los demás y de su entorno. Se distingue porque está dispuesto a mirar, investigar, profundizar, probar y comprobar, y al hacerlo aprende a conocerse mejor a sí mismo, a los demás y al mundo.

En los negocios, el arte de la observación es un requisito absoluto y ofrece una ventaja competitiva que va más allá de los números y de la cotización actual de las acciones.

En su día, Nokia dominó la industria de la telefonía móvil. Es decir, dominó hasta que dejó de hacerlo. Como declaró Stephen Elop, director general de la empresa, en 2013 en una rueda de prensa en la que se anunciaba la venta de la rama de telefonía móvil de Nokia a Microsoft: «No hicimos nada malo, pero, no obstante, perdimos». Seis años antes, la mitad de los teléfonos móviles del mundo eran fabricados por Nokia. Sin embargo, en apenas ese periodo de tiempo, el valor de la compañía cayó un noventa por ciento.

¿Cómo pudo ocurrir algo así?

Alguien debería haberlos golpeado en la cabeza con un portapapeles y haberles dicho: «Mirad a vuestro alrededor». No es que los ejecutivos de esta marca no supieran de los móviles de Apple. Lo que sucede es que no observaron lo que estaba ocurriendo a nivel mundial. Estábamos pasando de una interfaz a otra, de pulsar un botón o desplazarse manualmente entre los datos a otra manera más rápida y elegante: simplemente tocar una pantalla.

Sin duda, Nokia cometió otros fallos bien documentados, como la reticencia a abandonar a los proveedores habituales y la fijación en el *hardware* más que en el *software*. Sin embargo, no entender las implicaciones potenciales del fenómeno de la vida real que ocurría fuera de la sede de la empresa –que la gente prefería tocar la pantalla y no pulsar botones– fue un error garrafal.

Los individuos excepcionales están constantemente buscando la verdad. Cualquiera que acepte la responsabilidad de dirigir a otros como directivo o ejecutivo en una empresa, o como líder en una comunidad, nación, escuela, equipo deportivo, equipo médico u hogar tiene esa gran responsabilidad. Y luego hay que probar, y confirmar, esa verdad. Lo hacemos a través de la observación.

Si esto te parece complicado, piensa en el precio que se paga cuando los líderes no se enfrentan a la realidad, no tratan de conocer la verdad o la evitan. A menudo puede ser desastroso para una empresa. Y, con frecuencia, lo pagamos también quienes depositamos nuestra confianza en esos líderes: las partes interesadas y los accionistas, los empleados, los estudiantes, los deportistas, los pacientes, los amigos o la familia.

Por eso queremos que quienes trabajan con nosotros sean ejemplos excelentes de lo que es tener conciencia del entorno, y esperamos que quienes nos dirigen, cuyas decisiones afectan a nuestra seguridad y bienestar, lo sean también. Piénsalo: ¿subirías a un avión comercial si el piloto fuera tan consciente de lo que lo rodea como lo era yo cuando era adolescente en ese Cessna? Por supuesto que no. Confías en que el piloto haya recibido formación sobre la conciencia del entorno durante incontables horas de simulacro y de vuelo real, incluida la formación de emergencia. Para nuestra tranquilidad, queremos y esperamos que ese piloto esté altamente cualificado. Por eso la historia del capitán Chesley B. «Sully» Sullenberger aterrizando su vuelo 1549 de US Airways, un Airbus A320 averiado, en el río Hudson y salvando las ciento cincuenta y cinco vidas a bordo es tan fascinante; por eso la vemos una y otra vez, nos maravillamos, nos sentimos reconfortados e inspirados por ella. Es un ejemplo sorprendente de lo que es tener una conciencia extraordinaria del entorno, y quienes poseen esta capacidad nos resultan sumamente tranquilizadores, por su preparación, sus habilidades y su capacidad de observación.

¿Cómo logran esto las personas excepcionales? Toman la información que absorben y hacen algo transformador con ella. Tienen lo que yo llamo conciencia iluminada.

Conciencia iluminada: el camino hacia la comprensión excepcional

Nos sentamos en su modesta casa de Caruaru, una ciudad del estado de Pernambuco (Brasil). Su piel, de avanzada edad, es suave como el papel, con las venas visibles en el dorso de sus delicadas manos. Es famosa por sus exquisitos bordados *reticella*, lo que los franceses llaman *point coupé*, un minucioso proceso para hacer encajes o bordados que requiere arrancar hilos individuales de un lino fino. Es un trabajo meticuloso que exige precisión y paciencia. Sus túnicas bautismales bordadas son solicitadas por clientes de todo Brasil. Cuando ves su trabajo, te das cuenta de que esta mujer ha sido tocada por los ángeles. Porque doña Severina es ciega desde que era niña.

Sus dedos son tan sensibles que, con una aguja en la mano, puede contar los hilos, separarlos de los demás hilos de la tela tejida y arrancarlos por completo o lo justo para hacer un diseño. La verdad es que tendría que haber pedido una lupa, porque me costaba trabajo ver cómo tiraba de esos delicados hilos y hacía nudos diminutos, casi quirúrgicos. Ella crea estas obras maestras utilizando exclusivamente el tacto.

«Mis dedos son mis ojos», explicó con una sonrisa, sin duda familiarizada con mi reacción de asombro.

Cuando doña Severina se enteró de que mi mujer y yo habíamos venido desde Estados Unidos para verla, nos recibió en su casa. Descubrimos que es excepcional en mucho más que su labor de aguja. Trajo al mundo dieciséis hijos, de los que sobrevivieron doce, y los cuidó sin ayuda durante la mayor parte de su vida adulta. Pudimos percibir su amor por las dos hijas mayores que aún viven con ella y la ayudan. Cuando una de las hijas se levanta de su silla, solo por el sonido de sus pasos y por el lugar donde estaba sentada, doña Severina la llama por su nombre para comprobar cómo está el café. Nos dice que nos sentemos y nos relajemos. De alguna manera, percibe que nos inclinamos hacia delante en su desgastado sofá.

Cuando llega el café, oye que la cucharilla que utilizo para remover el azúcar moreno de caña vibra contra la taza y le dice en voz baja a su hija menor: *«Minha filha, traz um guardanapo para ele»*, y con ello llega una servilleta bordada a mano para que pueda colocar la cuchara con más seguridad en el platillo. Doña Severina percibe el mundo que la rodea con una facilidad tan exquisita que su capacidad me conmueve.

He conocido a muchos observadores entrenados y he trabajado con ellos. Pero esta modesta mujer, que lleva una vida de dedicación y propósito en contra de muchos obstáculos, y que ha triunfado perfeccionando con maestría sus dones personales, es una de las personas más observadoras e inteligentes con respecto al entorno que he conocido. Fue durante ese breve encuentro en 1984 cuando comprendí que existe un nivel superior al de la mera conciencia. Doña Severina posee una conciencia iluminada. Cuando la observación y la conciencia del entorno se combinan con la curiosidad y la dedicación, el resultado es la conciencia iluminada, el ámbito de lo verdaderamente excepcional.

La conciencia iluminada es la capacidad de observar e interpretar el mundo que nos rodea en su contexto, con un mínimo de prejuicios, mediante el uso de todos los sentidos disponibles, de modo que, a través de nuestras experiencias, el aprendizaje y el conocimiento acumulado, podemos extraer poderosas conclusiones que nos den una perspectiva inmediata, un significado, pistas o incluso cursos de acción en beneficio de nosotros mismos y de los demás.

Esto no es una especie de magia de la nueva era. Es una metodología probada y demostrada. Es Sully Sullenberger, que analizó concienzudamente sus opciones y destiló décadas de experiencia de vuelo en minutos para tomar decisiones de vida o muerte mientras luchaba por controlar un avión de pasajeros A320 que se precipitaba, con ciento cincuenta y cinco vidas literalmente en sus manos. Es la mundialmente conocida primatóloga Jane Goodall, que dedicó miles de horas a observar benignamente a los primates en una selva infestada de malaria y transformó la forma en que vemos a nuestros parientes más cercanos y, por tanto, a nosotros mismos. Es Thomas Edison, que abandonó la escuela a los seis años y llegó a inscribir más de mil patentes por sus inventos en materia de iluminación eléctrica, distribución de energía, fonógrafos y grabaciones de sonido, minería, producción de cemento, películas y telegrafía, por nombrar algunos, gracias a la incansable y repetida observación, prueba y confirmación. Es Marie Curie, quien, junto con su marido, Pierre, descubrió el radio y el polonio y sus propiedades radiactivas, así como la capacidad de los rayos X para ver a través de la piel, lo que llevó a investigar el uso de esos rayos para combatir los tumores y el cáncer. Son dos hermanos de Ohio llamados Orville y Wilbur, que se ganaban la vida reparando bicicletas, pero que se preguntaron cómo volaban los pájaros, lo que los llevó, tras años de arriesgado y minucioso aprendizaje, a inventar el primer avión a motor totalmente maniobrable que liberaría a los humanos de la tierra. Y es una vieja artesana de Brasil, que discierne lo que para la mayoría sería un sonido intrascendente, una cucharilla que vibra contra la porcelana, y sabe al instante lo que se necesita.

Todos salimos ganando con estos iluminados. Pero seguramente ellos te dirían que también se beneficiaron. ¿Cómo no iban a hacerlo? Y esa es la cuestión. La conciencia iluminada no es una carga, sino un regalo que nos hacemos a nosotros mismos, y al mundo. Lo que tal vez explique por qué la ex primera dama y activista social Eleanor Roosevelt dijo: «Creo que, al nacer un niño, si una madre pudiera pedirle a un hada madrina que lo dotara del regalo más útil, ese regalo sería la curiosidad».

La conciencia iluminada te permite asimilar todo lo que conoces y experimentas, lo viejo y lo nuevo, y profundizar en su comprensión gracias a tu interés y dedicación constantes, sin prejuicios ni sesgos. No perfectamente al principio, pero sí mejor y más fácilmente con la práctica.

En pocas palabras, funciona así:

- Te resistes a la tentación de asignar rápidamente patrones y explicaciones. No es el momento de intentar ser el más listo de la clase y levantar enseguida la mano para responder. En lugar de eso, haces una pausa y dejas que lo que se presenta te hable.
- Una vez liberado de ideas preconcebidas, te haces preguntas neutrales sobre lo que observas:

  > «¿Qué estoy observando?».
  > «¿Qué puede significar?».
  > «¿Cómo influye el contexto en todo esto?».
  > «¿Hay antecedentes que deba tener en cuenta?».
  > «¿Qué importancia y utilidad puede tener?».
  > «¿Cómo se relaciona con lo que ya sé?».
  > «¿Debo buscar más información o conocimientos?».
  > «¿Se puede mejorar?».
  > «¿Hay que prestar atención a algo?».
  > «¿Todo el mundo se siente cómodo?».
  > «¿Se necesitará una respuesta?».

Dirigir y, sobre todo, hacer crecer una empresa, requiere hacerse muchas preguntas que abarcan un amplio espectro; y para los excepcionales, cuantas más preguntas, mejor. El cuestionamiento, la curiosidad y la confirmación constantes constituyen la esencia de las empresas que alcanzan el éxito.

¿Y si Nokia hubiera buscado esa mayor comprensión, esa conciencia iluminada? ¿Y si, sin prejuicios hacia su propio producto, hubieran buscado qué es lo que está de moda o si podría haber una forma más cómoda de utilizar sus teléfonos? ¿Y si hubieran preguntado? ¿Hay una forma mejor?

Ningún líder o empresario es capaz de ejercer su influencia, aprovechar las oportunidades y las tendencias, o superar los posibles obstáculos y peligros si no consigue ir más allá de la observación y entrar en el reino de la conciencia iluminada.

Dicha conciencia puede adoptar muchas formas. A menudo, en mi carrera en el FBI, tuve que ver más allá de lo que se decía, cuestionar lo que sabíamos, reexaminar la información antigua y explorar nuevas vías para determinar la verdad. En un caso de espionaje, una mujer que trabajó como mecanógrafa para el Ejército de Estados Unidos en Europa y que tenía autorización secreta quedó bajo sospecha, ya que muchos de los documentos desaparecidos procedían de su unidad. Durante nuestras primeras entrevistas, contó una historia medianamente creíble. Y como las pruebas estaban en manos de los soviéticos, nos resultaba imposible corroborar o refutar lo que nos contaba.

Podíamos creer lo que nos relataba o examinar otros aspectos en los que aún no nos habíamos centrado.

Cuando se trata de espionaje, pocas personas tienen a la vez el acceso necesario y un carácter tan despreciable como para estar dispuestas a traicionar a su país. Así que nos planteamos una pregunta diferente: ¿quién, en esta investigación, tenía la oportunidad, la personalidad, el historial y la voluntad de infringir las leyes?

Comenzamos, sistemáticamente, a seguir esta línea de investigación. ¿Quién tenía acceso a esos documentos clasificados? ¿Quién sabía qué documentos serían más valiosos? ¿Quién tenía libertad para viajar y sacar los documentos? ¿Quién necesitaba dinero para drogas y alcohol o para vivir con toda clase de lujos? ¿Quién tenía un historial de saltarse las normas, no dar la talla o cometer repetidamente infracciones menores? ¿Quién era hábil para mentir y tenía rasgos de psicopatía: indiferente, sin remordimientos, dispuesto a poner en peligro a los demás?

Al final, solo una persona se ajustaba a esa descripción. Solo una era tan fría y calculadora que estaba dispuesta a vender su país por dinero. Así que insistimos, y con el tiempo, su historia empezó a desmoronarse, hasta que finalmente admitió el delito. De hecho, a través de sus propias confesiones, pintó el cuadro de alguien carente de moral, juicio y respeto por la ley. Su historia inicial había tenido un sentido superficial, pero la conciencia iluminada nos indicó que para cometer espionaje repetidamente, hay que tener ciertos rasgos. Ella los tenía todos: estilo de vida imprudente, abuso de drogas, incumplimiento habitual de las normas, mentiras, trampas, etc. Aprovechar lo que sabíamos por experiencia y ampliarlo nos permitió hacer las preguntas correctas y seguir un curso que finalmente desveló la verdad.

La conciencia iluminada puede ocurrir en cualquier momento en que decidas encender el haz de tu atención. Todos vamos a reuniones. Son rutinarias, a menudo indeseables. El encargado de dirigir la reunión suele llegar, hacer un rápido recuento para asegurarse de que todo el mundo está presente y, a continuación, empezar a trabajar en el orden del día.

Con este enfoque se pierde mucha información.

Cuando asisto a una reunión, procuro analizar lo que está ocurriendo. Esto puede empezar fuera de la sala cuando nos reunimos antes de entrar. ¿Qué están haciendo todos? ¿Mantienen conversaciones privadas y serias o hablan alegremente de cualquier tema? ¿Alguien da la impresión de estar estresado o preocupado? Al entrar, ¿quién entra primero en la sala? ¿Quién tiene prisa y quiere acabar de una vez? ¿Quién está pendiente del móvil en lugar de relacionarse con los demás?

En la sala hay más información: ¿quién está de pie o sentado con quién? ¿Quién está ocupado enviando correos electrónicos o frotándose la frente mientras reflexiona sobre un mensaje de texto? ¿Hay señales reveladoras de que puede haber problemas, discordia o ansiedad, como contraer los labios, pegar los brazos o las manos al cuerpo, evitar mirar a los ojos (¿y a quién?), estar sentado al lado de alguien, pero con los hombros girados? ¿Hay alguien que busca ansiosamente que lo reconozcan para poder hablar el primero? ¿Hay asuntos pendientes de la reunión anterior?

Incluso las reuniones virtuales pueden aportar mucha información si nos fijamos en los gestos y las expresiones de los participantes, desde los inquietos hasta los distraídos, pasando por quienes muestran compresión labial o los masajes en la parte delantera del cuello (frotando o tirando de la piel del cuello o debajo de la barbilla) que hablan de tensión o preocupaciones, o los movimientos de la mandíbula que indican un creciente disgusto. Yo diría que las reuniones virtuales nos obligan a ser aún mejores observadores porque, consciente y subconscientemente, nuestros cerebros trabajan horas extras para entender cada pequeña franja de información visible en la pantalla. No solo intentamos entendernos unos a otros, sino que nuestros cerebros también buscan entender por qué Phil está tan cerca de la cámara, por qué ese cuadro cuelga torcido en el fondo, por qué Len lleva la misma camiseta tres días seguidos y por qué Zoe tiene un póster de Barry Manilow en su puerta. Nuestro subconsciente se ve obligado a hacer un trabajo extra, evaluando múltiples lugares o imágenes (salón, oficina, cocina, etc.) además de controlar las palabras y los gestos de todos los participantes. Con frecuencia oigo comentarios sobre lo agotador que resulta asistir a una reunión virtual, y la verdad es que no me extraña lo más mínimo.

Ahora, cuando dirijo una reunión, si observo que parece haber problemas, tengo opciones de actuación y oportunidades para aprender y comprender, mientras que antes no las tenía. Puedo optar por solicitar opiniones durante la reunión para ver si quienes muestran incomodidad exponen sus preocupaciones. Si no están dispuestos a hacerlo, puedo invitarlos a que manifiesten sus inquietudes en ese momento, o dejar que la reunión siga su curso y luego hablar individualmente con ellos para intentar saber qué está pasando. En la decisión de qué camino tomar entra en juego la observación iluminada, ya que hay que decidir sobre la marcha basándose en esa mayor conciencia contextual que viene con la práctica de nuestras habilidades de observación, junto con nuestro conocimiento de la situación y de los individuos involucrados. Es importante no incomodar a los más reservados; podríamos ponerlos en un aprieto si les pedimos que expresen sus preocupaciones delante de los demás. También puede entrar en juego la política interpersonal, en la que otros ridiculizan o condenan al ostracismo a quien expone sus diferencias o está en desacuerdo. Sin embargo, queremos ofrecerle a todo el mundo la oportunidad de que se lo escuche y se lo reconozca, y a veces es importante que el grupo vea y experimente este proceso. No hay una respuesta definitiva, ya que la dinámica de cada situación es tan única como cada nuevo día que amanece. No obstante, cuanto más utilices tus habilidades de observación para captar estas dinámicas, más aumentarán tu agudeza y tu éxito en la evaluación de situaciones en el momento, y estarán a tu disposición cuando las necesites, permitiéndote aportar todo tu conocimiento, habilidad y conciencia del contexto para lograr un objetivo.

Además de las muestras de incomodidad (para una lista de las más frecuentes, ver «Observación de los indicios no verbales», página 130) y la reticencia a hablar, observar de qué habla alguien en primer lugar permite conocer sus prioridades o sentimientos. También es reveladora la actitud de alguien que suele poner excusas para justificar un rendimiento inferior. Como me comentó un especialista del elegante Coral Gables:* «Supe que había problemas

* N. del T.: Barrio exclusivo de Miami.

con la gerente de la clínica cuando empezó a poner excusas por no tener disponible de inmediato la información financiera que le solicitaba». Con el tiempo, este cirujano oral se dio cuenta de que la gerente estaba malversando fondos, y la razón por la que no tenía la información era que necesitaba tiempo para idear una mentira plausible. Algo tan inocuo como un retraso en la respuesta a una pregunta en múltiples ocasiones fue la primera pista para este médico de que algo fallaba.

La conciencia iluminada me permite percibir lo que está sucediendo, no con una certeza perfecta, pero sí con más claridad que si opto por seguir adelante con mis objetivos y mi programa. Esta falta de atención fomenta la discordia y refuerza la creencia, a veces acertada, de que a los directivos no les interesa saber lo que ocurre o *no lo entienden*.

A menudo, si un problema acaba en recursos humanos, es porque la dirección no estaba prestando atención. Un representante regional de un gran centro de servicio de fotocopiadoras me contó que un director anterior no se percató de que enviar a dos representantes del servicio técnico a viajes por carretera juntos causaba invariablemente problemas porque había mucha fricción personal. Una vez que el nuevo director se dio cuenta de que no era una pareja ideal, la solución fue sencilla: emparejar a cada uno con alguien diferente. La tensión en la oficina disminuyó mucho, al igual que las quejas de los clientes. Estos dos empleados sabían lo que hacían, pero no se llevaban bien y nunca lo harían. La solución, basada en la experiencia del nuevo director, no era obligarlos a cambiar de actitud, sino idear una solución viable y sostenible. Tres años después, el acuerdo seguía funcionando bien. Alvin Toffler dijo del futuro: «Los analfabetos del siglo XXI no serán los que no sepan leer y escribir, sino los que no puedan aprender, desaprender y volver a aprender». Cuanto mejor observemos, más rápido aprenderemos. Cuanto más complejo es el entorno, más decisivo es el aprendizaje. ¿Qué es la vida hoy en día sino complejidad? En un día cualquiera, se producen infinidad de acontecimientos en la escuela, en nuestras ciudades cada vez más desbordadas, en nuestro espacio global interconectado digitalmente. Independientemente de si se trata de ver lo que buscan los clientes, de sortear una crisis o de entender que los cambios son necesarios para satisfacer las necesidades, los deseos y los anhelos de la sociedad, debemos observar e interpretar constantemente lo que ocurre a nuestro alrededor para poder seguir siendo competitivos y estar preparados para cambiar de rumbo de un momento a otro.

En la época en que transcurrió mi infancia, las noticias locales y quizá lo que ocurría en los mercados financieros de Nueva York eran lo que más importaba, por no decir lo único. Esos días hace tiempo que pasaron. Debido a mi trabajo de consultoría y a la diferencia horaria, lo que ocurre en Sídney, Pekín, Atenas, Roma, Berlín, Ámsterdam, Londres y Quebec suele tener prioridad sobre los acontecimientos locales. Se nos exige que entendamos lo que está más allá de nuestra esfera, lo que requiere una visión expansiva, pero enfocada e imparcial, que es la piedra angular de la conciencia iluminada.

Sé que parece complicado, tal vez incluso intimidante. Pero la conciencia iluminada comienza con la aceptación de algo con lo que todos venimos al mundo y que empleamos desde el primer día de nuestras vidas, algo que, como verás, también es un rasgo esencial para llegar a ser excepcional.

La curiosidad: la puerta de entrada a la conciencia iluminada

¿Cómo salen esos huevos tan grandes de una gallina? Esa es la pregunta que desconcertaba a Jane Goodall, de cinco años. Según cuenta, se metió en el gallinero y esperó durante horas para ver cómo sucedía (sin decírselo a su madre, que ya estaba empezando a pensar que sería mejor llamar a la policía para denunciar la desaparición de una niña). Esa búsqueda de información dio lugar a otras preguntas, y luego a más. Su curiosidad era y sigue siendo ilimitada.

Ese rasgo de su carácter llevó a Goodall del jardín de su casa al zoológico de Londres, al Museo Británico y, finalmente, a África cuando tenía poco más de veinte años, donde el renombrado antropólogo Louis Leakey quedó tan impresionado por su curiosidad y capacidad de observación que la contrató en el acto, a pesar de que no tenía un título universitario.

Fue la curiosidad lo que le hizo descubrir a Jane Goodall que los simios fabrican herramientas, tienen emociones y celos mezquinos, y pueden ser tan despiadados como cariñosos, leales y amorosos; y que son capaces de llorar a sus muertos durante días. Esa pasión por saber cambió para siempre nuestra perspectiva de los primates y, en el proceso, cambió asimismo la manera de estudiar y de ver a los seres humanos.

El caso de Goodall es inspirador por el ejemplo que nos da a todos. La curiosidad tiene un valor propio. Benjamin Franklin también tenía una curiosidad sin límites. Esto lo llevó a descubrir que el rayo era electricidad. A partir de esa observación, inventó el pararrayos para llevar la electricidad al suelo, lejos de las estructuras de madera que a veces incendiaban barrios enteros porque nadie sabía cómo controlar la ira de los rayos, hasta que su curiosidad le permitió desvelar uno de los misterios del universo. Franklin legó libremente su invento al mundo para convertirlo en un lugar más seguro. Cuando años más tarde fue destinado a Francia como primer embajador de Estados Unidos, este regalo a la humanidad lo convirtió en una «estrella mediática» de su tiempo, todo gracias a su curiosidad.

Por cierto, mientras navegaba de Boston a Francia como primer embajador de Estados Unidos, Franklin sintió curiosidad por saber por qué los ríos estadounidenses se congelaban en esas latitudes septentrionales, pero las corrientes oceánicas eran relativamente cálidas. Al sumergir un termómetro en el agua a cada hora, descubrió que el agua caliente subía desde el sur. Su curiosidad lo llevó a realizar la primera observación científica de lo que llamamos la corriente del Golfo, que es una corriente circular de agua que comienza en el Caribe, sube por la costa este de Estados Unidos y luego gira en el sentido de las agujas del reloj hacia las islas británicas. La curiosidad de un hombre ayudó a explicar no solo la migración de los peces, sino también las violentas y mortales tormentas que tan a menudo surgen en el Atlántico Norte.

En mi propia vida cuento con mi curiosidad como una bendición. De no ser por ella, no estaría escribiendo sobre el lenguaje corporal ni habría sido un buen agente del FBI. Mi curiosidad infantil por saber por qué cuando la gente hacía cola para entrar en el cine, todos parecían mantener la misma distancia entre sí me llevó a preguntarme por qué los pájaros se alinean de forma equidistante en un tendido eléctrico, lo que a su vez me llevó a explorar cómo las violaciones del espacio personal pueden causar problemas entre la gente. La curiosidad que sentía cuando niño por todo lo no verbal me empujó a estudiar la comunicación no verbal en la universidad y durante los siguientes cuarenta y cinco años, y finalmente a dar conferencias y escribir libros sobre el tema.

Afortunadamente, mis padres fomentaron mi curiosidad y siempre la mantuve, aunque a veces los deportes, las tareas extraescolares y los eventos sociales me ocupaban bastante tiempo. Nos pasa a todos. Durante nuestros primeros años todos somos curiosos. De hecho, es ese rasgo el que impulsa gran parte de nuestro aprendizaje inicial...; sin embargo, con el tiempo, la mayoría perdemos gradualmente el contacto con ese impulso, distraídos por responsabilidades cada vez más exigentes, o paradójicamente, por la propia educación formal, si es que no se nos disuade directamente de ser curiosos.

Aun así, nuestra arraigada curiosidad puede revivir. De hecho, según las investigaciones, esta tiene el mismo efecto en nuestro cerebro que la expectativa de un premio en metálico, un jugoso filete (si te gusta la carne) o incluso de tu droga favorita. El cerebro libera dopamina para hacernos sentir bien cuando esperamos una recompensa o, curiosamente, cuando ejercitamos la curiosidad. La naturaleza quiso que recibiéramos un premio por ser curiosos.

Esta cualidad pone en marcha un magnífico bucle de retroalimentación para el aprendizaje. La curiosidad nos lleva a hacer preguntas. Las preguntas conducen a la exploración. La exploración nos dirige al descubrimiento, o a la innovación. La innovación se suma a nuestra base de conocimientos y nos empuja a ser más curiosos y a hacernos más preguntas. El ciclo continúa. La comprensión y el entendimiento se construyen, una vez más, como un andamiaje, en el cerebro, permitiéndonos escalar mayores alturas de indagación a medida que pasan los años.

La curiosidad puede formar parte de nuestras actividades diarias, incluso en los momentos difíciles. En 1941, en plena Segunda Guerra Mundial, cuando todo el mundo estaba preocupado por otros asuntos, Albert de Mestral, ingeniero civil, observó durante una excursión que el abrojo se pegaba a sus calcetines y al pelo de su perro con tanta fuerza que era difícil de arrancar. Lo que De Mestral observó lo habían visto millones de personas a lo largo de los tiempos y puede que tú mismo lo hayas experimentado tras un paseo por el bosque. Pero él era curioso.

De Mestral colocó un trocito de abrojo en el microscopio y vio que tenía rasgos minúsculos en forma de gancho que se adherían a cualquier tejido afelpado o con pelo. Aplicando sus conocimientos de ingeniería a esta observación, se propuso reproducir esta maravilla de la naturaleza. A lo largo de ocho años, y tras innumerables experimentos con técnicas de telar para conseguir la combinación adecuada de materiales, inventó el cierre de «gancho y bucle» que ahora llamamos velcro, que sujeta de forma rápida y segura todo tipo de cosas, desde los zapatos de los niños pequeños hasta el ingrávido kit de herramientas de un astronauta que viaja velozmente por el espacio.

Un hombre sale a pasear con su perro siguiendo su propia iniciativa y, con un poco de curiosidad, inventa algo que todos utilizamos. Imagina que todos tuviéramos esa curiosidad. Millones lo habían visto; pero solo él observó. El ejercicio de la curiosidad lo llevó al nivel de la conciencia iluminada: a mirar más allá, explorar, descifrar y comprender. El resultado: la innovación. Es imposible innovar sin observar.

Lamentablemente, esta cualidad no se enseña en las escuelas de negocios, pero debería enseñarse. Puede desvelar oportunidades ocultas e inimaginables. Los individuos excepcionales investigan porque se dejan llevar por la curiosidad. Goodall, Franklin, De Mestral, Edison, Pasteur, Curie, Galileo y tantos otros alcanzaron la grandeza no porque fueran más inteligentes que los demás, sino por ser curiosos. Dar rienda suelta a esta cualidad es maravilloso. Pero también puedes ponerla a tu servicio. Como agente del FBI, tenía que estar preparado para entrevistar a gente de todo el mundo, esa es la naturaleza del trabajo de contrainteligencia. Nunca se sabe quién va a entrar por la puerta. Podría ser alguien de Filipinas al que se le ha acercado un ciudadano chino para pedirle que trabaje en un centro de investigación en Estados Unidos o un desertor ruso que busca refugio. Así que, al principio de mi carrera, decidí desarrollar mis habilidades de comunicación ejerciendo la curiosidad benigna –la curiosidad sin ideas preconcebidas, sesgos o prejuicios– para aprender sobre los demás. Llevo haciéndolo desde entonces.

Buscaba entender a los otros. Quería que se abrieran a mí. Lo harán si se les concede una curiosidad benigna. Si sienten que les están interrogando, evaluando o juzgando, o que les hacen sentirse inferiores, se callan. Como agente, eso era lo último que quería. Con frecuencia utilizaba la comida como forma de favorecer el bienestar y la relación, y me ganaba la confianza de los demás escuchando y sintiendo verdadera curiosidad por saber de dónde venían y cómo eran sus vidas. Para trabajar en las reservas de nativos americanos de Arizona, por ejemplo, tuve que hacer una inmersión profunda en su cultura y ser capaz de empatizar y comunicarme eficazmente. Ninguna de mis lecturas y, desde luego, nada de la televisión o las películas me educó tanto como el hecho de compartir el pan con los indios havasupai y conocer su cultura y sus costumbres. Sentarme con los refugiados palestinos en Jordania me abrió los ojos a su perspectiva de lo que ellos llaman *al naqba* ('la catástrofe'): el éxodo masivo de palestinos árabes cuando se creó el Estado de Israel. Escuchar los lamentos de un atleta armenio que perdió a su familia durante el Genocidio armenio entre 1915 y 1917 a manos de los turcos otomanos me hizo comprender el horror del sufrimiento que los seres humanos pueden infligirse unos a otros. Gracias a que los escuché, me aceptaron, y a cambio me ofrecieron muchísima información.

En muchos de los casos, no podía solucionar sus agravios o problemas históricos: poco podía hacer sobre la alta tasa de alcoholismo en las reservas de nativos americanos, o sobre una condena pendiente por homicidio, pero podía comprender sus perspectivas, aunque fuera de forma imperfecta, porque me había tomado el tiempo de escuchar, de preguntar de buena fe cómo veían las cosas. Entonces y ahora, mi trabajo no es convencer a nadie de nada. Mi labor, como ser humano que piensa y siente, *consiste* en practicar la curiosidad benigna para comprender mejor. Gracias a ella, en mi trabajo siempre he podido obtener algo valioso, incluso de los sujetos más desconfiados y difíciles. He pasado horas hablando de la vida de un detenido antes incluso de abordar el delito del que se lo acusaba. La curiosidad benigna, un enfoque amistoso que solo busca la comprensión, ayudó la mayoría de las veces a que los detenidos se sintieran cómodos para abrirse.

Las interacciones diarias –incluso un trayecto en taxi– pueden ser un laboratorio de aprendizaje, gracias a este enfoque. Suelo empezar preguntando amablemente: «¿Qué tal el día hasta ahora?». Dependiendo de su respuesta, puedo preguntar: «¿Cuánto tiempo llevas de servicio?». Si están dispuestos a hablar, siempre me interesa saber cómo entraron en el negocio. Si les parece bien, a veces les pregunto por su familia o de dónde proceden, ya que comparto mis antecedentes como refugiado en Estados Unidos. Curiosamente, nadie se ha negado nunca a responder a mis preguntas.

Me hablan de las comidas que echan de menos de su ciudad o país de origen, de las cosas que valoran, como la educación de sus hijos, o de sus abuelos. Siempre es esclarecedor, y siempre me siento mejor por ello. Tal vez sea la descarga de dopamina que supone aprender algo nuevo.

Te preguntarás: ¿qué sentido tiene? Si se trata de alguien que no voy a volver a ver en mi vida. Puede que no. Pero si te haces esta pregunta, no estás entendiendo nada. Cuando te interesas por otros, ellos a su vez se interesan por ti. Te brindan atenciones y te tratan con una deferencia que, de otro modo, no existiría. Gracias a mi interés por los demás, me han mostrado valiosas fotos familiares, me han ofrecido caramelos del Líbano (riquísimos) y oraciones para que mejore mi dolor de espalda, me han llevado a maravillosos restaurantes locales que nunca habría descubierto, me han invitado a cenas, reuniones de café, recitales y mucho más. Siempre que hemos podido hablar largo y tendido, he hecho un amigo. Y una cosa más: estoy perfeccionando una aptitud muy poderosa –la curiosidad benigna unida a la conversación–, un proceso doble que veremos en los capítulos tres y cinco, que siempre me ha servido cuando más la he necesitado.

Dale Carnegie publicó en 1936 *Cómo ganar amigos e influir sobre las personas*. Nueve décadas después, algunos pensarán que sus ideas quizá estén anticuadas. Pero hay mucha sabiduría en lo que dijo Carnegie. Si quieres ser interesante, interésate por los demás. Como subraya mi amigo y colega Robin Dreeke en su libro *It's Not All About Me* [No se trata solo de mí], habla de ellos y no de ti, y pronto te los ganarás.

Con la curiosidad benigna, se aprende lo que no se enseña en ninguna clase de la universidad: cómo entablar relaciones, encajar, relacionarse, afrontar la controversia, superar los miedos o las sospechas, inspirar confianza, establecer una relación rápida y pasar a un segundo plano y limitarse a escuchar y aprender. El general Norman Schwarzkopf júnior nos contó una vez a un grupo de agentes del FBI que esto lo aprendió de su padre, que estuvo destinado en Irán en los años cuarenta. «Cuanto más hables con gente de diversos grupos y tribus, más fácil te resultará comunicarte», sobre todo, subrayó, con quienes vayas a conocer a partir de ahora. Esta es una lección para todos los empresarios de nuestro mundo interconectado. Lo que hagamos hoy, simplemente dedicando tiempo a hablar con otros, nos preparará para lo que encontremos el día de mañana.

Para ser excepcional, deja que la curiosidad entre en tu vida y que florezca. Dedica tiempo a darle rienda. No solo en un área, sino en muchas: cualquiera que te atraiga, y algunas que no estés seguro de que te interesen, pero que decidas consultar solo para ver de qué se trata. Todo lo que se necesita son unos sencillos pasos de indagación, incluso durante un paseo, como hice recientemente. Llevo a mi sobrina Aja de la mano mientras subimos a la plataforma de madera sobre el lago. Esperamos a que la tortuga mordedora vuelva a salir a tomar aire. Activamos el temporizador de mi reloj y aguardamos. Estamos practicando la paciencia en la observación, así como el método científico. Finalmente, después de cuarenta y siete segundos, asoma la cabeza. El agua apenas se agita. Nos maravilla el silencio con el que se mueve. Debe de ser por razones de supervivencia, especulamos, o para ayudar a alimentarse. Eso nos lleva más tarde a investigar cuánto tiempo puede aguantar una tortuga la respiración bajo el agua. Lo cual nos conduce a descubrir otras curiosidades: cómo un caimán se hunde suavemente y en silencio en el agua sin provocar ondas (algo perfecto para un depredador), o en otro paseo cómo un colibrí del tamaño de mi pulgar puede elevarse y volar sin esfuerzo hacia atrás en su búsqueda de néctar. ¿Cómo es posible? Volvemos a los libros y a las fotografías por Internet. Así, el maravilloso bucle de retroalimentación de la curiosidad satisface ese aspecto de la humanidad que siempre nos ha motivado a mirar más allá, seguir viajando, explorar e imaginar. Tuvimos una «aventura» de aprendizaje, cuenta Aja a su familia, entusiasmada por sus nuevos conocimientos.

¿Resolverá esta información alguno de los problemas del mundo? No. Y no es por eso por lo que nos dedicamos a estas actividades. Por unos momentos, nos hemos permitido observar, cuestionar, especular, ampliar nuestras mentes: una a los seis años; el otro, a los sesenta y seis. Es la pura alegría del asombro lo que impulsa nuestra conducta. Pero al permitirnos maravillarnos y reflexionar, estamos construyendo ese precioso andamiaje neurológico que soportará toda una vida de aprendizaje, de observación de los matices más sutiles, de los cambios y las novedades que nos servirán en el futuro.

Observación de los indicios no verbales

Hace años, impartí una formación sobre comportamiento en el hotel Ritz Carlton, un magnífico recinto con vistas a la bahía de Sarasota, en la costa oeste de Florida. El director y yo estábamos en el vestíbulo hablando sobre las mejores prácticas antes de que empezara la clase cuando se excusó amablemente. Una pareja había salido del ascensor y comprendió que querían algo porque miraban a su alrededor con los labios apretados, aparentemente insatisfechos. Otros quizá vieron lo mismo que nosotros, pero el director respondió primero. Le bastó con notar ese gesto para actuar de inmediato. Guio a la pareja hasta el botones, que los acompañó por el pasillo.

—¡Qué rapidez! —comenté, impresionado, cuando regresó.

Entonces me explicó un principio por el que se rigen los líderes excepcionales:

—Si veo que alguien tiene una necesidad y espero a que me busque, he fallado. Nuestro personal está capacitado para buscar a cualquiera que necesite ayuda y no esperar a que acuda a nosotros. Nos adelantamos.

Piensa en este nivel de atención por un momento. Es cierto que se trata de un negocio de hostelería, por lo que cabe esperar un servicio atento. Pero acuérdate de los hoteles en los que has estado que no cumplen esa norma. Probablemente la mayoría de ellos.

Observar los indicios no verbales abre un mundo de información que nos ayuda a ser más capaces, influyentes y eficaces. Cuando ves que el pie de alguien se gira de repente hacia la puerta mientras aún está conversando, te conviene saber que está indicando que necesita o quiere irse, incluso antes de decírtelo. Cuando te acercas a un grupo que está conversando y observas que sus pies no se mueven en absoluto y siguen mirándose a pesar de tu acercamiento, puedes suponer con bastante precisión que no quieren que los interrumpan. Alcanzar ese mayor nivel de conciencia te resultará muy útil.

Aunque hay muchos libros sobre el lenguaje corporal (consulta la sección «Bibliografía y Referencias», página 303), entre ellos el mío, aquí hay doce comportamientos cuyo conocimiento creo que te ayudará inmediatamente en cualquier entorno, ya sea en el trabajo, entre amigos o en casa. De los cientos de comportamientos que analizo en el *Diccionario de lenguaje no verbal*, estos son los más importantes ya que son especialmente precisos a la hora de indicarnos que algo no va bien, que hay inquietudes o que existe un problema. Los individuos excepcionales profundizan cuando se trata de entender a los demás, y para ello no hay nada más rápido que los mensajes del cuerpo que nos llegan, sin exagerar, a la velocidad de la luz. Mensajes que revelan al instante pistas sobre los pensamientos, las dudas, los deseos o la aprensión de sus emisores. Así que aquí hay doce comportamientos que te vendrá muy bien conocer para empezar a desarrollar esa mayor conciencia que buscan los seres excepcionales, en casa o en los negocios:

1. **Fruncir o estrechar el ceño.** La zona entre los ojos y justo encima de la nariz se llama glabela. Cuando la glabela se estrecha o se arruga, suele haber un problema, una preocupación o un disgusto. Este signo universal puede manifestarse fugazmente y ser difícil de detectar, pero es un fiel reflejo de los sentimientos. Algunas personas fruncen el ceño cuando escuchan algo preocupante o intentan comprender lo que se les dice. Este sentimiento se comunica con el emoticono > <.

2. **Tocarse el párpado.** Tocarse el párpado de forma momentánea puede ser una manera de bloquear los ojos, además de aliviar la tensión. A menudo, cuando alguien dice algo que no debería, quienes están cerca se tocan o se rascan el párpado cerrado, lo cual es un buen indicador de que se ha dicho algo inapropiado. Esto se ve a menudo con los políticos cuando uno comete un error al hablar y el otro lo capta. Cuanto más tiempo se toque el párpado con los dedos, mayor será la tensión que se siente. Tocarnos los párpados en realidad nos ayuda a tranquilizarnos y a liberar el estrés.

3. **Taparse los ojos.** Taparse los ojos con la mano o los dedos es un comportamiento de bloqueo o tranquilizador asociado a un acontecimiento negativo, como recibir malas noticias o información amenazante. También indica emociones negativas, preocupación o falta de confianza. Puede verse en personas que han sido sorprendidas haciendo algo indebido. Curiosamente, también los niños con ceguera congénita se tapan los ojos en lugar de los oídos cuando oyen algo que les desagrada. Está claro que este comportamiento está bien establecido en nuestros circuitos ancestrales tanto porque bloquea la información entrante (visual) como porque el hecho de tocarse o cerrarse los ojos sirva también para tranquilizarnos o relajarnos.

4. **Arrugar la nariz («nariz de conejo»).** La señal o indicio de asco suele consistir en que la nariz se arruga hacia arriba, mientras la piel se contrae junto con el músculo subyacente (el nasal), que es muy sensible a las emociones negativas. A menudo, este gesto hace que las comisuras de los ojos cercanas a la nariz se estrechen. A partir de los tres meses, aproximadamente, y a veces incluso antes, los bebés arrugan la nariz cuando huelen cosas que no les gustan. Esta señal de asco nos acompaña toda la vida. Cuando olemos o incluso simplemente vemos algo que no nos gusta, nuestro músculo nasal se contrae involuntariamente, revelando nuestros verdaderos sentimientos.

5. **Comprimir los labios.** A lo largo del día, a medida que nos encontremos con acontecimientos negativos o pensamientos y preocupaciones incómodos, nuestros labios se apretarán con fuerza el uno contra el otro, transmitiendo con precisión, aunque solo sea por un instante, nuestros verdaderos sentimientos. Esta es una señal rápida de que algo va mal. La compresión labial puede ser muy sutil, o bien exagerada, hasta el punto de que los labios se compriman con tanta fuerza que desaparezcan.

6. **Labios apretados y hacia delante.** Cuando no estamos de acuerdo con algo o tenemos en mente una alternativa distinta, cerramos los labios (arrugándolos y apretándolos hacia delante). Cuando el público no está de acuerdo con lo que se dice en una sala o sabe que está mal, a menudo se ve este comportamiento. Cuanto más marcadamente hacia delante o hacia un lado estén los labios fruncidos, más fuerte será la emoción, que suele ser negativa o alternativa que indica (ver «Labios apretados y hacia un lado», a continuación).

7. **Labios apretados y hacia un lado.** En este gesto, los labios apretados se estiran mucho hacia un lado de la cara, lo que

altera significativamente la expresión facial. Por lo general, suele ser un gesto rápido y puede mantenerse durante unos segundos. Se trata de un gesto muy enfático que dice: «Esto me fastidia de verdad; no me gusta lo que me han preguntado, lo que acabo de escuchar o lo que está sucediendo». Es un indicio muy preciso para señalar que hay problemas serios. Cuanto más exagerado sea el gesto o cuanto más tiempo se mantenga, mayor será el malestar o el estrés que indica.

8. **Desplazamiento de la mandíbula.** El desplazamiento de la mandíbula o su movimiento repetitivo de un lado a otro constituye un apaciguador eficaz. También puede ser simplemente un comportamiento compulsivo en algunas personas, así que hay que observar cuándo y con qué frecuencia se produce y buscar otras muestras de malestar que lo confirmen. La mayoría de la gente hace este gesto con poca frecuencia; por lo tanto, cuando se ve en alguien, comunica con gran precisión que algo le molesta. Puede ser que tenga dudas, no esté convencido o directamente no se lo crea.

9. **Cubrirse el hueco supraesternal.** Tocarse o cubrirse el «hoyuelo del cuello» o el hueco supraesternal (el área hendida del cuello que se extiende entre la nuez y la parte superior del pecho) indica preocupación, problemas, inquietudes, inseguridades o miedo. Los hombres tienden a agarrarse el cuello o la garganta con fuerza o a cubrir esta zona con toda la mano cuando se ajustan la corbata o el cuello de la camisa. Las mujeres se tocan esta zona con más frecuencia que los hombres y tienden a hacerlo más ligeramente, con la punta de los dedos. En cualquier caso, cubrir el punto más vulnerable del cuerpo significa que hay un problema. Cubrirse el cuello cuando nos sentimos amenazados probablemente evolucionó a partir de los innumerables actos de depredación por parte de grandes felinos que suelen lanzarse al cuello.

10. **Frotarse los dedos en «campanario»**[*]. Cuando una persona siente mucho estrés, ansiedad o miedo, puede apaciguarse frotándose lentamente entre sí los dedos entrelazados y rectos. La fricción alivia la tensión al estimular los nervios. Este es uno de los mejores indicadores de que alguien está muy estresado. En realidad, este comportamiento se «reserva» para cuando las cosas van especialmente mal; en situaciones menos graves nos retorcemos las manos o las frotamos entre sí.

11. **Comportamientos de ventilación.** Cuando alguien nos pide que hagamos algo o nos hace una pregunta y tenemos que ventilar para responder –levantando la ropa, tirando del cuello, ajustando los calcetines, etc.–, estamos comunicando que algo nos molesta. La temperatura de nuestra piel puede cambiar en menos de un cuarto de segundo. Nos ventilamos para refrescarnos sin pensarlo conscientemente, lo que suele revelar que algo anda mal o nos desconcierta.

12. **Agitar el tobillo.** Algunos individuos giran o agitan repetidamente el tobillo (de lado a lado), en una muestra de inquietud, animosidad, irritación o ansiedad. Suele observarse cuando la persona está de pie, ya que puede hacer temblar todo el cuerpo; es bastante perceptible para los demás, mientras que la mayoría de los que lo hacen no se dan cuenta.

Cuando empieces a practicar la observación de los indicios, ten en cuenta estos puntos:

- **Los indicios revelan mucho, pero no todo.** Puede que nunca sepamos qué es lo que provoca un comportamiento, pero

---

[*] N. del T.: «El campanario (o la torre) consiste en unir las puntas de los dedos de ambas manos con los dedos abiertos o inclinados formando una especie de tejado a dos aguas». Extraído de *Diccionario de lenguaje no verbal*, de Joe Navarro. Editorial Sirio.

podemos observar cómo se produce y advertir lo que lo precede. Esto nos da la oportunidad de seguir observando, de preguntar y, si es necesario, de intervenir, como hizo el director del Ritz Carlton.

- **En caso de duda, confía en el cuerpo.** En mis más de cuarenta años de experiencia he aprendido que si hay un conflicto entre lo que se dice verbalmente y lo que se transmite de forma no verbal, hay que fiarse del cuerpo. En la gran mayoría de los casos es el comunicador más sincero. ¿Por qué? Porque antes de tener el lenguaje hablado, teníamos el lenguaje corporal. Este ha sido nuestro principal medio de comunicación durante milenios. Así que, cuando nos encogemos cuando nos piden que nos quedemos a trabajar hasta tarde y luego lo ocultamos diciendo: «Me alegro de hacerlo», esa reacción negativa es mucho más acertada que las palabras posteriores de conformidad.

- **Redúcelo a la ecuación comodidad/malestar.** Al principio la observación de los indicios puede parecer confusa. Es posible que veas múltiples señales y no estés seguro de cómo interpretarlas. Procura despejar tu mente de suposiciones y limitarte a observar lo que ves. Luego pregúntate: «¿Estoy viendo comodidad o incomodidad?». Concéntrate solo en eso al principio. Evaluar simplemente la comodidad y la incomodidad puede llevarte muy lejos, porque en esencia somos muy binarios en nuestra forma de comunicarnos.

Una vez que hayas aprendido a hacer esto, esfuérzate en dominar y valorar uno o dos comportamientos –por ejemplo, tocarse el cuello y estirar los labios– de modo que cuando los veas no tengas que pensar en ellos. Inmediatamente sabrás que algo no va bien o que el sujeto está pensando en otro asunto.

En resumen: ya sea en los negocios, en casa o en las relaciones, una habilidad de observación que puedes poner en práctica enseguida y ver resultados igualmente inmediatos consiste sencillamente en evaluar siempre la comodidad y la incomodidad. Esa es la clave para leer el lenguaje corporal.

A medida que mejore tu capacidad de evaluar la comodidad y la incomodidad, podrás ir más allá y tratar de averiguar lo que los demás pueden estar pensando, sintiendo o fingiendo, o lo que podría significar una determinada situación. Estas son solo algunas de las percepciones que podemos tener en un día determinado, con solo observar los indicios no verbales:

Peligro: «¿Ese sujeto me está siguiendo otra vez?».

Legitimidad: «Sí, veo que lleva el uniforme de UPS y que el camión de UPS está fuera».

Inseguridades: «Harold parece preocupado; se retuerce las manos.

Jerarquía: mira quién está sentado hoy al lado del jefe».

Preocupaciones: «Esos labios fruncidos me dicen que no vamos a cumplir el plazo».

Miedos: «Seguro que hay muchos estudiantes mordiéndose las uñas antes del examen».

Accesibilidad: «Buena suerte si quieres conseguir una reunión con ella; siempre tiene la puerta de su despacho cerrada».

Respeto: «Ella gira los ojos hacia arriba cada vez que alguien le lleva la contraria».

Deseo: «Mira cómo se miran esos dos; están entusiasmados el uno con el otro».

Acicalamiento: «No deja de juguetear con su reloj y de tirarse de la manga de la camisa; seguro que le preocupa su apariencia».

Aseo: «Se preocupa mucho de que su pelo esté bien».

Pensamiento: «Yo no entraría ahí ahora mismo; se está acariciando la barbilla: eso significa que probablemente esté trabajando en la agenda de la próxima semana».

Preocupación: «Se toca constantemente el cuello; tiene que aprobar este examen como sea».

Imagina que tu base de conocimientos se extiende mucho más allá de esta breve lista gracias a tu capacidad de observación. ¡Claro que puedes hacerlo! Dicen que el conocimiento es poder. ¿Qué es el conocimiento, sino la acumulación de observaciones, recogidas para conformar una profunda fuente de sabiduría?

Eso es precisamente lo que los individuos excepcionales saben desarrollar y utilizar momento a momento. Lo hacen a través de la conciencia iluminada que nace de la observación.

Ejercicios para fortalecer tu capacidad de observación

¿Alguna vez has ido a un lugar desconocido o has conducido sin parar buscando aparcamiento y te has sentido estresado, quizá incluso agotado? Tal vez no te hayas percatado de que tu agotamiento se debe a que tienes que observar, no solo mirar, y ser consciente del entorno durante un periodo prolongado, cuando la mayoría no estamos acostumbrados a hacerlo durante más de unos minutos.

Incluso con formación, puede ser agotador entrar en situaciones nuevas y tratar de asimilarlo todo. Recuerdo mi primera semana en la oficina del FBI en Manhattan. Tenía veinticinco años y acababa de llegar de Yuma (Arizona), donde un día de mucho tráfico había cuatro coches esperando en un semáforo en rojo. Esta ciudad densamente poblada de siete millones de habitantes abrumaba mi capacidad de observación.

Afortunadamente, un agente veterano me llevó por los alrededores y me ayudó a pasar de mirar y experimentar la sobrecarga sensorial a observar. Un día, caminamos hasta la calle Cincuenta y Uno Este, donde me enseñó a detectar a los carteristas. Trabajaban en grupos, vestidos de forma diferente. Se paraban de repente en la acera, obligando a la gente a chocar con ellos. Aprovechando la confusión de ese instante, alguien por detrás robaba lo que estuviera a su alcance de un bolso o de un bolsillo trasero. Los carteristas del metro trabajaban solos, centrados en hombres trajeados que leían periódicos. Retrocedían lentamente hacia ellos como si estuvieran distraídos. Luego, cuando se abrían las puertas del vagón de metro, en medio de las prisas de la gente por salir, utilizaban un dedo para empujar la cartera desde el bolsillo del pantalón de la víctima, mientras los otros dedos la sacaban.

Una vez que supe lo que tenía que buscar, fue difícil pasar por alto lo que antes hubiera pasado fácilmente inadvertido. Con el tiempo, basándome en esas experiencias, aprendí a observar cómo se comportaban los espías. Eso elevó mis habilidades de observación y conocimiento de la situación a un nivel completamente distinto. No hay nada como trabajar en el contraespionaje para entrenarte en la búsqueda de los detalles más nimios, como el hecho de que un sospechoso camine por el interior de la acera contra los edificios para esconderse a cielo abierto; o la mayor necesidad de mirar su reloj porque debe estar precisamente en el lugar y la hora correctos (de lo contrario, no podría llevarse a cabo esa transacción fugaz); o el caminar un poco más erguido, ya que un cerebro límbico hiperactivo a través del sistema simpático mantiene la vigilancia en modo de lucha o huida.

Una cosa es aprender a observar, y otra practicar y mantener la capacidad de observación. Esta es una habilidad que hay que desarrollar y practicar, porque de lo contrario se atrofia. Como me contó una cirujana de la sala de traumatología: «Cuando traen a una víctima de un accidente de tráfico con un traumatismo interno grave, dispongo solo de unos minutos para evitar su fallecimiento. La rapidez con la que hago mi trabajo se basa en mi habilidad para observar los signos y adentrarme en la cavidad torácica. Tras regresar de la baja por maternidad, me sentí torpe el primer día que volví a Urgencias: en pocos meses mis habilidades se habían oxidado». Lo mismo puede ocurrir en los negocios. Cuando no practicamos, o nos distraemos, perdemos nuestra capacidad de observación.

Mantener la conciencia del entorno es agotador si no estás acostumbrado o te obligas a hacerlo durante largos periodos de tiempo sin preparación. Pero si lo haces todos los días, es fácil desarrollar la fuerza y la resistencia de la observación como si se tratara de un músculo.

Es posible que no conozcas algunos de estos ejercicios o que te parezcan extraños, pero merece la pena dedicarles tiempo y esfuerzo. Algunos te resultarán más sencillos que otros, como sucede con todas las actividades. Pero, con el tiempo, todos se volverán más fáciles. Con un poco de paciencia y dedicación, no hay ninguna razón por la que no puedas mejorar significativamente tus habilidades como observador.

De modo que adelante, diviértete y aprende algunas técnicas para ampliar tu capacidad de observación.

Ejercicio: Identifica tu rango visual

> **Sitúate en el exterior o en una habitación grande, con la vista al frente.** Elige un objeto o un punto en la distancia o en una pared frente a ti y concéntrate en él. Respira tranquilamente e intenta relajar los músculos faciales y los que rodean los ojos. Mantén la atención en todo momento en el objeto o lugar que hayas elegido.

> **Ahora levanta los brazos hacia cada lado para formar una T, con los brazos a la altura de los hombros.** Es posible que sientas que tus ojos se mueven a izquierda y derecha para ver lo que hay a los lados. Eso es normal al principio, pero concéntrate en mirar el punto que has elegido al frente.

> **Manteniendo la mirada al frente, pero relajada, lleva lentamente las manos hacia delante, moviendo con suavidad los dedos mientras lo haces.**

> Deja de mover las manos y los dedos en cuanto puedas verlos cómodamente sin dejar de mirar al frente, a ese punto previamente establecido. Esa es tu *visión periférica*. Todo lo que va desde donde ves tus manos hasta directamente delante de ti es tu *rango visual*. Te sorprenderá la distancia a la que pueden ver tus ojos incluso cuando estás concentrado en un punto situado delante de ti.

Al principio, tu visión periférica carecerá de detalles, pero detectará el movimiento. Esto por sí solo puede ser muy eficaz: la visión periférica es capaz de distinguir, en una parada de cuatro vías, qué vehículo llegó primero o cuál circula más rápido.

Podrás distinguir los objetos situados en el centro de tu campo visual con más precisión que los situados a los lados. Esto es natural en el sentido de ver las cosas cognitivamente, pero ten en cuenta que tu subconsciente también está procesando información, aunque no lo percibas.

Repite este ejercicio una o dos veces al día durante una semana para desarrollar la confianza de que serás capaz de ver con el rabillo del ojo. Así es como me entrené para mirar a alguien delante de mí mientras hablaba con él, pero también para ver lo que hacen los demás en el límite de mi alcance visual. Esto también te ayuda a escudriñar una habitación más rápidamente y a que no se note cuando intentas observar algo o a alguien.

Ejercicio: Escanear

> Una vez más, relaja los músculos faciales mientras miras de frente a un objeto lejano, con los brazos extendidos en forma de T.
> Ahora, pídele a alguien que te muestre una imagen o una tarjeta con una o varias palabras escritas cerca del límite

de tu alcance visual. Tendrás la tentación de mirar directamente. Resiste, relájate y mantén la vista al frente.

> **Mientras sigues enfocando hacia delante, haz que la persona empiece a mover el objeto despacio y por etapas hacia la parte delantera de tu cuerpo.** Cuando la imagen o la palabra sea perfectamente clara para ti, dile que se detenga. El momento y el lugar en que esto ocurra dependerán de si se trata de una imagen, una palabra o una serie de palabras.

Notarás que cuanto más relajados estén tus ojos y tu cuerpo, más empezarán a revelarse el objeto o las palabras. Los objetos que se encuentran cerca del límite de tu rango visual nunca serán nítidos, pero este ejercicio comienza a prepararte para observar un área mayor sin tener que mirarla directamente.

Este ejercicio nos muestra lo limitado que es nuestro rango visual agudo, en comparación con nuestro rango de visión general. La mayor parte de lo que observamos en la vida nos llega desenfocado, y no pasa nada por eso. Nuestro cerebro aún puede distinguir muchas cosas, aunque sean borrosas. Caminamos, conducimos y hacemos nuestra vida todos los días con muchas imágenes ligeramente borrosas; nuestro subconsciente se encarga de ordenarlas. Esto nos permite vislumbrar y mirar, en esencia, funcionar. Pero para observar realmente, hay que concentrarse.

¿Cómo lo hacemos, sobre todo si observamos una zona amplia, como el exterior, donde hay mucho que enfocar? Escaneamos.

Escanear para obtener información

El escaneo es la clave para una observación más rápida y completa cuando hay mucho que mirar, ya sea un piloto que busca una pequeña embarcación en un vasto océano o un orador que se dirige a un centenar de asistentes a su conferencia. Te permite asimilar más información de un vistazo que si tratas de concentrarte en las cosas de una en una, como somos propensos a hacer.

Si has hecho el ejercicio anterior, te habrás dado cuenta de que podemos captar muchas imágenes en el margen de nuestro alcance visual y que nuestros ojos percibirán comportamientos, en el caso del orador frente al público, o una mancha de desechos en el mar, en el del piloto, si escaneamos, y más rápido que con una mirada demasiado concentrada, lo cual es importante para tener conciencia del entorno.

La clave del escaneo es mantener los ojos en movimiento. Dependiendo de dónde te encuentres, quizá sea necesario también que muevas la cabeza para cubrir un área más amplia. Si estás hablando con un grupo, podrías pensar que esto significa centrarse en cada rostro de uno en uno, pero eso no es escanear. El escaneo requiere que los ojos se mantengan en movimiento, ya sea hacia delante y hacia atrás, de izquierda a derecha o de arriba abajo, y cada persona lo hace de forma diferente.

Mientras escaneas, tu cerebro subconsciente registrará los rasgos faciales y el lenguaje corporal general del público. Tu cerebro tiene esta capacidad.

Tras haber escaneado la sala —digamos que se trata de un público reducido— unas cuantas veces, puedes relajarte un poco más y reducir la velocidad para que los músculos de los ojos no trabajen en exceso y no llames la atención. Al escanear de un lado a otro con más lentitud, estás asimilando aún más información, que tu cerebro puede ahora contrastar con lo que has visto antes.

Prueba a practicar el escaneo en diferentes entornos, como cuando caminas por los pasillos y ves a la gente acercarse a ti, o cuando tienes una cita o una reunión y, mientras esperas, ves a los demás pasar. Es posible, sobre todo al principio, que tengas que escanear varias veces seguidas para captar los detalles que se te pasaron por alto la primera vez. Ten la seguridad de que tus ojos captan mucha información sin que te des cuenta.

Se puede incluso practicar el escaneo estático de otra persona. Supongamos que estás hablando con un colega de negocios muy cerca. Puedes escanear sin mover los ojos. Mientras hablas, sin romper el contacto visual, hazte preguntas como: ¿De qué color son sus zapatos? ¿Está moviendo los pies? ¿Qué hace con las manos? ¿Las mueve nerviosamente? ¿Qué clase de reloj lleva? ¿Tiene un bolígrafo en el bolsillo y, si es así, de qué tipo? Si una mujer lleva un pañuelo, ¿qué diseño tiene? Si lo haces bien y tus ojos están relajados, no deberías tener que mirar a los pies de tu interlocutor para ver sus zapatos o directamente a su muñeca para ver el reloj. Estás utilizando tu enfoque mental para centrarte en (escanear) áreas específicas que los ojos ven por delante y en la periferia, sin moverlos. Pruébalo con tus compañeros de trabajo y descubrirás con el tiempo que puedes conversar mientras recoges cada vez más detalles visuales durante la charla. Ese repentino estiramiento de cuello (un comportamiento de ventilación) cuando surge un tema político te indicará que hay asuntos que deben evitarse. Cuando alguien de un grupo mueva la mandíbula hacia un lado en respuesta a una pregunta, tendrás la oportunidad de evaluar si hay algo más que explorar. Cuando, en medio de una conversación, tu colega oriente el pie hacia la salida, sabrás que está indicando que necesita irse y podrás empezar a poner fin a la situación.

Cuando practiques la exploración, no te fijes en ningún objeto (a menos que debas hacerlo). Procura asimilarlo todo. Pronto te sorprenderá la cantidad de información que puedes absorber en dos o tres escaneos rápidos de tu entorno. Si escaneas mientras caminas por el exterior, si algo se mueve o se acerca a ti, incluso en tu visión periférica, podrás detectarlo mejor porque estás forzando a tus ojos, como un radar, a cubrir un área periférica más amplia.

Practicar el escaneo en la vida cotidiana es fácil y divertido. Haz un rápido escaneo en un restaurante o en cualquier lugar en el que se reúna gente, y adivina cuánta hay.

Al principio, es posible que te equivoques: puede que haya solo doce personas cuando creías que había veinte. Pero con la práctica, tu cerebro aprenderá a hacer este cálculo viendo, no contando. No estás adivinando. Estás dejando que tu subconsciente haga el trabajo pesado de hacer el cálculo real.

Al final, con un rápido vistazo, serás capaz de ver con precisión cuántas personas hay sin tener que contarlas una a una. Pruébalo. A medida que tu cerebro empiece a adaptarse a esta nueva forma de ver el mundo, tus ojos, junto con este órgano, captarán aún más detalles.

Escanear a la gente

Hay algo que me preguntan constantemente: «¿Cómo se hace? ¿Cómo sabes lo que hacen tus compañeros cuando están en grupo?». Es fácil, una vez que aprendes a escanear en lugar de mirar. Puedes practicar el escaneo de los rasgos faciales, los movimientos, el comportamiento de los pies y cualquier otro comportamiento no verbal importante.

Una de las ventajas de esta técnica es que permite observar a las personas sin molestarlas. Si te miro con mucha frecuencia o durante demasiado tiempo, esto influirá en lo que piensas de mí y, por lo tanto, en cómo te comportas. Cuando alguien cree que lo estás mirando, naturalmente se vuelve sospechoso y se pone tenso. Así que, para evitar la observación indiscreta, no miramos directamente a las personas, sino que escaneamos: miramos *a su lado* manteniendo los ojos en movimiento en lugar de enfocarlos durante mucho tiempo.

Prueba esta técnica primero con los miembros de tu familia o con amigos. Si se hace correctamente, no deberían darse cuenta. Si lo hacen, entonces hay que corregir algo, porque tu mirada debería ser natural mientras escaneas suavemente de uno a otro.

O puedes practicarlo de esta manera. Pídele a alguien que busque diez o quince segundos interesantes de una película que no hayas visto y que te la ponga al doble de velocidad. Me gustan las escenas cortas en las que la gente se plantea un problema, en las que se reciben malas noticias o en las que alguien se entera de una verdad que ha estado oculta durante mucho tiempo. Explica lo que crees que has visto y lo que ocurre en la escena acelerada. Ahora comprueba cuánto has acertado. Puedes convertirlo en un juego y practicar por turnos las habilidades de escaneo utilizando fragmentos de películas para ver quién es el que ve con más precisión.

Hazlo varias veces con diferentes escenas y películas, y verás que dejas de centrarte en las caras y empiezas a escanear. A medida que vayas desarrollando esta habilidad, con el tiempo serás capaz de leer los rostros, así como lo que ocurre en la escena, y de expresar tus observaciones con mayor claridad.

Ejercicio: El juego del orden de los colores

Prueba este ejercicio la próxima vez que entres en un aparcamiento:

> **Mira a la izquierda y a la derecha y fíjate en los colores de los vehículos sin centrarte en cada uno de ellos.**
> **Después de aparcar, pregúntate:** «¿Cuáles eran los colores de los tres primeros coches de la izquierda y de los tres primeros coches de la derecha, y en qué orden aparecían».

Al principio puedes tener dificultades con esto. Pero con la práctica, tu precisión aumentará. Con el tiempo, podrás llegar a recordar los colores de los seis o siete primeros coches de cada lado, habiéndolos escaneado una sola vez. De todas maneras, si quieres mantener tu ventaja, sigue practicando.

Ejercicio: Observar sin ver

> Siéntate al aire libre, asegurándote de que tus brazos están expuestos, y cierra los ojos.

> Ahora, simplemente escucha. Puede que al principio te sientas tenso o te cueste acomodarte. Ya se te pasará. Te faltan estímulos visuales; eso es porque tu enorme corteza visual, del tamaño de tu puño, está exigiendo que la alimenten. Puedes superarlo. Inspira profundamente y espira.

> Escucha tu propia respiración. Dedica un tiempo a ser consciente de ello.

> Cuando te sientas más relajado, manteniendo los ojos cerrados, pasa tu atención del sonido de tu respiración a los del mundo que te rodea. Comprueba si puedes nombrar todos los sonidos que oyes y de dónde proceden. ¿Parece que algunos surgen de un solo lugar? ¿Otros vienen hacia ti o se alejan de ti? Pronto dejarás de lado la necesidad de mirar y serás capaz de identificar los sonidos y precisar su ubicación. Vuelve a exhalar. Mantén los ojos cerrados.

> Ahora, lleva tu atención al movimiento de los pelos de tu cara, cuello, cabeza y brazos. Los vellos más pequeños y finos de tu cuerpo se verán estimulados cuando el viento sople, la temperatura cambie, los vehículos pasen o la gente se mueva a tu alrededor. Comprueba si puedes sentir la diferencia entre cada uno de ellos: el roce prolongado y constante del viento frente a la presión repentina de un camión que pasa, por ejemplo. Con el tiempo, percibirás cuándo alguien camina cerca de ti o incluso entra en una habitación, si te permites el placer de observar con los ojos cerrados.

Sí, es posible observar con los ojos cerrados. Tenemos sensores en forma de nervios por todo el cuerpo. Estas terminaciones nerviosas detectan la humedad, el calor, los ruidos, los olores, la presión, el movimiento del aire, las vibraciones..., todo tipo de cosas. Esto me quedó claro un día memorable cuando me encontré en un ascensor durante un terremoto. Mis sentidos se vieron desbordados; las vibraciones competían con los sonidos; la ropa se agitaba sobre mi cuerpo, estimulando las terminaciones nerviosas de una manera que nunca había experimentado antes, y los temblores de la tierra subían por mis pies, haciendo que estos temblaran incluso mientras el ascensor descendía rápidamente y el torrente de aire a través de las pequeñas aberturas alrededor de la puerta acentuaba aún más la intensidad del momento. Llegaba tanta información que tuve que quedarme paralizado para entender lo que estaba ocurriendo, ya que todos mis sensores parecían dispararse a la vez de una manera que me era completamente desconocida. Tal vez en algún momento de tu vida hayas experimentado una sobrecarga sensorial similar.

Al igual que con los demás ejercicios, puedes llevar la práctica de la observación sensorial a la calle. Si estás esperando a alguien en un restaurante, resiste el impulso de mirar el teléfono. Baja los párpados y limítate a escuchar. ¿Qué sonidos oyes? ¿De dónde vienen? ¿Y en la consulta del médico? ¿Sentado en un banco del museo? O en lugares familiares en los que tendemos a desconectar: ¿tu lugar de trabajo? ¿Tu habitación, nada más levantarte? ¿El jardín?

¿Y cuándo fue la última vez que ejercitaste tu nariz? Cuando entras en un vehículo, ¿qué hueles? ¿En un ascensor? ¿En una habitación de hotel? ¿Y cuando entras en un establecimiento de alimentación, una tienda de ropa, una ferretería, una gasolinera, una farmacia? ¿Cuáles son los olores, fuertes y sutiles? ¿Puedes oler cuando se acerca una tormenta? Te sorprendería lo que es posible captar si prestas atención.

En el momento en que empiezas a hacer estos ejercicios y juegos de observación, comienzas a fortalecer esas sinapsis que te ayudan a observar y a recoger información. A medida que desarrolles tu capacidad de exploración de los entornos, la actividad y los indicios no verbales, empezarás a ser capaz de evaluar los múltiples datos que percibes a cada momento. En la calle, por ejemplo: ¿qué hora es (sin mirar el reloj o el teléfono)? ¿Dónde está el sol en relación contigo? ¿Quién más está cerca de ti? ¿Cuántos coches hay?

En la oficina, podrás escanear rápidamente las caras de todos los que llegan a una reunión: ¿quién está sonriendo y alegre? ¿Quién parece preocupado, cansado o evita el contacto visual? No se trata de hacer juicios sobre ellos, sino simplemente de observar la información que transmiten. Hay que aplicar los principios de la curiosidad benigna. Estamos evaluando la información disponible que sugiere, pero que en sí misma no debe considerarse concluyente (en el capítulo cinco compartiré un modelo para llegar a conclusiones más claras cuando interactuamos con los demás). Deja que cada persona que veas te hable sin utilizar la palabra mientras escaneas rápidamente. Con el tiempo, serás capaz de interpretar su lenguaje no verbal cada vez más rápido.

Cuanto más ejercites tu capacidad de observación, más experto serás. Pero para llegar ahí (y mantenerse), hay que practicar. De lo contrario, como ocurre con el tiro a canasta o con tocar el piano, tus habilidades disminuyen.

Así que ponte a prueba y sigue practicando. Conviértelo en un juego. Abre universos de comprensión en el mundo que encuentras cada día: domina la maravillosa habilidad de la observación.

Observar para cuidar

Me gustaría dejarte con esta reflexión: ser excepcional no consiste solo en ejercitar tus poderes de observación para conseguir la máxima eficacia. De lo que se trata es de *cómo* los utilizas.

La forma en que vemos el mundo y observamos a los demás es importante. Podemos hacerlo con gentileza y amabilidad, o con fría indiferencia. Jane Goodall no miraba a los primates con superioridad clínica, como hicieron muchos científicos antes que ella. Los miraba con cariño, aprecio e interés, y con una conciencia más clara de sus rasgos únicos. Por ello, vio con mucho detalle el extraordinario vínculo entre una madre chimpancé y su hijo; la permisividad que conceden a sus crías para que jueguen, se caigan y expresen su personalidad; los devaneos y la picardía de los simios mayores cuando establecen relaciones; sus habilidades para fabricar herramientas, que sorprendieron a los científicos, y que los simios enseñan a sus crías como si estuvieran en un aula; su duelo y luto por sus seres queridos; los celos y la agresividad que a veces pueden ser aterradores, así como su calidez y necesidad de abrazos y besos tiernos, que conceden juiciosamente para mantener su orden social.

Ningún científico había observado a los primates de esta manera hasta que ella lo hizo. Lo más interesante de todo es que los propios simios reconocieron su interés sincero y su empatía y le permitieron acercarse más de lo que nadie lo había hecho antes. La observación atenta de Goodall fomentó la confianza que le permitió reunir aún más información porque podía adentrarse en la intimidad y observarla.

Desde el momento en que nacemos, comienza ese proceso de confianza: hay alguien pendiente de nosotros, que no se limita a mirarnos, sino que nos observa con atención para entendernos. Fíjate en los padres cuando contemplan a su hijo recién nacido. No se limitan a admirar, sino que están muy concentrados. Perciben y recuerdan cada matiz de ese nuevo ser humano: las manitas que agarran y se mueven, los labios que se tuercen cuando hay incomodidad, las minúsculas venas que atraviesan esos párpados tan finos, los suaves arrullos. Son observaciones que se repetirán miles de veces en los próximos días y meses, y ayudarán a los padres a saber cuándo tiene hambre o frío, qué prefiere (que lo abracen después de comer o que lo balanceen suavemente antes de la siesta). Mientras los padres hacen esto, el bebé los examina a su vez, va construyendo su propia red neuronal de conocimientos, los lee, los evalúa y, gracias a la atención constante de sus progenitores, llega a confiar en ellos. Con el tiempo, ese niño se comunicará y conectará con sus padres llorando, gimiendo, haciendo muecas, sonriendo, riéndose y extendiendo las manitas para que lo tomen en brazos.

Hemos nacido para cuidarnos unos a otros. Pero para ello debemos ser capaces de observar las necesidades, deseos y preferencias del prójimo. Y además tenemos que *querer* hacerlo.

Todos hemos tratado con gente que no tiene ni idea de las necesidades del prójimo. Te oyen toser, pero no te ofrecen agua. Estás hablando por teléfono y dices en voz alta para que todo el mundo te oiga: «Necesito anotar esto», y nadie te ofrece papel o bolígrafo. Entras en la tienda empujando un cochecito o llevando un montón de paquetes, y no te ayudan con la puerta. Alguien entra en tu despacho y se pone a hablar contigo, sin prestar atención al hecho de que estás claramente inmerso en una tarea complicada.

Tal vez por eso, cuando encontramos a alguien que se preocupa de nosotros de forma palpable, que nos facilita la vida, que observa atentamente lo que hacemos, que «nos entiende», caemos rendidos. El único atributo que tienen en común estas personas a las que les importamos es su capacidad de observar e interpretar lo que está sucediendo y, por tanto, de comprender lo que se necesita en ese momento. Se trata de desarrollar la conciencia del entorno con la intención de mostrar nuestro interés.

La vida es mucho más gratificante, interesante y, sencillamente, feliz cuando somos buenos observadores. Tiene sentido: ser consciente de las necesidades y los sentimientos de los otros, y atenderlas, por fuerza mejora las relaciones.

Qué bonito es cuando un esposo, al ver que su mujer, que teletrabaja, no se ha movido de su escritorio en tres horas y oírla suspirar varias veces mientras se esfuerza por cumplir un plazo, le trae su bebida favorita. O cuando alguien te deja pasar por delante en la cola para que puedas hacer tus compras antes de que tu hijo, que está irritado, empiece a llorar. O cuando tu jefe, al notar que estabas más callado de lo habitual en la reunión, se pasa a preguntar cómo va todo.

Cuando me reúno con dirigentes de empresas, la conversación gira rápidamente en torno al factor humano. No importa de qué sector se trate; al final, todos estamos en el negocio de las personas. Este factor es el que más tiempo consume, especialmente para los líderes: interactuar con los demás y atender sus necesidades, problemas o preocupaciones. Ser humano es interesarse por los demás. Para interesarnos, debemos ser conscientes. Eso significa que hemos de ser capaces de observar y comprender.

La gente me pregunta qué observo. «Todo lo importante», respondo. ¿Qué es lo importante? Todo lo relacionado con las necesidades, los deseos, los miedos o las intenciones de las personas. Cualquier elemento de una situación que sea diferente, novedoso o inusual. Todo aquello que pueda causar malestar psicológico o contribuir a que alguien se sienta más cómodo o más a gusto.

No hay que ser Benjamin Franklin, Thomas Edison, los hermanos Wright o Marie Curie para ser un maestro observador. Lo único que hace falta es ser capaz de ver lo que importa y sacar conclusiones de lo que se ve.

La observación, aunque transmisible, es una habilidad perecedera que hay que alimentar y cultivar; está a nuestro alcance y dentro de nuestra capacidad. Y puedes empezar aquí y ahora. Te servirá para todo lo que hagas, desde la visita a una nueva ciudad hasta el inicio de una nueva relación o la gestión de negocios. Cuando se practica a diario, se convierte en parte de lo que eres. Te conviertes en esa persona que tanto admiramos por ser interesante y por tener interés. Tu influencia crece a medida que te vuelves más benignamente curioso, más observador, más consciente.

¿Quieres ser excepcional? Entonces haz lo que hacen cada día los individuos excepcionales. Observa el mundo con amabilidad, curiosidad e interés genuino, y él te recompensará de la misma manera. Te ayudará a pensar, te preparará para lo que tienes que decir y te sugerirá acciones que podrás llevar a cabo para ayudar a los demás o para mejorar tu propia vida a medida que se desarrolla.

Jane Goodall lo resumió mejor: «Solo nos importa lo que entendemos, y solo si nos importa, estaremos dispuestos a ayudar». Es así de sencillo. Si de verdad quieres ser excepcional, empieza por esta poderosa y necesaria habilidad que abre el camino a la comprensión y nos lleva al conocimiento y la atención: la capacidad de observar.

CAPÍTULO 3

Comunicación

DE INFORMATIVA A TRANSFORMADORA

Al adoptar tanto las habilidades verbales como las no verbales, podemos expresar las ideas de forma más eficiente e intencionada, apelando al corazón y a la mente y estableciendo vínculos que fomentan la confianza, la lealtad y la armonía social.

> *La comunicación es la habilidad*
> *más importante de la vida.*
> STEPHEN R. COVEY,
> *Los siete hábitos de la gente altamente efectiva*

Todos los viernes, los jóvenes agentes del FBI en formación –y los agentes de campo como yo, de vuelta en la Academia del FBI en Quantico (Virginia), para la formación continua– hacíamos nuestra carrera matutina antes de que empezaran las clases a las ocho y cuarto de la mañana. A veces corríamos en pequeños grupos informales, otras veces solos.

En cualquier caso, nada más empezar a correr por la «carretera de Hoover» (llamada así por J. Edgar Hoover, director del FBI), veíamos que alguien se acercaba por detrás. Este individuo nos alcanzaba, decía «buenos días» y se unía a nosotros durante el resto de la carrera.

Ese saludo matutino no procedía de otro asistente a la Academia ni de uno de los instructores. Venía de Louis Freeh, el director del FBI, mi jefe y el hombre a cargo de más de treinta mil personas.

Se lo podría haber confundido con un agente por su aspecto juvenil, su pelo corto y su paso rápido. ¿Por qué estaba allí, a ciento veinte kilómetros de Washington, todos los viernes? Es cierto que esa misma mañana asistiría a la graduación de los nuevos agentes en formación. También es cierto que no le gustaba Washington ni su política y le encantaba escaparse. Pero el verdadero motivo, como nos contó a un grupo de agentes, era que quería saber lo que pensábamos. No quería que se lo dijeran los jefes de unidad, los jefes de sección o los subdirectores de la central.

El director Freeh se negaba a dejar que nadie del cuartel general lo acompañara. Sabía que la mejor manera de obtener información clara y sin filtros era estar «en las trincheras» con la tropa.

Y no dudábamos en contarle cómo los agentes de Nueva York tenían que abandonar la Oficina porque ya no podían permitirse vivir allí; cuánto tardaban algunos en ser asignados a su OP (oficina de preferencia), lo que todo agente anhela, especialmente si tienen hijos que se acercan a la edad de la escuela secundaria y cómo eso estaba provocando que los divorcios se dispararan, o cómo los cónyuges ya no estaban dispuestos a soportar las constantes mudanzas, entre otras cosas porque muchos ganaban ahora más que los agentes.

También le hablamos de los agentes especiales a cargo con políticas de puertas cerradas, de las estúpidas normas de la Jefatura —como la de que únicamente se puede aterrizar un avión de la Oficina desde el asiento izquierdo y no desde el derecho (en realidad, si eres un piloto cualificado, no hay diferencia)— y de cómo el voluminoso equipo de vigilancia que la Oficina estaba comprando era prácticamente inútil porque los sospechosos podían detectarlo fácilmente bajo nuestra ropa.

Eran las quejas cotidianas de los agentes, que nunca habrían llegado a sus oídos a través del escalón superior. No esperábamos que se resolvieran todas y cada una de las reclamaciones. Lo importante era que se tomaba el tiempo de escucharnos. Estaba con nosotros, cara a cara. Ningún director había hecho eso antes o después. Eso es lo que motivaba nuestra lealtad.

⊗⊗

La comunicación es la resina que mantiene unida a la sociedad. Es esencial para desarrollar y alimentar las relaciones. Nos permite relacionarnos de forma significativa con los demás, ya sea planificando el día con un ser querido, ayudando a un niño con dificultades o trabajando con un socio comercial a once zonas horarias de distancia. Nos comunicamos constantemente: información, instrucciones, requisitos, ideas, percepciones y descubrimientos; pero también nuestras necesidades, preferencias, emociones o deseos: «Dos billetes, por favor»; «Me gustaría devolver esto por una talla más grande»; «Necesito este informe para la reunión de personal del lunes»; «¿Y si lo hacemos así?»; «Me acabo de dar cuenta de algo»; «Esto no es lo que esperaba»; «Es urgente»; «Se te ve contento»; «Te echo de menos»...

Sin embargo, a menudo no prestamos atención a la comunicación hasta que falla: cuando un niño herido llama y nadie responde, cuando alguien nos hace el vacío, cuando las indicaciones son imposibles de entender, cuando no hay señales que nos ayuden a orientarnos, cuando los gobiernos no nos informan de la gravedad de una epidemia...

Somos una especie profundamente comunicativa, así que cuando no hay comunicación o esta es deficiente, podemos pasar enseguida de la perplejidad a la decepción, pasando por la frustración y el enfado. No obstante, para nosotros comunicarnos es algo natural; a veces damos por hecho que nos hemos comunicado claramente y, al descubrir que no es así, nos afligimos. Como dijo George Bernard Shaw: «El mayor problema de la comunicación es la ilusión de que se ha producido».

Este capítulo trata del tipo de comunicación que va más allá de lo puramente factual y funcional. Trata del tipo de comunicación transformacional, practicada por individuos excepcionales, que eleva la calidad de nuestras relaciones. Que nos permite colaborar y cooperar y saca lo mejor de todos los que participan en ella. Eso inspira –incluso transforma– vidas. La manera de hacerlo puede ser diferente en cada situación, ajustada a las circunstancias y a las emociones del momento. Por eso, en lugar de estrategias complicadas o guiones difíciles de recordar o de adaptar a tus necesidades, en este capítulo te ofrezco unas pautas para la comunicación y la creación de relaciones que puedes aplicar de forma flexible, sea cual sea el entorno en el que te encuentres.

En particular, exploraremos tres rasgos poderosos y comprobados que los comunicadores excepcionales transmiten en sus interacciones con los demás, en situaciones que van desde las rutinarias hasta las poco comunes:

1. **La solidaridad**: una empatía permanente basada en nuestra humanidad común.
2. **El reconocimiento**: la capacidad de expresar esa empatía reconociendo las experiencias, percepciones y emociones de los demás.
3. **La rectitud**: vivir dando ejemplo a los demás, comunicando confianza, fiabilidad y dedicación a lo que es moral y ético.

Siempre estamos comunicando

Desde que estamos en el vientre materno dando patadas, haciendo saber al mundo que estamos ahí, nos estamos comunicando. Los seres humanos somos transmisores vivientes de información.

Por el mero hecho de serlo, lo comunicamos todo, desde el ritmo cardíaco hasta la temperatura de la piel, pasando por la expresividad de nuestros ojos, que muestran nuestros deseos e incluso nuestros miedos, y todo ello antes de que abramos la boca o utilicemos nuestros dispositivos digitales. De hecho, *nunca* estamos en un estado en el que no transmitamos información. Incluso mientras dormimos, revelamos información sobre nosotros mismos (durante el sueño REM, por ejemplo). Si respiras, te estás comunicando.

Somos la especie más comunicativa de la Tierra. Sin embargo, a pesar de nuestra inigualable capacidad para expresarnos, cualquier terapeuta o directivo te dirá que la comunicación es el problema número uno en las relaciones humanas y en los negocios.

La mayoría deseamos comunicarnos de forma constructiva y precisa, pero a veces, a pesar de nuestros esfuerzos, cometemos errores.

Todos hemos cometido numerosos fallos en la comunicación, desde la vez que interpretamos mal un mensaje hasta esa ocasión en que, para nuestra vergüenza, enviamos sin darnos cuenta un correo electrónico justo a quien no debería haberlo visto.

Luego están los fallos garrafales que aparecen en los titulares, como cuando la nave espacial Mars Orbiter se desvió en 1999 porque el equipo de ingenieros de Lockheed Martin, en Denver, utilizó unidades de medida inglesas (pulgadas), mientras que los ingenieros de la NASA, en Pasadena (California), emplearon el sistema métrico más convencional y científico (milímetros). Ese fallo de comunicación le costó a la NASA, y por tanto a los contribuyentes, ciento veinticinco millones de dólares.

Sin alejarnos tanto de la Tierra, en marzo de 2019, un avión de British Airways programado para volar de Londres a Düsseldorf (Alemania), se dirigió accidentalmente a Edimburgo (Escocia), a una distancia bastante notable de más de ochocientos kilómetros de su destino previsto. Según las autoridades de la aerolínea, se había producido un «error de comunicación» porque alguien presentó un plan de vuelo equivocado.

De esto podemos asombrarnos y a veces reírnos, hasta que nos afecta a nosotros.

El dominio de la comunicación nunca es más importante que durante una crisis. Imagina que eres el director general de una empresa multinacional y once de tus trabajadores mueren en un día. Once vidas destruidas, sus familias devastadas, por algo que ocurrió en la empresa que diriges. Eres el responsable, todos están pendientes de ti. Ahora suponte que dejas pasar varios días antes de ir a consolar a los familiares de las víctimas. Luego, cuando por fin llegas, cansado por todas las molestias que supone lidiar con esta catástrofe, exclamas: «Quiero recuperar mi vida». ¿Qué acabas de comunicar?

Podrías decir que es una historia poco creíble. Pero es exactamente lo que ocurrió en 2010, cuando el director general de BP, Tony Hayward, se tomó su tiempo para llegar a Luisiana y luego pronunció esas palabras: «Quiero recuperar mi vida». Solo cuatro palabras que enmarcaron de forma indeleble su respuesta al terrible vertido de petróleo de la plataforma Deepwater Horizon, el peor de su clase en la historia de Estados Unidos, que se cobró la vida de once trabajadores de la plataforma, vertió más de doscientos millones de galones de petróleo en el golfo de México y dañó la vida marina de forma tan profunda que la recuperación podría llevar décadas, en términos de la molestia que le supuso a él personalmente. Esta incapacidad para comunicarse con rapidez, eficacia y empatía acabó costándole a Hayward su puesto de trabajo, empañó la reputación de BP y, sin duda, se estudiará durante décadas en las escuelas de negocios de todo el mundo.

Afortunadamente, la mayoría de nosotros no cometerá nunca un fallo de comunicación tan catastrófico y costoso. Pero, por desgracia, como somos humanos, estas cosas ocurren y seguirán ocurriendo. Y tanto si las consecuencias son mínimas como si son inconmensurables, los errores de comunicación no dejan de ser eso mismo, errores.

Llevo décadas estudiando los patrones de comunicación de los individuos excepcionales. Su habilidad no radica en la perfección, sino en su capacidad para conmover y motivar. Se esfuerzan mucho por comunicarse de forma verbal y no verbal con sinceridad, claridad y convicción, lo que solemos llamar hablar de corazón. Son muy conscientes de que sus palabras y acciones tienen consecuencias y buscan la manera de reconfortar, calmar las inquietudes, fortalecer las relaciones o inspirar. Sus mensajes resuenan por su capacidad de comunicar el único mensaje crucial que importa y que hace posible toda la comunicación productiva: que les importan las personas.

Interés

Pienso en mi recuerdo, tan vívido, del director Freeh corriendo junto a nosotros. Escuchando quejas. Nunca actuó como si eso fuera una carga. ¿Por qué? Porque le importábamos. Eso es lo que hacen los líderes excepcionales.

Tendemos a pensar que hay gente a la que se le da bien demostrar su interés y gente a la que no. Pero, al igual que con la observación, podemos aprender a comunicar mejor este interés por los demás si conocemos los elementos que lo componen.

¿Qué hacía exactamente el director Freeh para comunicar que éramos importantes para él? ¿Qué podemos hacer *nosotros*?

Si decimos que su manera de demostrar su interés era escuchándonos, solo estaríamos arañando la superficie. Examinemos la totalidad de sus acciones para comprender mejor cómo escuchan los seres excepcionales.

Dedicar tiempo

En primer lugar, el director Freeh nos dedicaba su tiempo. Más que el dinero, el tiempo es nuestro bien más preciado. A cada uno de nosotros se le asigna una cantidad finita. La forma en que lo utilizamos demuestra lo que valoramos.

Al dedicar un tiempo de su increíblemente apretada agenda a estar con nosotros, el director Freeh nos demostraba que nos valoraba, que se preocupaba. Y lo que es más: se trataba de ese bien tan preciado sobre el que diserto llamado «tiempo cara a cara». Este tiempo nos da la oportunidad de impartir y recibir información con mayores matices: cuanto más tiempo pasemos en presencia de alguien, mejor nos comunicaremos y mayores serán nuestras posibilidades de éxito juntos. No es de extrañar que hayamos llegado a depender de plataformas de videoconferencia como WhatsApp y Zoom: nos dan esa oportunidad de oro de estar juntos y vernos las caras.

Valoramos el tiempo a solas con las personas importantes de nuestra vida. Eso es lo que nos dio el director Freeh al levantarse a las cuatro y media de la mañana y conducir desde la zona de D. C. para ir a la pista de Quantico cuando sabía que los agentes estarían corriendo.

Crear oportunidad y proximidad

El director Freeh creó una oportunidad para expresar su interés en lo que teníamos que decir. No nos pidió que enviáramos por correo electrónico nuestras quejas. No nos mandó una encuesta *online*. Ni convocó una reunión para invitarnos a hacer «cualquier pregunta que tengan». Observó nuestros hábitos y comportamientos y se esforzó por situarse en un lugar en el que pudiera darse una comunicación sincera. En el ámbito de la contrainteligencia, también buscamos oportunidades para encontrarnos con oficiales de inteligencia hostiles (espías), a fin de tener la oportunidad de hablar con ellos. Observando sus hábitos alimentarios o su interés por los deportes, podíamos crear oportunidades para encontrarnos «casualmente» en un bar o en un restaurante, o incluso para jugar al tenis con ellos como pareja. Sin duda, en el mundo de los negocios, las personas excepcionales crean oportunidades para obtener información directamente de la fuente, lo más cerca posible a la primera línea de acción, a la vez que favorecen la creación de relaciones.

Freeh superó el espacio y la distancia para crear estas oportunidades de estar con nosotros. Eso nos demostró lo mucho que le importábamos. Se desplazaba para reunirse con nosotros en nuestro terreno, donde nos sentíamos cómodos y más dispuestos a hablar con franqueza. No nos citaba en la sede. No había reuniones individuales en su oficina. Ni un registro de quiénes venían a hablar. Se aseguró de que nadie se interpusiera. Esto era extraoficial, personal y cercano: correr codo con codo nos hacía sentir que estábamos juntos, que formábamos parte de una organización poderosa. Donde otros directores habían creado barreras (formalidad, formularios, cadena de mando, nombramientos), él las eliminaba. «Estaba con nosotros», literalmente.

Esto no es muy diferente de cuando un padre inteligente sabe que es poco probable que su hijo adolescente se preste a hablar de un tema delicado si lo convoca en la sala de estar para una «charla» o si invade el santuario de su dormitorio. Hay más probabilidades de que haya un verdadero intercambio de opiniones si la conversación se produce en un territorio neutral, o mientras se hace algo que al chico le gusta: tirar a la canasta, sugerir un paseo a una tienda para ver las ofertas o salir a comer algo que le guste. ¿Requiere más esfuerzo? Sí. Pero cuando te importa y cuando lo que intentas entender es importante, ¿no merece la pena?

Preguntar

El director Freeh no llegaba con respuestas. Llegaba con preguntas. De las que te hacen querer abrirte, como: «¿En qué oficina trabajas?», «¿Cómo van las cosas por ahí?», «¿Cuándo te transfirieron por última vez?» o «¿Cómo lleva tu mujer el estrés de la mudanza?». Probablemente había aprendido esta habilidad como ayudante del fiscal en la famosa oficina del Departamento de Justicia del Distrito Sur de Nueva York. Pero, sobre todo, era un hombre familiar. En su propia vida, las mudanzas habían sido difíciles y su mujer no dudaba en protestar cuando su trabajo interfería en su vida. Comprendía que sus agentes eran más eficaces cuando sus familias eran felices. Y por eso hacía esas preguntas cuidadosamente elegidas sobre las cosas que más nos importan.

¿Cuándo fue la última vez que tu jefe se detuvo a preguntarte cómo estás, cómo le va a tu familia o si tienes alguna idea para mejorar las cosas? Comunicar atención interesándose de verdad por los demás no es tan común como podríamos pensar. Y no, un buzón de sugerencias no sirve, ni tampoco los correos electrónicos masivos. Qué agradable es para el oído, y para la mente, que te pidan personalmente una opinión, una idea, una sugerencia, o simplemente hablar un poco más de ti mismo. ¿Cuándo fue la última vez que te ocurrió eso, o que lo hiciste por alguien? Lo pregunto porque eso es lo que hacen los individuos excepcionales.

¿Hablar directamente con el director Freeh servía para algo? En algunos casos, sí. En otros, no había nada que pudiera hacer, ya que, para empezar, el Congreso parecía incapaz de aprobar un presupuesto adecuado o a tiempo. Pero para nosotros lo importante no era que todo se resolviera, sino que al escucharnos directamente con tanta atención e interés, estaba haciendo algo que muchos no hacen: darles importancia a nuestras inquietudes.

Apreciar

Cuando paso por la zona de juegos infantiles de camino a la piscina del YMCA* donde nado, siempre me llama la atención la cantidad de niños que, con sus acciones, tratan de llamar la atención de sus padres o de sus cuidadores. Por desgracia, la mayoría de los adultos

* N. del T.: Son las siglas en inglés de la *Young Men's Christian Association*, conocida en los países de habla hispana como Asociación Cristiana de Jóvenes.

no se molestan en apreciar que Andrea acaba de realizar una voltereta perfecta o que Noah ha hecho su primera flexión de brazos, porque están pendientes de algún acontecimiento pasajero, probablemente insignificante, que siguen a través del móvil. O peor aún, dicen «muy bien» sin ni siquiera levantar la vista y en un tono monótono, lo que confirma lo que el niño ya sabe: que al adulto le trae sin cuidado. En momentos así, los niños tienden a rendirse o a intensificar sus intentos de llamar la atención.

Estos padres y cuidadores no les están dando valor a sus hijos. Todos hemos caído en esto alguna vez. Pero si lo haces con mucha frecuencia, al final no tendrá nada de raro que se ocasionen problemas duraderos, incluso heridas emocionales. Si tienes esa misma actitud en el trabajo como gerente, tampoco debería sorprenderte que tus empleados abandonen el barco a la primera oportunidad que se les presente. Los seres humanos buscan que se los valore legítimamente, ya que eso refuerza su autoestima.

Sé lo que es estar ocupado, hacer varias cosas a la vez, estar increíblemente concentrado en algo, estar físicamente, pero no estar presente. Sin embargo, también sé, por haber hablado con mucha gente, la gran importancia que tiene para nosotros que se nos reconozca y se nos valore. He escuchado infinidad de historias de trabajadores que se esforzaban mucho y que rara vez (o nunca) recibían reconocimiento, o de niños que tenían que competir constantemente con otros para recibir un poco de atención; décadas después, el sufrimiento sigue ahí.

Estar físicamente presente no es suficiente para demostrar a alguien que nos importa. Estar es lo mínimo. Es parte de nuestras obligaciones, como padres o como trabajadores. Es lo que se espera de nosotros. Para ser excepcionales, debemos demostrar nuestra empatía e interés mediante un acto intencional de apreciación.

La apreciación consiste en escuchar, presenciar, reconocer, observar o aceptar lo que alguien ha realizado o comunicado mediante palabras o acciones. Requiere interactuar de tal manera que el receptor se sienta reconocido, comprendido, consolado o consciente de que se lo valora y de que al menos hay alguien –tú, el oyente y participante– a quien le importa.

Esa apreciación puede adoptar muchas formas. A veces consiste en reconocer algo evidente, como cuando un niño muestra un moratón o un brazo escayolado y comentamos lo mucho que le debe de doler y preguntamos cómo se ha producido. Es el tipo de reconocimiento cotidiano que hacemos cuando alguien nos importa. A veces se trata de prestar toda nuestra atención a alguien que nos cuenta una preocupación que tiene o algo importante que ha sucedido. Otras veces consiste en valorar a alguien por el trabajo que ha hecho, por sus ideas o por su fidelidad a la organización. Todas las culturas que conozco tienen algún ritual formal de apreciación, incluso cuando se trata de una danza alrededor de una hoguera para ensalzar al héroe de la cacería.

Otra forma de apreciación es hablar mientras observamos, para demostrar que estamos escuchando, que comprendemos y valoramos lo que dice nuestro interlocutor. Y esto es crucial: se trata de intentar llegar a comprender la situación desde su punto de vista, es decir, lo que llamamos empatía. Apreciar es interesarse de verdad por lo que alguien ha hecho y experimentado o por lo que tiene que decir. Así es como demostramos que valoramos a esa persona. Infinidad de estudios han evidenciado que, a la hora de hacer negocios, lo que queremos es sentirnos valorados y respetados, que en la mayoría de los casos, la motivación principal no es el dinero, sino el reconocimiento y la apreciación.

Apreciar no siempre es fácil. Hay veces, incluso entre las parejas afectuosas, en que tendemos a no escuchar las explicaciones, a distraernos mientras nos hablan, a decir (o pensar): «Ya sé a dónde vas a parar con esto», o incluso: «No quiero volver a oírlo». También en los negocios hay muchas distracciones, prioridades y cuestiones que hacen que no prestemos atención a los demás. Sin embargo, ten en cuenta que eso es algo que no te puedes permitir, si de verdad quieres ser excepcional. Por lo general, los trabajadores no renuncian a causa de la organización, sino porque el responsable nunca se toma el tiempo de tener en cuenta sus inquietudes.

Prestar atención a lo que nos tienen que decir puede ser duro y desagradable, incluso doloroso; pero para ser excepcional, hay que estar dispuesto a apreciar al otro, a escucharlo. Porque no hacerlo equivale a no valorarlo, y no valorar a alguien es lo mismo que despreciarlo.

Como agente del FBI, he escuchado a innumerables víctimas a lo largo de los años contarme el desprecio que habían sufrido porque nadie, ni siquiera su propia familia, valoró lo que decían. Cuando un niño denunció que cuando iba en el coche con el clérigo este le puso las manos entre las piernas, los padres se negaron a reconocer lo sucedido. No lo aceptaron. Cuarenta y nueve años después, ese niño, ahora un hombre hecho y derecho, todavía recuerda esa violación física, pero recuerda aun más el dolor indeleble de tener unos padres que no lo creyeron y se negaron a profundizar en el asunto. Sigue doliendo, después de tantos años, el hecho de que nadie le hiciera caso.

No solo los individuos fallan a la hora de otorgar reconocimiento a los demás, sino también los grupos, las instituciones y los gobiernos. Cuando un gobierno no es capaz de admitir que ha causado sufrimiento o que, en algunos casos, ha sido responsable de asesinatos o incluso de genocidio, no se trata simplemente de no reconocer un acontecimiento histórico. Es un desprecio a las vidas humanas al no reconocer su sufrimiento. Deja una herida abierta y supurante que no se cura, especialmente cuando se agrava con la falta de disculpas por las malas acciones o la ineptitud perjudicial. Quizá no haya una forma más rápida de marginar a la gente que demostrando indiferencia ante su situación. ¿No es eso lo que pretende evitar el movimiento Black Lives Matter?

Elie Wiesel escribió: «Lo contrario del amor no es el odio, es la indiferencia». Como judío que había sobrevivido a un campo de concentración nazi, sabía muy bien lo que era ser tratado como un deshecho humano, y cómo se sentía cuando los gobiernos y la población, entonces e incluso después, no reconocían ni valoraban el sufrimiento soportado por seis millones de judíos. La apreciación es algo más que escuchar. Cualquiera puede hacer eso y luego simplemente quitarse de en medio. Apreciar consiste en prestar a los demás toda nuestra atención. Para eso hay que darles el tiempo y el espacio, incluso encontrar el lugar adecuado, para que se expresen libremente a sí mismos contando todo lo que han vivido. No podemos empatizar plenamente hasta que demos estos pasos activos para comunicar la apreciación. Como dijo Stephen R. Covey: «El deseo más profundo del espíritu humano es ser reconocido». La apreciación es el reconocimiento, en el presente, en el ahora.

Cuando Larry Nassar, el médico del equipo nacional de gimnasia femenina de Estados Unidos, fue condenado por abuso sexual, para muchas de las víctimas llegó finalmente el momento que esperaban, para que los tribunales reconocieran su dolor, su angustia y su trauma. Ser reconocidas por fin. Qué triunfo, después de décadas de sufrimiento. Por fin, alguien las escuchaba, y había consecuencias. Lo mismo ocurrió tras décadas de abusos por parte de sacerdotes en la Iglesia católica. Por fin, esos jóvenes, muchos de ellos ahora hombres, recibieron la aceptación y el reconocimiento que tanto buscaban y que necesitaban para poner fin a su tormento de hacía décadas.

En 2020 el exproductor de Hollywood Harvey Weinstein fue condenado por abusar sexualmente de mujeres. Se reconoció finalmente el sufrimiento de sus víctimas, y ese reconocimiento fue lo que inició el movimiento #MeToo. Si examinamos con atención la esencia de este movimiento en rápida expansión, se trata de aceptar y reconocer al fin el hecho de que algunos hombres poderosos utilizaron su posición privilegiada para abusar sexualmente de las mujeres mientras la sociedad hacía la vista gorda. Esa actitud de mirar hacia otro lado ya sea en una persona, un grupo, una profesión o un país entero equivale a no reconocer lo que sucede. Lo que estamos viviendo ahora, y con toda razón, es la explosión de esa rabia contenida, de esa tensión reprimida por saber que algo terrible ocurrió y que nadie estaba dispuesto a escuchar. La aprobación puede facilitar y elevar el debate sobre muchos de nuestros problemas más urgentes y delicados. Puede tener un efecto catártico y terapéutico, y sanar el corazón y la mente. Asimismo, puede utilizarse, a nivel transaccional, para validar el esfuerzo, la atención o las contribuciones de los demás, lo cual fomenta un entorno positivo y de colaboración. Pero, para esto, hace falta que quienes ocupan puestos de liderazgo, ya sea en instituciones, empresas, comunidades, escuelas o en el hogar, le dediquen el tiempo y el esfuerzo necesarios. Sí, deseamos la aprobación de nuestro mejor amigo. Sin embargo, con eso no basta. Con frecuencia, lo que verdaderamente nos reconforta es obtener el reconocimiento de las personas con mayor autoridad.

La valoración y el reconocimiento no deberían reservarse únicamente para acontecimientos traumáticos o importantes. Un trabajo bien hecho y la dedicación leal a una tarea merecen nuestra aprobación. A veces son las situaciones cotidianas con las que tenemos que lidiar —el niño que es objeto de burlas en el patio de recreo o la persona superocupada en el trabajo— las que necesitan aprobación. Eso es lo que distingue a los individuos excepcionales: observan, se dan cuenta de lo que sucede y disponen de recursos internos para apoyar y mostrar respeto y reconocimiento a los demás.

Hazte accesible: el primer paso para la aprobación

La aprobación requiere un esfuerzo. Hace falta estar dispuesto a comprometerse, a crear un entorno en el que sea posible una comunicación directa. A veces la oportunidad surge en el momento, o cuando alguien llama a tu puerta de forma inesperada en busca de ayuda. Y en ocasiones, como hizo el director Freeh, hay que crear la oportunidad. En la CBS se emite desde hace años un programa de televisión llamado *Undercover Boss** (Studio Lambert) en el que, cada semana, el propietario o director general de una empresa se disfraza y trabaja de incógnito en un puesto de nivel básico en su propia organización. Cada episodio es un testimonio de tres valiosas recompensas de estar presente y observar sobre el terreno: (1) proporciona conocimientos que no se obtendrían de otra manera, (2) ofrece una poderosa oportunidad para que los directores generales aprecien, reconozcan y valoren las preocupaciones y necesidades de los empleados y (3) permite que los empleados sepan que alguien con mucha autoridad se preocupa por ellos.

Invariablemente, cada propietario o director general sale mejor parado de lo que entró, más conectado con sus trabajadores, agradecido por la experiencia, y es capaz de ver la situación con mayor claridad. Y nosotros, los espectadores, celebramos la «gran revelación», cuando los empleados descubren con quién han estado trabajando. Lo celebramos porque, en cierto modo, desearíamos que nuestros jefes o quienes desempeñan puestos de autoridad se interesaran por nuestras circunstancias, pero esto no es nada común. Y no lo es porque la aprobación y el reconocimiento pertenecen al ámbito de lo excepcional.

George Logothetis es presidente y consejero delegado del Libra Group, un consorcio internacional que opera en los sectores de las energías renovables, la aviación, el transporte marítimo, la propiedad inmobiliaria, la hostelería y otros campos diversificados. Conozco a George desde hace dos décadas y lo he visto crecer como hombre, padre, empresario global y filántropo. Lo que me llamó la atención desde el principio sobre él y cómo llegamos a conocernos fue su inmensa voluntad y capacidad de comunicarse eficazmente, de sacar lo mejor de las personas y de conseguir que se abrieran. George viaja por todo el mundo para visitar las oficinas y filiales del grupo empresarial. «Visito todas estas oficinas,

---

* N. del T.: La versión española de este programa se llama *El jefe infiltrado*.

no porque tenga que hacerlo –dice–, sino porque para mí es importante escuchar personalmente la opinión de los empleados de nuestro grupo. Mirar a la gente a los ojos, escucharla, asegurarme de que todos tengan voz».

Piénsalo un momento. Podría decir fácilmente por videollamada: «Hola a todos, me alegro de veros; enviadme por correo electrónico cualquier cuestión o comentario». Pero no. Su esposa, Nitzia, una notable ejecutiva y psicoterapeuta con vocación humanitaria que creó y dirige el Instituto Seleni de Nueva York, un instituto de salud mental de renombre mundial, está de acuerdo: «George tiene que visitar estos lugares lejanos porque es su forma de ser, y no hay otra».

Habla con todo el mundo, desde el empleado recién contratado o el becario hasta el guardia de seguridad del vestíbulo y el experimentado ejecutivo multilingüe con un máster. Y a partir de esas conversaciones, puede tener la confianza de saber que todo está bien, o lo que hay que abordar. A todos se les da voz, se les da poder, se los escucha.

Esto es lo que significa comunicar que alguien nos importa. Apreciar. A cambio, George recibe una valiosa información que a veces, como me dijo recientemente, ha tenido un «impacto positivo enorme» en el éxito del grupo. Este tipo de comunicación personal, interactiva y práctica tiene consecuencias tanto inmediatas como a largo plazo, y por eso la propia Nitzia también es partidaria de ella. «Porque –como subraya– el pulso de la organización en un día cualquiera se ve en las relaciones interpersonales, cara a cara», no en un correo electrónico.

Hoy en día, ninguna organización puede permitirse el lujo de ignorar la aportación de cualquier persona, a cualquier nivel, que tenga conocimientos que ofrecer. Los días de la era industrial, la rígida jerarquía vertical, los jefes que no tenían que escuchar a los subordinados –que habían llegado a las ciudades desde las granjas y se sentían afortunados de encontrar un trabajo– han quedado atrás. Ahora, la persona que dirige el departamento de TI (tecnología de la información) sabe más sobre el sistema que mantiene la organización a flote que el director general.

Los líderes pueden tener una visión para la empresa, pero si no escuchan, están, como me dijo un fabricante alemán, «cojeando». Los que ponen en práctica esa visión tienen información de primera línea sobre lo que funciona, lo que no y dónde hay problemas, tendencias u oportunidades. Los ejecutivos con los que trabajo me dicen que, en la mayoría de los casos, son las conversaciones individuales con sus valiosos colaboradores a todos los niveles las que los mantienen informados de los problemas y circunstancias que afectan a la empresa.

Un director general con el que he trabajado durante años lo expresó en términos muy precisos: «Joe, puedo obtener la respuesta a cualquier pregunta que tenga de Internet o de un consultor. Pero tengo que hablar con mi gente en el departamento de logística para saber qué es lo que ralentiza el proceso desde el momento en que recibimos un pedido hasta que se envían los artículos. Ningún ordenador sabe lo que sabe esta gente».

Si no tienes una relación estrecha y de confianza con quienes más importan, es decir, con aquellos que están al tanto de todo lo que sucede, puedes volverte irrelevante en poco tiempo. El líder que no sale al campo, como hacía el director Freeh en esas carreras matutinas, pierde el contacto con la fuerza vital de la organización.

En su origen, la autocomplacencia es la falta de interés que se expresa en no estar dispuesto a escuchar a los demás y tener en cuenta sus opiniones, ni reconocer sus conocimientos e iniciativas.

Hay un coste que es todavía más elevado. Cuando los demás llegan a la conclusión de que nos traen sin cuidado, acaban adoptando el mismo desinterés. No esperes que nadie te diga la verdad sobre lo que realmente ocurre si no te has preocupado de fomentar la comunicación abierta. La confianza empieza y termina con la comunicación. No hay otro camino.

La aprobación puede ser un reto. Pero es esencial para establecer la confianza y unas relaciones sanas en casa y en el trabajo. Sin embargo, existe otra herramienta, de naturaleza silenciosa, que las personas excepcionales utilizan para comunicar que se preocupan y que prepara el terreno para obtener resultados transformadores.

Rectitud

¿Has estado alguna vez con alguien que te haya hecho sentir bien, solo por estar en su presencia? ¿Alguien a quien quisieras emular, que sintieras que está hecho de algo mejor, que te inspirara simplemente por ser quien es? Yo sí, y han venido de todos los ámbitos de la vida. Personas decentes, amables, en las que se puede confiar, que de alguna manera parecen elevar a los demás sin apenas esfuerzo. Para ellos no es un trabajo. Es la forma en que viven su vida. Si has conocido a alguien así, ¿te has planteado alguna vez que lo que estás presenciando —lo que están comunicando— es rectitud? La rectitud no es un concepto anticuado. La rectitud es hacer lo correcto. Es un comportamiento moral, íntegro, ético y honorable. Puede que lo hayamos llamado de otra manera de vez en cuando y a través de los tiempos, pero es la rectitud lo que valoramos. Es lo que siempre hemos buscado en aquellos incondicionales en los que podemos confiar. ¿Por qué castigamos y despreciamos a los funcionarios, entrenadores, políticos o líderes empresariales corruptos? Porque carecen de rectitud: hemos depositado nuestra confianza en ellos y nos han defraudado. Quienes tienen rectitud nunca nos defraudan.

La rectitud consiste en cómo te comportas día a día, cómo demuestras al mundo que eres responsable; que vives una vida con un propósito; que no te rebajas, ni buscas atajos, ni engañas, ni mientes, ni haces nada que perjudique a los demás deliberadamente; que lo inmoral, lo no ético o lo ilegal es algo que no soportas. La rectitud es la expresión del autodominio (ver el capítulo uno) en la vida cotidiana. Es lo que comunicamos a través de nuestro comportamiento, no solo cuando tenemos un buen día o cuando es conveniente, sino como una opción de vida.

La rectitud no es una actitud. Cuántas veces he oído esta frase del personal de recursos humanos y de los directores generales: «Contratamos por la aptitud, pero despedimos por la actitud»? Aunque una actitud positiva es importante, la rectitud es mucho más que eso.

La rectitud tiene que ver con los rasgos que comunican que esta persona es responsable y digna de confianza, que no manipulará la contabilidad, que no meterá la mano en la caja, que no se llevará lo que no le pertenece, que no engañará a los demás, que no tomará un poco más para sí misma, que no infringirá las normas, que no tomará atajos ni escatimará esfuerzos. A través de su comportamiento y sus acciones, estos individuos nos comunican que podemos contar con ellos, acudir a ellos con confianza y tener fe en que no nos defraudarán. Conozco a gente que no puede decir eso de los miembros de su propia familia, y muchos que no pueden decirlo de aquellos con los que trabajan. Por eso, en el mundo de los negocios, en el que con demasiada frecuencia reina la ley del más fuerte, una persona con rectitud es un tesoro.

Quienes viven con rectitud saben que llevar una vida ética no solo es lo correcto, sino que tiene un gran impacto en otros. Ya sea por razones religiosas, por mantener las normas que su familia y sus mentores les transmitieron o por su propia reputación, se han propuesto llevar una vida de rectitud y, al hacerlo, influyen positivamente en los demás. Su motivo es irrelevante; lo único que importa es que vivan y actúen así de forma coherente. Eso es lo que los hace tan notables e influyentes.

No hablaría de la rectitud si no fuera porque hay muchas personas que nos defraudan, que no viven una vida de rectitud que nos permita decir que te confío las llaves del edificio, que cuides de mis hijos, que administres la medicación de mi madre cuando no estoy en casa, que lleves a cabo negociaciones complicadas sin supervisión. Aunque mucha gente ocupa puestos de confianza, eso no significa que se pueda confiar en ella. Fíjate en cuántos escándalos de abusos sexuales o financieros han sido perpetrados por personas en puestos de confianza que en realidad no eran de fiar porque carecían de rectitud.

Somos lo que hacemos cada día, tanto si alguien nos ve como si no. Los individuos excepcionales llevan una vida ejemplar comunicando rectitud verbal y no verbalmente, día tras día –no solo cuando las cámaras están en marcha, la puerta de la oficina está abierta y el balance es bastante bueno–, sino a puerta cerrada, cuando nadie mira, fuera de horario y, sobre todo, bajo presión. El hecho de que no vacilen es un sello de su rectitud.

La rectitud comienza como un estado de ánimo, una filosofía, por así llamarla. Pero solo puede existir cuando se comunica de manera activa a través de las palabras y los hechos. Si comunicas la rectitud como una práctica y un hábito diarios, entonces, cuando llegue una crisis y necesites reunir a las tropas, o necesites aprovechar tu reputación para pedir favores, se te responderá, se te creerá o se te prestará atención, precisamente por tu reputación establecida de rectitud. ESO es la influencia. Como dijo Albert Schweitzer: «El ejemplo no es lo principal para influir en los demás. Es lo único». Y es muy poderoso.

¿Cómo transmites que tienes rectitud? Demostrando a través de lo que dices y haces que vas a exigirte al máximo, que las reglas y las leyes no son maleables, que los límites existen y deben ser respetados, que todos los individuos tienen y merecen tu respeto y que tú representas algo. Que tu carácter, tu reputación, es más importante para ti que cualquier bien mundano que alguien pueda ofrecerte. Que no te pasas de la raya en lo moral o en lo legal, ni siquiera en la apariencia, porque no eres así.

En resumen: comunicas rectitud viviendo la vida como si estuvieras siempre bajo examen, como si dieras ejemplo... porque lo haces.

Mi padre rezumaba rectitud. Incluso cuando dirigía su propia pequeña ferretería en Miami, hacía cola como los demás clientes para pagar una bolsa de ocho clavos galvanizados que necesitaba para arreglar una valla. Podría haberlos tomado sin más. Nadie se habría dado cuenta, y además era su tienda, pero él vivía la honestidad como un hábito diario. No tenía que darme lecciones de integridad; toda su vida era un ejemplo de ello. A lo largo de mi vida, fueron innumerables las veces que la gente se acercó a mí para decirme: «Tu padre es un hombre estupendo, un hombre honrado». Su rectitud era ejemplar para los conocidos y los desconocidos. Era un hombre humilde que no decía palabrotas, que no hablaba mal de los demás, que hacía cualquier cosa por su familia siempre que fuera correcta. Todo un ejemplo.

¿Qué influencia tiene el poder de la rectitud? Me acuerdo de lo que sufrió Nelson Mandela en la cárcel, donde fue obligado a realizar trabajos forzados. En su libro *El largo camino hacia la libertad*, cuenta que la prisión estaba bajo el mando de alguien conocido por su dureza. Alguien que convirtió en un infierno la vida de los prisioneros, haciéndoles trabajar hasta la extenuación o negándoles ropa de cama o mantas para evitar el frío. Pero Mandela tenía algo a su favor que no le podían quitar: la rectitud. Estaba firmemente convencido de que defendía lo correcto y de que los que lo encarcelaron estaban en el lado equivocado de la historia. Nelson Mandela no se doblegaba ante la presión, incluso cuando eso significaba que su mujer no podía ir a verlo, que le quitaban la ropa de abrigo y que le racionaban la comida para intentar que cediera. Cuando la comida era limitada, se aseguraba de que los otros prisioneros comieran primero. Cuando no había suficientes mantas, se aseguraba de que los más necesitados se mantuvieran abrigados aunque eso significara que él sufriera. Frustró todos los intentos de sus guardias por comprometerlo. Sencillamente, no renunciaba a lo que él y los demás presos políticos representaban. Era resuelto, incondicional; era el epítome de la rectitud, aunque no estuvieras de acuerdo con su política.

La rectitud de Mandela fue más poderosa que todo lo que le hicieron a él o a sus compañeros presos políticos. Su ejemplo se convirtió en una leyenda. Dentro de la prisión, los guardias sabían que se trataba de un ser especial: por muy inhumano que fuera el trato que recibía, seguía siendo humano con sus captores. Cuando fue liberado tras cumplir treinta y dos años de prisión, los que intentaron oprimirlo, los que lo encarcelaron, los que le negaron sus libertades, se habían convertido en sus fervientes partidarios. Su pureza de propósito, su creencia en la igualdad de todos, estaba consagrada en su carácter, un carácter que no cedería, y a través de su ejemplo transformador de rectitud, se ganó incluso a sus enemigos, los mismos que lo habían encarcelado.

La mayoría de nosotros nunca se enfrentará a lo que Mandela tuvo que hacer, así que veamos algunas formas de comunicar la rectitud.

Hablar, con y sin palabras

Las personas excepcionales se manifiestan a favor de lo que es correcto, y no esperan el lugar o el momento perfecto para hacerlo. Martin Luther King júnior habló con una elocuencia inolvidable ante el monumento a Lincoln, pero también lo hizo en las calles de las ciudades del sur, donde los policías blancos blandían sus porras mientras se soltaba a los pastores alemanes sin bozal para que mordieran a los ciudadanos negros, simplemente porque perseguían la igualdad. Habló en circunstancias espantosas, sin saber nunca cuándo lo detendrían, le golpearían, le dispararían o sería víctima de una bomba incendiaria, o si se convertiría en un negro más linchado en la noche por matones racistas.

Como él mismo dijo: «Llega un momento en que uno debe adoptar una posición que no es ni segura ni popular, pero debe hacerlo porque su conciencia le dice que es lo correcto». Y así lo hizo, con dignidad y respeto, incluso para aquellos que no lo respetaban.

El doctor King, que había estudiado a Mahatma Gandhi y su lucha por la independencia de la India a través de la no violencia, comprendió que los mensajes no son simplemente palabras, sino también la imagen de cómo nos comportamos, lo que ahora llamamos nuestra presencia no verbal.

No se escondió en las sombras, ni actuó con odio al amparo de la oscuridad como los encapuchados del Klan* que lo odiaban. Estaba en primera línea, dando ejemplo, comunicando abiertamente su creencia en la igualdad de la humanidad mediante manifestaciones no violentas. Él también tenía un espíritu amable y gentil.

Adondequiera que fuera, el doctor King iba inmaculadamente vestido, como si fuera a pronunciar un sermón dominical y, en cierto modo, así era. No importaba el calor y la humedad, no importaba que los cañones de agua de la policía lo esperasen a él y a sus seguidores, ni que los perros tirasen de la correa para desgarrar la ropa y la carne, sabiendo que le iban a escupir multitudes de blancos enfadados, a arrojarle basura, él estaba allí; siempre digno, con aplomo, sin mostrar miedo, con las camisas planchadas, los zapatos limpios y pulidos, sus palabras bien preparadas, comunicando con una dignidad y una certeza inquebrantables que el racismo era un «cáncer lleno de odio» en Estados Unidos, y que, le gustara o no, Estados Unidos necesitaba oírlo.

Nunca dio motivos para que se le faltara al respeto porque respetaba incluso a quienes pretendían, sin exagerar, destruirlo. Las conmovedoras imágenes de Martin Luther King caminando entre quienes pretendían hacerle daño, encabezando la marcha, demostrando una dedicación absoluta a la verdad frente al poder, darían la vuelta al mundo. Son un caso de estudio sobre el poder galvanizador del lenguaje no verbal y una lección sobre la importancia de hablar cuando una causa lo exige.

---

* N. del T.: Se refiere al Ku Klux Klan, grupo estadounidense de extrema derecha que proclama la supremacía blanca. Surgió en 1865, después de la Guerra de Secesión.

Los líderes excepcionales, los que realmente valen la pena, no esperan el momento perfecto para hablar. Hablan cuando más se necesita que lo hagan. La forma de comunicar su mensaje varía. Pero al final, de lo que se trata es de que eligen hacerse ver, escuchar y notar.

Este es nuestro deber: levantar la voz en los momentos importantes. Defendernos de los matones, los tiranos y los depredadores sociales de este mundo que pretenden causar daño, o de los órganos del Estado que lo harían. Cuando un empresario afirma: «No toleraré la intimidación ni el acoso sexual de ningún tipo», está enviando un mensaje poderoso. Por un lado, les está diciendo a sus empleados que se preocupa por ellos y, por otro, advierte claramente a los posibles infractores. Y cuando hay una situación de acoso, es al que le planta cara y dice «basta» al que valoramos, no a los que se quedan de brazos cruzados.

Greta Thunberg, una joven a la que se le ha diagnosticado el síndrome de Asperger (una forma leve de autismo), no ha dudado en decir lo que piensa sobre los peligros del cambio climático a los líderes mundiales. Ni siquiera el desprecio de los jefes de Estado la ha frenado. Como todas las personas excepcionales, sabe instintivamente y con sabiduría que el momento de hablar del cambio climático es ahora. Sabe que llegará un momento en el que no habrá vuelta atrás y habrá que actuar de inmediato. Así que habla ahora. No cuando se gradúe en la universidad, o en algún otro momento futuro.

Ahora es el momento de hablar, porque si no lo hacemos, ¿quién hablará por nosotros? Si quieres cambiar o mejorar el mundo que te rodea, habla. Si quieres ser excepcional, habla ahora, en el momento, cuando más se necesita.

Evitar las mentiras

Las mentiras no tienen cabida en el vocabulario de los seres excepcionales. Cuando un individuo, una industria o un gobierno presentan falsedades, deben ser cuestionados por quienes aspiran a ser excepcionales, sobre todo si también están levantando otras barreras a la comunicación: sembrando la desconfianza y atacando a quienes dicen la verdad.

Pensemos en la industria tabaquera, que durante décadas no solo mintió sobre los peligros del tabaquismo, sino que produjo investigaciones falsas para fomentar el consumo de tabaco a pesar de saber que causaba cáncer. O en Lance Armstrong, ahora desacreditado y despojado de sus siete victorias en el Tour de Francia, que además de hacer trampas y mentir al afirmar que no se dopaba para mejorar su resistencia, atacó a quienes lo denunciaron por sus mentiras. Eso no fue vergonzoso. Vergonzoso es olvidarse de comprarle a tu hijo un regalo de cumpleaños. Atacar y amenazar a los que dicen la verdad, eso es criminal.

Quienes comunican falsedades, quienes mienten repetidamente, quienes distorsionan la verdad para sembrar la discordia mientras atacan a sus críticos merecen nuestro más enérgico rechazo. Cuando los sectores industriales mienten, cuando los gobiernos o los presidentes nos engañan sea cual sea su motivo, ya se trate de la protección de los beneficios o de los accionistas, razones personales o agendas políticas, crean un entorno que acaba por desestabilizar la sociedad. Nos volvemos cínicos y perdemos la confianza en nuestras propias instituciones. Al fin y al cabo, como dijo Albert Einstein: «A quien le trae sin cuidado la verdad en los asuntos pequeños no se le pueden confiar los asuntos importantes». Así pues, un entorno en el que se pone en peligro la rectitud es un entorno que pone en peligro a la humanidad.

Nuestra responsabilidad ante las mentiras es denunciarlas y no repetirlas. Esto es tan importante para nuestro tejido social que, en 2002, la revista *Time* reconoció por primera vez a tres mujeres como Persona del Año porque fueron testigos de lo que sucede cuando quienes tienen poder mienten y no se quedaron calladas:

- **Coleen Rowley, abogada del FBI, denunció a sus superiores en la sede del FBI** por ignorar los primeros indicios de un plan para atacar a Estados Unidos el 11 de septiembre y por afirmar posteriormente que no había tales indicios. Habló para que el mundo supiera que los agentes sobre el terreno habían intentado hacer su trabajo y que llegaron a establecer conclusiones, aunque los responsables de la sede central se mostraran reacios a actuar.

- **Cynthia Cooper destapó por sí sola tres mil ochocientos millones de dólares en irregularidades contables** (nosotros las llamamos mentiras) en WorldCom, sacando a la luz un fraude masivo cometido por los altos ejecutivos de una empresa pública: una corrupción descarada a un nivel insólito. Sus esfuerzos arrojaron luz sobre un esquema fraudulento que habría hecho un daño aun mayor a los accionistas.

- **Sherron Watkins advirtió a sus superiores en Enron que la empresa estaba en peligro de colapso financiero.** Y así fue, porque los altos ejecutivos estaban cometiendo un fraude y mintiendo sobre ello a sus propios empleados, afirmando falsedades sobre el valor y la estabilidad de Enron para conseguir que invirtieran en una empresa que estaba básicamente hundida, insolvente y sin posibilidad de recuperación. Tenía razón.

Cuando estas mujeres responsables decidieron denunciar la verdad al poder, demostraron su carácter excepcional. Nunca olvidaron que la esencia de la ética (de hecho, su propia definición) consiste en hacer lo que beneficia a los demás: ya sea una nación, empleados, partes interesadas o el ciudadano medio. Eso significa que te importan lo suficiente como para comunicar la verdad, incluso si ello implica incurrir en la ira de los poderosos. Podrían haber mantenido la boca cerrada y no haber dicho nada. Pero ese no es el camino que toman los individuos excepcionales. Cuando tienes rectitud, estás a la altura de las circunstancias porque así es como te comportas cada día, incluso aquel en el que es necesario decir la verdad al poder.

Comunicar para motivar

La mayoría de nosotros no tendrá que poner a prueba su integridad moral en el escenario global ni se enfrentará a retos como los que tuvieron que afrontar Nelson Mandela o el doctor King; tampoco se verá en la tesitura de convertirse en denunciante de irregularidades. Sin embargo, lo que sí tenemos todos en común, aunque a menudo nos subestimemos, es el poder de motivar a otros a través de la comunicación.

Tengo la suerte de escuchar a gente de todo el mundo a través de mis conferencias, vídeos, entradas de blog, libros y entrevistas. He recibido miles de mensajes sobre cómo algo que escribí o dije ayudó a alguien a cambiar su vida, le ofreció una visión o lo animó a aprender más. Me siento honrado de haber ayudado a los demás de esta manera. Pero cuando me cuesta escribir una frase, cuando lucho por encontrar las palabras adecuadas al escribir un libro, lo único en lo que pienso es en mi responsabilidad de comunicar mis conocimientos lo mejor posible. Solo cuando recibo estos mensajes me doy cuenta de que realmente no tenemos ni idea de lo lejos que pueden llegar nuestros mensajes ni del impacto que pueden tener en los demás. Motivar a otros mediante la comunicación a menudo no tiene que ver con una retórica elevada o con elecciones de vida heroicas. Puede ser tan sencillo como saludar a alguien por su nombre cada mañana. Se trata de animar a otros a seguir adelante, a estudiar y leer más, a escribir lo que piensan, a hablar, a probar, a hacer algo diferente, a cambiar su vida, su comportamiento, o a esforzarse por hacer algo mejor.

Algo tan sencillo como decir: «Has tomado la decisión acertada, bien hecho» puede inspirar a una persona que se siente desanimada o que duda de sí misma. Afirmar: «Deberías estar orgulloso, te has esforzado mucho» puede alegrarle el día a cualquiera.

Nunca sabemos el efecto que tendrán nuestras palabras. Hace años, trabajando en la oficina del FBI en Tampa, recibí un día una llamada de la centralita del FBI en Washington, D. C. Este tipo de llamadas no son habituales, y me pregunté quién intentaba localizarme. Me dijeron que se trataba de una agente que estaba recibiendo formación en la Academia del FBI en Quantico, y que necesitaba hablar conmigo de inmediato.

Al otro lado de la línea había una voz que no me sonaba. Me dijo:

—Agente Navarro, soy Kylie, no se acordará de mí —(cierto)—. Estuve con su hija en la clase de octavo de primaria. —Seguía sin imaginármela—. Solo quería decirle que mañana me graduaré como agente y darle las gracias por haberme inspirado a elegir esta profesión.

No tengo palabras para describir la alegría que sentí al escuchar eso. A lo largo de veinticinco años de carrera, había hablado decenas de veces en escuelas de todos los lugares donde estaba destinado. Nunca imaginé que alguien escucharía una de esas charlas y diría: «Quiero hacer lo que él hace». ¿Qué habría dicho yo que impulsó a esta joven a querer dedicar los siguientes veinticinco años de su vida a una carrera? ¿O fue algo en mi forma de comportarme? Este es el maravilloso misterio de nuestra influencia positiva sobre los demás. Nunca olvidamos a alguien que se expresaba de una forma apasionada. Y todos tenemos el poder de comunicarnos así con los demás.

Tal vez tu visita a la escuela de tu hijo inspire a algún niño a convertirse en bombero, ingeniero, médico, veterinario, artista, cantante, investigador, atleta, electricista, bibliotecario o, simplemente, en un ser humano mejor.

En mis viajes, me encuentro con infinidad de personas que, fuera del horario de trabajo, son entrenadores de fútbol, enseñan técnicas de montañismo, dan clases de guitarra, participan en programas deportivos para jóvenes, enseñan a los estudiantes a programar y otras actividades. Otros son mentores en el trabajo, comparten información y enseñan a sus compañeros. Cuando la pandemia de COVID-19 estalló, muchos se enseñaron unos a otros a celebrar reuniones por Internet, a revisar y reestructurar los planes de estudio, a navegar por nuevos sistemas y servicios que cambiaban rápidamente, y a llevar a cabo innumerables medidas importantes que debían ponerse en práctica de inmediato. Otros compartían canciones, oraciones, poesías, obras de arte, humor, y hacían lo posible por levantar la moral de los demás en una situación abrumadora a la que la mayoría no se había enfrentado en su vida.

Estos individuos trataban de animar al resto, en la medida de lo posible, para que tuvieran un momento de paz mientras la calamidad golpeaba a su alrededor. Las personas excepcionales enseñan, comparten, educan, guían, asesoran y animan a sus semejantes no porque vayan a obtener una recompensa, sino porque es lo que deben hacer. Nada expresa con mayor rotundidad el «me importas» que comunicar nuestros sentimientos por medio de nuestras acciones. A medida que vayamos saliendo de esta pandemia, recordaremos esos pequeños actos que alguien realizó para mejorar nuestras vidas, aunque solo fuera con una sonrisa franca. Nunca se sabe lo que nos depara la vida, pero una cosa está clara: la forma en que vives tu vida puede inspirar a los demás. Cómo lo hagas depende de ti. ¿Quién dirá: «Eres alguien especial y quiero emularte»? Nunca se sabe.

En mis conferencias sobre liderazgo pregunto: «¿En qué lugar de la pantalla de tu ordenador o de tu mesa está la *carpeta de ayuda*?». Continúo explicando que, no, no me refiero a la carpeta donde pones todo aquello para lo que necesitas ayuda. Me refiero a aquella en la que llevas la cuenta de lo que has decidido hacer y lo que estás haciendo para ayudar a los demás. Esa carpeta, ya sea en formato electrónico o en papel, ha de ser prominente. Debe contener una lista de los asuntos en los que estás trabajando o en los que piensas trabajar para ayudar a los demás. Podría tratarse de enviar una carta de ánimo a alguien que está atravesando por un momento difícil (un amigo mío enviaba una tarjeta con una breve nota manuscrita cada semana a un vecino que estaba hospitalizado para un tratamiento médico de larga duración). O en dar clases particulares a un estudiante por Internet, orientar a un profesional nuevo en su empresa, echar una mano a un compañero de trabajo para que evite un escollo o asistir a alguien que está teniendo dificultades que no puede afrontar: ya sea hacer la compra para un vecino confinado en casa junto con la tuya o ayudar a una persona discapacitada a reordenar los muebles. Cuando tu carpeta de ayuda personal es considerable, dice mucho de ti y de tu carácter.

¿Quieres mejorar este mundo? ¿Quieres ser excepcional? Empieza ahora, hoy mismo, comunicando que te importan los demás mediante una vida de rectitud. No necesitas el permiso ni la autorización de nadie. Y en su mayor parte es gratis. Influye en quienes te rodean con tu comportamiento y te prometo que tanto tu vida como la suya cambiarán para mejor.

A través de mi estudio del comportamiento humano y de mi trabajo como *coach* de ejecutivos a lo largo de los años, he aprendido mucho sobre lo que hace que los comunicadores excepcionales sean tan buenos en los aspectos que comentamos anteriormente. A continuación, se ofrecen algunos consejos que pueden convertir a cualquier persona en un comunicador más eficaz, no solo en situaciones transaccionales simples, sino especialmente cuando se requiere colaboración, cooperación, negociación y sensibilidad. Si combinas estas prioridades con los principios anteriores, mejorarás significativamente tu influencia.

La primacía de las emociones

La primera regla de los comunicadores excepcionales es la siguiente: tratar primero las emociones; todo lo demás viene después.

Las emociones son lo primero

A muchos les cuesta aceptar esto. Queremos proceder con lógica. A veces es incómodo permitir que las emociones tengan un papel preeminente en las comunicaciones. Pero es necesario atenderlas primero, para que la lógica pueda ganar terreno. Tiene sentido, si entiendes la mente humana y el papel de supervivencia de las emociones.

¿Has tenido alguna vez una discusión con alguien y, cuando ha terminado, después de calmarte, piensas en todas las frases inteligentes que deberías haber dicho? Todos lo hemos hecho. No se te ocurrieron durante la discusión por culpa del «secuestro límbico» o «emocional». Cuando estamos alterados, emocionados, enfadados, asustados, disgustados —de hecho, en cualquier momento en que haya un fuerte malestar psicológico—, nuestro cerebro emocional (el sistema límbico), por razones de supervivencia, toma la primacía. Se apodera de nuestras vías neuronales; pensamos menos para poder hacer frente a las necesidades más apremiantes que podrían requerir que nos distanciemos mediante la huida (correr, escalar) o, si es necesario, que luchemos para sobrevivir. Esta cascada neuro-electroquímica se pone a funcionar al instante, anulando otros circuitos o cualquier otro factor que pudiera frenar o inhibir la respuesta del cerebro ante una amenaza percibida. Esa es la única manera en que podríamos haber sobrevivido como especie. También es la razón por la que se nos escapan esas frases inteligentes en el momento álgido, por la que olvidamos nuestro PIN cuando tenemos prisa y estamos nerviosos, o por la que tartamudeamos cuando el jefe nos hace una pregunta incisiva que no estamos preparados para responder.

De forma natural, entendemos la primacía de las emociones en muchas situaciones. Cuando un niño llega llorando por un incidente con un amigo, por reflejo lo atendemos con un abrazo y palabras de consuelo, a menudo antes de pedirle que nos cuente lo sucedido. Pero, de alguna manera, cuando se trata de adultos, nos desorientamos. Tal vez asumimos que la necesidad de consuelo está superada. Por eso, cuando vemos a un empleado con dificultades emocionales, nos parece diferente del niño que se encuentra en la misma situación. No es así. Ya se trate de un niño o de un adulto, lo primero que hay que atender son las necesidades emocionales. Algunos profesores les dicen a sus alumnos que «no se puede sumar estando triste o disgustado».* Esto también se aplica a los adultos. Cuando estamos emocionados o estresados, nuestra capacidad de pensar o rendir al máximo se bloquea.

Esta es otra manera de entenderlo. En realidad, las demostraciones no verbales de angustia no son diferentes de si yo me acercara a ti y te dijera: «Lo estoy pasando mal». Hemos evolucionado para comunicar las emociones de forma no verbal, de modo que quienes nos rodean puedan captarnos rápidamente sin tener que vocalizar. He comprobado que la mayoría de las personas en el ámbito empresarial demuestran que algo les molesta mucho antes de ser francas y decir algo. No ignores lo que ves simplemente porque no se exprese con palabras. Si está en la mente, es angustioso y aflora a la superficie a través de los comportamientos, entonces depende de nosotros abordar lo que está sucediendo tal como lo haríamos si alguien dijera: «Tengo que hablar algo contigo».

Durante la pandemia de COVID-19, habrás notado cuántas conversaciones por vídeo o por teléfono, incluso con desconocidos, empezaban con un «¿cómo están las cosas por ahí?». O «espero que tus seres queridos estén bien». De forma natural, extendemos estas invitaciones para hablar, aunque solo sea un minuto, sobre el estrés que está sufriendo otra persona porque podemos verlo en su cara o escuchar la tensión en el tono irritado, tembloroso o ligeramente jadeante de su voz.

En todo momento surgen ocasiones en las que es necesario dar espacio a las emociones antes de poder pensar. Los comunicadores excepcionales lo saben.

---

* N. del T.: «Mad or sad, cannot add».

Una compañera me contó la siguiente historia:

Una mañana, en el trabajo, un superior del que no dependía me amenazó profesionalmente por teléfono por no haber atendido una situación con la prontitud que, según él, merecía. Yo era una alta directiva, una empleada veterana y respetada desde hacía muchos años, y me dejó estupefacta que me hablaran así. Colgué el teléfono y me quedé boquiabierta mirando a mi escritorio y, sin saber qué hacer, había empezado a seguir con mis tareas cuando me llamó el jefe (esto no ocurre a menudo) y me pidió que fuera a su despacho. «Oh, genial —pensé—, ¿qué más puede salir mal esta mañana?». Llegué a su despacho, entré, nos saludamos y me senté. Silencio. Nos quedamos sentados durante unos segundos. Entonces me dijo algo así como: «¿Cómo van las cosas?». Y yo le dije: «Bien» (pensando: «¿Qué diablos es esto? El jefe no te llama a su despacho para charlar. ¿A dónde va a parar esto?») Un poco más de silencio. Entonces me preguntó si había pasado algo esa mañana. Y, me avergüenza decirlo, me eché a llorar.

No le conté todo lo que se dijo, pero resultó que no tenía que hacerlo. El otro ejecutivo lo había llamado (después me pregunté si pensaba que le iba a denunciar, o tal vez se sentía mal por lo que había dicho) y le dijo algo sobre nuestra conversación. Mi jefe y yo hablamos sobre lo que había que hacer a continuación; me hizo saber, por su conducta tranquila, que no era algo que le preocupara en lo que respecta a mí o a nuestra relación, volví a mi oficina y puse en práctica el plan, y nunca volvimos a hablar de ello.

Aprecié mucho que se preocupara tanto como para tomar la iniciativa de ocuparse de lo que yo pudiera estar sintiendo, en lugar de esperar a ver si se lo comunicaba, en cuyo caso tendría que tomar cartas en el asunto. Quizá me conocía lo suficiente como para saber que me lo tragaría y seguiría adelante. En cualquier caso, no tendría por qué haber dejado entrever que sabía algo al respecto. Pero prefirió consultarme.

Ahí está. Es así de sencillo. No hay que entrar directamente en asuntos de trabajo o transacciones comerciales hasta que no se aborden las emociones del interlocutor.

Antes de que las palabras puedan calmarnos a nivel racional, primero deben calmarnos a nivel emocional. Los seres humanos no somos grifos. No podemos apagar nuestras emociones a voluntad: recuerda que el secuestro límbico es una cascada electroquímica que tiene un arco natural antes de que volvamos a la normalidad. Por eso, si tenemos problemas, preferimos escuchar una voz tranquilizadora: «¿Puedo ayudarte?», «¿Estás bien?», «¿Prefieres dejar esto para otro momento?», «¿Quieres contarme lo que piensas?» o «No te preocupes, está controlado», en lugar de: «Lo siento, pero tienes que aguantarte. Todos estamos en el mismo barco, así que hazlo»; «Tienes que calmarte, chico»; «Ponte las pilas antes de que te vea el jefe», o, peor aún, «Por favor, no lloriquees en mi despacho». Las he escuchado todas.

¿Qué son estas últimas respuestas sino una falta de atención, reconocimiento o empatía? La negación de nuestras emociones a menudo nos hace sentir peor, nos deja insatisfechos. Una persona cuyos sentimientos han sido ignorados de esta manera no olvida pronto. Tal vez recuerdes momentos en los que te haya sucedido.

Por lo tanto, observa a tus compañeros y clientes en busca de las muestras de malestar que comentamos en el capítulo dos y que dicen: «No estoy de buen humor». Esos labios apretados, ese entrecejo fruncido entre los ojos entrecerrados, la mandíbula apretada o desplazada. Puede deberse a varias razones: tal vez haya llegado tarde a la reunión, por un atasco, y esté irritado por haber sufrido otro retraso más en el vestíbulo al tener que entregar el carné de identidad, hacerse una foto y esperar mientras se comprueba su nombre en la lista de invitados. El comunicador excepcional ve las muestras de incomodidad y se interesa por lo que pasa. Lo hace preguntando: «¿Qué tal el viaje?». Esto les da la oportunidad de respirar y contar la historia: «Siento llegar tarde. Hubo un accidente en la autopista que atascó el tráfico. Luego había visitas delante de mí en el vestíbulo». Y esa es nuestra señal para reflexionar y apreciar su experiencia: «Siento que hayas tenido un viaje tan complicado. Yo también he estado atascado en esa autopista. El lío del vestíbulo es un verdadero fastidio». Y luego tratar de mejorarla: «Por favor, siéntate. ¿Quieres un poco de agua?».

A veces todo lo que alguien necesita es espacio para desahogarse un momento: «Sí, estoy cabreado porque no he encontrado aparcamiento cerca y estoy empapado». Acepta eso primero: «Uf, yo me sentiría igual. Ven, déjame tomar tu abrigo. ¿Quieres refrescarte? El baño está al final de este pasillo a tu izquierda». Y luego ponte manos a la obra.

En resumen: cuando alguien tiene dificultades, las emociones están inevitablemente implicadas. Consigue que se sincere sobre lo que le molesta. No ignores ni quites importancia a lo que haya sucedido, por pequeño que sea. Reconoce sus sentimientos, ya que lo que ha vivido hoy también puede ser un cúmulo de acontecimientos; tal vez haya habido una serie de incidentes en vuestras interacciones que han conducido a este momento en el que las emociones están a flor de piel. Escucha lo que tenga que decir y averigua qué emociones le están afectando, sean las que sean: tal vez esté desconcertado, molesto, enfadado, decepcionado, cansado, triste, dolido, preocupado, frustrado, anhelante, irritado, etc. Los negocios pueden esperar. En primer lugar, hay que aclarar las emociones.

Si le ofreces una oportunidad para expresarse y no la acepta, no insistas. Las molestias pasajeras desaparecerán y algunas personas son reservadas o tienen mucho aguante. Pero si alguien sigue mostrando incomodidad, puede que haya algo importante que debas abordar cuando sea el momento adecuado. Verlo más cómodo en la silla, con la cabeza inclinada o asintiendo en señal de aprobación mientras escucha, con las manos más relajadas y abiertas, con una sonrisa que vuelve a su rostro, o tal vez empezando a imitar tus gestos y acciones, es la señal de que te está mostrando algunos de los signos no verbales que te permiten saber que ahora podría ser el mejor momento.

Tratar primero las emociones también establece o refuerza la relación social. Cuando se comunica el afecto y la atención, el otro percibe que estás verdaderamente interesado en su bienestar, no solo en llevar a cabo una transacción. Eso allana el camino hacia la confianza y la mejora de la comunicación. Si dudas de que el reconocimiento emocional pueda tener tanta relevancia, recuerda la ya famosa metedura de pata de Tony Hayward en el lugar del desastre del vertido de petróleo de BP que acabó con la vida y los recursos de tantas personas: «Quiero recuperar mi vida». ¿Hay vuelta atrás en una declaración así? Por lo general, no.

La construcción de una relación: el poder de la sintonía

¿Por qué hay personas con las que da gusto estar? Ya sabes a qué me refiero: esas que te hacen sonreír y sentirte repleto de energía, reconfortado, comprendido y atendido. ¿Qué las diferencia de los demás?

Pues que refuerzan y alimentan la relación con su atención. Por eso nos acercamos a ellas y queremos pasar tiempo en su compañía: nos sentimos bien en su presencia.

Tendemos a pensar que las relaciones se construyen una sola vez, normalmente al principio, cuando conocemos a alguien. Pero no es así. Los individuos excepcionales crean una buena relación cada vez que interactúan con los demás. Así es como nos ayudan a sentirnos cómodos y especiales.

Conozco a padres que se dedican a desarrollar cada día la relación con sus hijos adolescentes. Saben que para alimentarla tienen que adaptarla constantemente en función del estado de ánimo y las necesidades de sus hijos, pero aunque la forma varía, al final siempre viene a decir: «Estoy aquí y me importas». Algunos días eso puede requerir dar espacio al adolescente, preguntarle su opinión sobre algo, reconocer un problema, hablar de las necesidades frente a los deseos o cualquier otra acción que le diga: «Te valoro, valoro lo que piensas, pero por encima de todo eres importante para mí».

Los miembros de una pareja, si son conscientes, también han de construir la relación de vez en cuando, ya que las circunstancias, el trabajo, las finanzas y las responsabilidades pueden abrir una brecha entre ellos. En algunas familias, la relación se refuerza organizando cenas sin dispositivos electrónicos para que la armonía vuelva a surgir a través de la comunicación. En los hogares en los que todos comen a distintas horas, es conveniente planear eventos y salidas para estrechar los vínculos.

Seamos sinceros: las distracciones (agendas apretadas, dispositivos electrónicos) abundan, y todos nos dejamos arrastrar por ellas. Esa es la realidad. Pero si quieres cimentar la relación para que haya empatía, comprensión y aprobación en la comunicación, no dejes que nada te distraiga. Una alta ejecutiva de una institución financiera con la que trato utiliza la táctica de mostrarnos su *smartphone* y apagarlo cuando hay que hablar de temas serios o privados. Con el tiempo, todos sus empleados han seguido su ejemplo. Aprecian su voluntad de hacer hincapié en el aquí y el ahora, en ellos individual o colectivamente, sin distracciones. En palabras de muchos ejecutivos este es un gesto sencillo pero poderoso que dice: «Me importas; tienes toda mi atención».

En el ambiente laboral, te sorprenderías de la frecuencia con la que tenemos que construir una relación porque, aunque dependemos de la colaboración mutua, no hemos tenido el tiempo necesario para conocernos, nos vemos con poca frecuencia o trabajamos en plantas diferentes. Otras veces hay que enmendar la situación. En ocasiones, algunos incidentes que provocan tensiones o recelos exigen un acercamiento para restablecer la confianza y asegurar y alimentar las relaciones a largo plazo. «Es absurdo tener que organizar un retiro para ejecutivos con el fin de construir la relación; insisto en que lo hagamos tan a menudo como podamos», dice un ejecutivo de una red nacional de servicios de electrodomésticos. No espera al momento perfecto, ni a una escapada organizada por la empresa (que celebran todos los años para reforzar las relaciones), sino que lo hace a diario con cada llamada telefónica o interacción en el pasillo. ¿Por qué? Porque construir una relación no es algo que se deba racionar; por el contrario, hay que hacerlo siempre que se pueda.

Esta construcción siempre empieza en el plano emocional. El mensaje implícito es: «Lo que estás viviendo ahora me importa. Para que sepas que estoy en sintonía con tus pensamientos y sentimientos, trataré de averiguar cómo te sientes».

Ha habido veces en las reuniones con colegas en las que he tenido que decirle a alguien: «Mira, me doy cuenta de que estás molesto conmigo; es mejor que me lo sueltes, aprovecha ahora». Y me he llevado una bronca. Pero teníamos que pasar por esto porque ambos íbamos a seguir trabajando juntos, y prefería que se desahogara en mi presencia que a mis espaldas. Invariablemente, todo mejora cuando podemos hablar.

Estar en sintonía puede parecer una expresión extraña y, sin embargo, en cierto modo, describe a la perfección la construcción de relaciones.

Estar en sintonía con los demás implica reunir todas las capacidades que hemos analizado hasta ahora. Cuando uno ha practicado repetidamente la observación, ejerciendo una curiosidad benigna y dominando el arte de la comunicación no verbal, puede establecer este nivel comunicativo superior de comprensión y entendimiento.

En mi calidad de responsable de conseguir la cooperación de los delincuentes o la deserción de los espías extranjeros, esto era algo que debía hacer todos los días. Cuando estás con esos individuos, asimilas la totalidad de sus ideas, pensamientos, preocupaciones y miedos. En ese momento, no ves las cosas como «tú» y «yo», sino como «nosotros». Mientras te plantees lo que ellos deben plantearse, estás en sintonía, y lo perciben. Cuando dudan por miedo, lo entiendes; puedes empatizar. Cuando toman la decisión de cooperar o no, reconoces la dificultad de esa decisión, independientemente del resultado. Y aunque al final uno vaya a la cárcel y el otro a casa, habéis tenido esa relación que os ha permitido llevar a cabo vuestra tarea, y en ese momento os habéis compenetrado, incluso aunque el resultado sea decepcionante. Eso solo puede lograrse desarrollando una relación con alguien y estando en sintonía con él.

A través de la comunicación verbal y no verbal, de las preocupaciones y deseos compartidos y de la comprensión mutua de los peligros y las consecuencias, se puede llegar a un entendimiento desde la perspectiva del otro. Aquí tienes un ejemplo de esas conversaciones con alguien que iba a ser juzgado por homicidio en la Reserva de las Tribus Indias de Colorado, en Parker (Arizona):

–Pero si confieso, iré a la cárcel.

–Es cierto, pero la razón por la que estoy delante de ti es porque al parecer ya disponemos de suficientes pruebas para llevarte a juicio.

–¿Podría ser que no me condenaran?

–Sí, pero como sabes la suerte no siempre nos acompaña.

–Quizá.

–No, quizá, no. Estoy aquí en tu casa. Yo diría que eso es mala suerte. [Risita] Dennis, ¿en qué crees que consiste mi trabajo?

–En arrestar delincuentes.

–No, mi trabajo es conseguir información, y luego entregársela a un fiscal.

–¿Y?

–Y ese fiscal me va a preguntar: «¿El acusado colaboró o entorpeció su trabajo?». ¿Qué debo decirle sobre ti, Dennis? ¿Que me dificultaste la labor o que me la facilitaste?

—Bueno, no voy a firmar una confesión.

—Está bien, pero ¿ves el dilema en el que me encuentro? ¿Qué le digo al fiscal sobre ti? Verás, quiero decir: «Sí, Dennis metió la pata, pero reconoció su error y lo admitió». Eso es lo que quiero decir. [Silencio] Dennis, en esta ciudad, soy probablemente el único que no quiere matarte. Todos los demás, desde el alcalde hasta los líderes tribales y tus vecinos, te odian. Pero yo no. Tú lo sabes. Estoy sentado aquí a tu lado y no te odio. Estamos hablando, pero ahora mismo la conversación es un monólogo. Sé que te gustaría que nada de esto estuviera ocurriendo. Pero la realidad es que sí. De modo que tenemos que atravesar esto juntos, y yo estoy aquí solo para eso. Así que, dime, ¿cómo lo hacemos? Ayúdame a encontrar la manera, por favor. [Silencio más largo].

Ahora la comunicación no verbal entra en acción. Miro a Dennis con la cabeza ligeramente inclinada. Mis expresiones faciales son neutras. Soy paciente, como si esperara a que alguien terminara su café antes de separarnos. Nos miramos en silencio. Su instinto es permanecer callado: no quiere ir a la cárcel. Le he hecho saber que entiendo su reticencia. Pero lo he ayudado a ver a qué me enfrento: mi trabajo es mantener la seguridad de la sociedad. Mis esfuerzos no son personales; no tengo ninguna animosidad, y el caso está claro. Se lo he explicado, pero también he tenido en cuenta su punto de vista, y está empezando a considerar lo que le digo.

Al final, se aparta de la mesa, se cruza de brazos, exhala profundamente y dice:

—Escríbelo tú. Yo no sé cómo hacerlo.

—Lo entiendo. Lo escribiré, pero tienen que ser tus palabras, Dennis.

—De acuerdo.

En ese interrogatorio, que duró unas dos horas en total, llegué a apreciar la reticencia de Dennis, pero también me aseguré de que entendía mi punto de vista: comprendía que quería evitar ir a la cárcel, pero al mismo tiempo yo tenía un trabajo que hacer. Al final, nos dimos la mano y él colocó las muñecas juntas por delante para que pudiera esposarlo. Estábamos en sintonía.

En los negocios, la construcción de una relación puede adoptar muchas formas, desde ayudar a un compañero de trabajo que está desbordado hasta respaldar la declaración de un colega en una reunión o cooperar mientras se trabaja en una tarea conjunta. Tener un trato amable, unas buenas habilidades y una buena reputación son ventajas, pero nada tiene tanto poder como ser digno de confianza. Tanto si estás colaborando como si estás enfrentándote, como me ocurrió a mí con el sospechoso anterior, ser digno de confianza es esa característica que puede abrir el camino del éxito y crear una buena relación. Esto puede darse incluso cuando las partes son adversas. Para empezar, se necesita la confianza suficiente para iniciar una interacción. Una vez iniciada, la construcción de la relación puede ayudar a cada parte a dar pasos graduales hacia la otra. Los adversarios que son capaces de mantener este proceso el tiempo suficiente para salvar las diferencias refuerzan y aumentan su confianza mutua.

Cuando llamamos a alguien de nuestro círculo para pedirle su opinión sobre un posible jefe o cliente, en gran parte lo que queremos saber es si podemos confiar en él y trabajar bien juntos, es decir, compenetrarnos. Cuando los abogados y los ejecutivos llaman a antiguos colegas para conocer los «trapos sucios» de alguien con quien van a tratar, es posible que se hagan muchas preguntas: «¿Puedo confiar en este tipo?», «¿Cómo es su trato?», «¿Está dispuesto a comprometerse?», «¿Hasta dónde podemos llegar?», «¿Es bueno trabajar con él o es un auténtico imbécil?», pero todas se reducen a dos cosas: cómo va a ser la relación y si es digno de confianza.

Establecer esa relación vital necesaria para estar en sintonía con los demás es algo en lo que tenemos que trabajar. No siempre es fácil. ¿Vas a encontrarte con individuos que son sencillamente tóxicos, con los que es difícil trabajar y en los que no se puede confiar? Sí, y no hay una fórmula secreta para tratar con ellos, porque ellos eligen ser así. Es posible que nunca puedas entablar una relación con ellos. No pasa nada. Haz lo que puedas para que las cosas sigan su curso sin perjudicarte, guarda un buen registro de tus interacciones y no te fíes. Pero debes saber que habrá días mejores, y gente estupenda, que merecerá tu confianza y con la que estarás orgulloso de contar, como compañero, miembro de la comunidad o amigo. Cuando la encuentres, tu confianza y tus habilidades para establecer relaciones os pondrán en armonía, conectaréis rápidamente y disfrutaréis de lo que podéis conseguir juntos.

Estar presente

Una vez interrogué a un antiguo oficial de inteligencia soviético (lo que la mayoría de la gente llama espía) que resultó ser, a su manera, un hombre estupendo: agradable, erudito, y mi enemigo jurado, pero encantador, no obstante. Le pregunté:

—En el expediente he leído que viajaste a Viena para reunirte con tu fuente reclutada [que resultó ser un oficial militar estadounidense que espiaba para él]. Al hacerlo, te expusiste innecesariamente. ¿Por qué? No hacía falta que lo hicieras.

Él respondió:

—Tenía que verlo de primera mano. Mirarlo a los ojos, escucharlo directamente de él. Ningún informe, por muy bien escrito que esté, ni ninguna película [por aquel entonces no había vídeo] puede transmitir lo que soy capaz de ver estando cerca. Para conocer a tus amigos tienes que poder olerlos.

Nunca olvidaré esas palabras: «Para conocer a tus amigos tienes que poder olerlos». ¡Qué metáfora de estar presente, de poner las manos en la masa, de establecer una relación personal! Quería una relación a largo plazo con el norteamericano reclutado, y para él valía la pena estar en su presencia; aunque eso significara arriesgarse a ser identificado, lo peor que le puede pasar a alguien en el ámbito de la inteligencia.

Para establecer una relación, para comunicar que alguien te importa, para comprender de verdad a los demás, debemos estar presentes. Ser empático consiste en gran medida en estar ahí, ver, sentir, observar asiduamente, ser parte de la experiencia. Eso es lo que el director Freeh nos transmitía cuando se esforzaba por correr con nosotros. Su presencia comunicaba, mucho mejor que las palabras, lo que le importábamos.

Se necesita tiempo para estar presente. Puede que tengas que viajar para estar físicamente con los demás. Haz videollamadas. Levántate temprano o quédate despierto hasta tarde para conectarte con alguien en otra zona horaria. Estar en «su» horario es tu compromiso de estar presente y denota el esfuerzo que estás realizando para estar a su lado. Esto es lo que comunica George Logothetis cuando viaja por el mundo para visitar personalmente a los trabajadores de las oficinas del Libra Group.

Diez maneras de hablar con algo más que palabras

Las palabras son importantes. Pero cuando se trata de demostrar que alguien nos importa de verdad, es nuestra comunicación no verbal la que lleva la mayor parte del peso. Si tienes facilidad de palabra, aprovéchala. Pero ten en cuenta que el afecto se transmite, desde el primer al último momento, de forma no verbal: empezando por la sonrisa que nos resulta tan reconfortante cuando somos bebés hasta el tono de voz que transmite nuestra alegría al ver a alguien, pasando por la reacción exquisitamente sensible que tenemos, nervio a nervio, cuando alguien simplemente nos frota la espalda o nos toma de la mano cuando estamos asustados, tristes o enfermos. A continuación, veremos diez ejemplos de expresiones no verbales que causan impresiones positivas imborrables. Como mínimo, pueden aportar calidez a una acogida fría o escéptica. En el mejor de los casos, te guiarán sin tropiezos por el camino de la creación de relaciones.

1. **Los pequeños gestos significan mucho.** Los que utilizamos para dar la bienvenida a los demás, los modales amables que les hacen sentirse especiales y cómodos, entran en el ámbito de la comunicación no verbal.

   Esa pequeña señal que transmites —quizá un simple gesto de la mano o un destello de los ojos alzando rápidamente las cejas a un conocido al otro lado de la calle— les hace saber que te importan. Tus brazos también pueden hacer que los demás se sientan incluidos; tu mano extendida hacia alguien que se acerca mientras estás hablando con un amigo dice: «Ven, únete a nosotros; forma parte de lo que estamos compartiendo».

   Incluso nuestros pies transmiten inclusividad. Por lo general, cuando hablamos con alguien, los dedos de los pies de cada uno están directamente mirando al otro. Aunque podemos girar las caderas para saludar a los demás, es cuando los pies giran hacia fuera cuando hacemos que alguien se sienta realmente bienvenido a unirse a nosotros.

   Los seres excepcionales se desviven para lograr que los otros se sientan cómodos y transmitirles que les importan. Tomarse un momento para acercarse a saludar a alguien o a un grupo puede significar mucho, sobre todo si eres directivo, alto ejecutivo o director general.

2. **Apresúrate.** Asegúrate de que la comunicación se realiza a tiempo. Esto es muy importante en los negocios. Demostramos que valoramos a los demás cuando los atendemos

y nos comunicamos con prontitud. Esto forma parte de la creación de relaciones y del reconocimiento: si es importante para ellos, también lo es para nosotros. A nadie, absolutamente a nadie, le gusta que le hagan esperar para recibir una respuesta. Algunos posponen el momento de decir que no. Ten por seguro que un no inmediato es mucho mejor que uno después de mucho tiempo, o que no responder. Las malas noticias tampoco deberían retrasarse, una vez que sepas claramente lo que hay que comunicar.

3. **Deja que se desahoguen.** Si las emociones de alguien están a flor de piel y hay tensión, una de las mejores estrategias es dejar que lo suelte todo. Recuerda la primacía de las emociones —que antes de tranquilizar con palabras, debemos calmar las emociones— y que nos sentimos mejor cuando obtenemos un reconocimiento de nuestra situación. La semana pasada, en el aeropuerto, vi a un viajero perder su conexión. Estaba irritado y se lo hizo saber al agente de la puerta de embarque. La experiencia nos dice que cuando alguien se encuentra en las garras del secuestro límbico, lo mejor es dejar que descargue sus emociones.

Si estás presente cuando eso ocurre, o si eres el blanco de los insultos:

- Intenta crear más espacio entre tú y la otra persona. Retrocede un poco. Inclina el cuerpo para no estar cara a cara.
- Centrarse en su cara en lugar de mirarlo a los ojos puede ayudar a reducir la ira.
- Decir «cálmate» rara vez funciona, pero bajar la voz y hablar con serenidad sí.
- Respira profundamente. Nos sentimos atraídos por quienes nos dan la impresión de mantener el control. Esta inspiración profunda y la exhalación prolongada, según he comprobado en mis investigaciones, envía un mensaje

subconsciente que indica al otro el camino para empezar a calmarse.

- Mantén los límites. Te preocupas por los demás, pero no eres un muñeco para que hagan contigo lo que les dé la gana. Cuando el desahogo sobrepasa el punto de lo razonable, es el momento de dar por terminada la conversación, aunque la conclusión no sea satisfactoria, o de distanciarse. Como señalé en mi libro *Dangerous Personalities* [Personalidades peligrosas], en ningún caso tienes la obligación social de ser una víctima.

4. **Ten en cuenta la forma de sentarte.** Las investigaciones sobre la comunicación (incluido el estudio de los primates) revelan que nos sentimos más cómodos cuando alguien se sienta ligeramente en diagonal con respecto a nosotros y no directamente enfrente. En el FBI evitaba sentarme justo enfrente de los sospechosos en los interrogatorios y, en la mayoría de los casos, lo conseguía. Sentarse o estar de pie en diagonal nos asegura que vamos a permanecer más tiempo cara a cara con nuestro interlocutor y que la conversación va a ser más relajada. En los negocios, se han realizado muchos estudios que concluyen que se consigue más sentado en diagonal, así que, si se trata de una reunión importante, plantéate encontrar el lugar adecuado y la posición óptima para llevarla a cabo.

5. **Asiente con la cabeza.** Inclinar la cabeza mientras los demás hablan aumenta el tiempo que la gente nos dedica y ayuda a que los demás sientan que eres receptivo y tienes una mentalidad abierta.

6. **Comportamientos de espejo.** El reflejo,* también conocido como eco corporal o isopraxis, es un atajo hacia el

---

* N. del T.: *Mirroring.*

subconsciente. Se ha demostrado repetidamente que la sincronía produce armonía. En otras palabras, cuando estamos conversando con otros, nuestros cuerpos se hacen eco o se reflejan cuando hay un alto grado de coincidencia en los pensamientos o sentimientos. Esto se traduce en confort psicológico. Lo vemos con la madre y el bebé, entre buenos amigos o colegas inmersos en una conversación productiva o entre enamorados en un café que se miran el uno al otro en perfecta sintonía.

Animamos a los demás a comunicarse más libre y abiertamente cuando reflejamos sus comportamientos. No me refiero a imitar de forma caricaturesca cada uno de sus movimientos, sino a seguir su pauta y su ritmo general: cuando se inclinan hacia atrás, nosotros también nos inclinamos; si piden una bebida, hacemos lo mismo. Piensa que al participar en una conversación es como si te hubieran invitado al espacio psíquico de alguien: estás relajado y atento, siguiendo las reglas de la casa con calidez y receptividad, como lo harías si estuvieras en la casa de alguien que conoces.

Cuando reflejamos a los demás de la manera adecuada, esto se hace de forma tan fluida y armoniosa que resulta imperceptible. En mi carrera en el FBI, cuando realizaba largos interrogatorios, el reflejo me resultaba muy valioso para conseguir que los demás cooperaran.

También se puede reflejar la actividad, como hizo el director Freeh al correr junto a nosotros. Puede ser tomar una bandeja de comida en la cafetería de la empresa y preguntar a una mesa de tus empleados si puedes unirte a ellos..., hacer cola en el bufé junto a todos los demás..., llevar tu bolsa con comida a la reunión de trabajo..., subirte al autobús para ir al retiro de la iglesia en lugar de conducir por tu cuenta..., hacer ejercicio con el equipo..., caminar por la fábrica y preguntar cómo van las cosas...

7. **El lenguaje espejo**. Reflejar las palabras también es poderoso. Si estás hablando conmigo y yo utilizo las palabras *problema*, *familia*, *carácter* y tú respondes utilizando palabras como
asunto, *esposa e hijos*, *personalidad*, no estamos realmente en
sintonía. Inconscientemente, percibiré que la importancia
y el peso que personalmente le doy a las palabras *problema*,
familia y *carácter* no están siendo apreciados o entendidos de
forma adecuada. Sí, estamos hablando, pero no nos comunicamos de forma eficaz, ciertamente no como si fuéramos
uno. Para comunicarnos eficazmente, debemos demostrar
que nos entendemos, reconociendo el valor que el otro da
a ciertas palabras. Cuando habla de la *iglesia*, o de los *nietos*,
o de su *bebé* (su perrito), esos términos tienen un peso y un
significado especiales; cuando nosotros también damos valor a esas palabras al utilizarlas, estamos ayudando a establecer canales de comunicación más abiertos. Al emplear esas
mismas palabras que otros usan, como descubrió el famoso
terapeuta Carl Rogers hace más de sesenta años, accedemos
a un nivel de la mente en el que esta sincronía resulta atrac-
tiva e influyente.

En el FBI practicaba constantemente el reflejo verbal. Un
día estaba a este lado de la frontera de San Luis, en el estado de Sonora (México); al siguiente estaba en la parte norte
del lado este de Manhattan interrogando a un desertor soviético o a un refugiado de Alemania del Este, o en Miami,
donde las guerras de la cocaína nos ponían en contacto con
jamaicanos, colombianos, cubanos o puertorriqueños. En
todos los casos, tuvimos que adaptarnos, tanto si hablábamos con informantes, testigos, víctimas, familiares, vecinos, sospechosos como con cualquier otro interlocutor de
interés informativo. No era solo una cuestión de idioma;
era una cuestión de valor de la palabra, y lo utilizamos en
nuestro favor para establecer una relación.

Si un neoyorquino de Queens te dice que fulano de tal «es un tío legal», eso tiene un significado especial. Responder «pero ¿confías en él?» indica que no acabas de entender lo que te ha dicho. En ese momento no estás en armonía. Recuerdo la primera vez que oí a un nativo de Tampa decir: «Es un *yankee*». Se trataba de una expresión malintencionada. Estaba claro que no se refería al equipo de béisbol. Reflejar no significa que haya que utilizar todas las palabras que usan los demás: algunas son groseras y denigrantes. Así que a veces no estaremos en armonía. Aun así, debemos reconocer el peso que otros dan a ciertas expresiones. Y en este caso, *yankee* designaba a cualquier persona del norte o recién llegada, un término heredado que aludía a los «carpetbaggers»* que llegaron del norte después de la Guerra Civil norteamericana.

8. **Presta atención a la primacía y a la recencia.** Escucha no solo lo que se dice, sino también en qué orden (primacía) y con qué frecuencia (recencia) se mencionan ciertas palabras y temas. Esto puede ser muy valioso para discernir qué es lo que preocupa a alguien, y para saber cuáles son sus prioridades o qué temas le interesan. Si un tema o incluso una palabra se repite con frecuencia, presta atención. La repetición puede arrojar luz sobre cuestiones no resueltas o subyacentes, incluso patologías.

9. **Toma notas.** Cuando las conversaciones son importantes, especialmente en los negocios, hay que tomar notas. Richard Branson, uno de los emprendedores más importantes del mundo, no se limita a escuchar; habla con todos los que trabajan para él, estén donde estén, y luego va un paso más allá en su búsqueda de claridad: toma notas. Para mí,

---

* N. del T.: Este término peyorativo se refería a las bolsas hechas con alfombras que llevaban muchos de estos recién llegados y está asociado con el oportunismo y la explotación por los forasteros.

esto demuestra que le interesa tanto lo que tienen que decir sus empleados que lo escribe para que no se le olvide. Lo que esta actitud transmite es claro: «Mensaje recibido, esto es importante para ti y para mí, tomaré medidas».

Imagina cómo mejoraría la comunicación y la relación únicamente con que nuestros jefes, gerentes, supervisores y líderes hicieran eso.

¿Cuántas veces has hablado con un supervisor y te has preguntado si servirá de algo, o si incluso lo recordará, ya que no lo ha anotado?

Otra buena razón para tomar notas: si hay problemas —y cualquier organización los tendrá— gana quien está mejor documentado. Lo aprendí en el FBI y en mi trabajo de consultoría privada durante los últimos dieciocho años. La memoria de trabajo, como se denomina, es falible. Los seres humanos nos equivocamos constantemente. Y ninguno de nosotros es inmune al olvido. Es difícil olvidar algo que tienes delante de ti en tu diario o en tu lista de tareas. Anótalo para recordarte que debes hacerlo, para inspirarte y para protegerte si es necesario, pero anótalo.

He descubierto una ventaja más de anotar las cosas. Gracias a la tecnología actual, ahora puedo tener comunicaciones cara a cara e instantáneas con clientes de todo el mundo. A menudo las personas que llaman están estresadas por un asunto concreto. Después de escuchar lo que tienen que decir, pido a todos los implicados que pongan por escrito sus ideas. No porque sea perezoso y no quiera tomar notas. Las tomo. Pero para mayor claridad, quiero que todos piensen en lo que dicen, en lo que vieron u oyeron y en lo que desean que refleje el acta.

En repetidas ocasiones, he comprobado que tras reflexionar y pensar de forma crítica, lo que destacaron inicialmente cambia, y siempre para mejor. Lo que en un principio mencionaron en primer lugar ahora puede quedar en segundo. Otros factores salen a la luz. Con menos emoción y más reflexión, los hechos se ven con mayor claridad.

Las emociones afectan a nuestra capacidad de observación. En nuestra conversación, permito a mis clientes que expresen sus emociones para que podamos, sobre todo ellos, discernir más claramente cuáles son los problemas clave. Estos aparecen en la versión escrita. Al final, también puede ser necesario dejar constancia escrita de un incidente, así que ¿por qué no hacerlo cuanto antes?

Esto es especialmente importante en situaciones de recursos humanos en las que los ánimos pueden estar alterados, o cuando ha ocurrido algo que es crítico para la empresa. Me parece que animar a los clientes a que escriban sus pensamientos y observaciones inmediatamente después de exponer el problema los ayuda a calmarse y a obtener mayor claridad.

No es posible comunicarse bien, como persona o como líder, hasta no entender con claridad. Para ello, hay que saber diferenciar entre lo emocional y lo factual; entre lo que alguien piensa y lo que sabe o sospecha. Para eso, poner las cosas por escrito es mágico.

10. **Asentir y añadir.** Hace décadas, un instructor vino a uno de nuestros seminarios en Quantico para hablar sobre cómo establecer una relación. Tenía una perspectiva interesante, ya que trabajaba en el teatro y, específicamente, en la comedia. Una de las cosas de las que habló fue de una técnica que había aprendido en la comedia de improvisación: asentir y añadir.

Básicamente, funciona así. Tu interlocutor dice algo: «¡Este trayecto es un asco!». Y tú contestas: «Es verdad que es un asco –asientes… y luego añades–: sobre todo cuando hay un accidente». Con esa única afirmación, le has hecho saber que lo escuchas, que lo apruebas y que lo entiendes. O bien te dicen: «Es un sabelotodo». Y tú respondes: «Lo es, ¿verdad? Siempre tiene que decir la última palabra». Basta con repetir lo que te ha dicho, y añadir algo para que vea que lo entiendes y que estás en sintonía. Esto es mucho mejor que responder: «Sí, claro», «Ajá», o limitarse a asentir con la cabeza. Por supuesto, a veces es suficiente con un movimiento afirmativo de cabeza. Pero para demostrar la aceptación de los pensamientos y sentimientos de los demás, lo mejor es asentir y añadir.

Por cierto, esto no significa que no se pueda estar en desacuerdo. Si estás completamente en contra de algo que alguien dice y lo encuentras objetable, no dudes en expresarlo. Pero hay formas de hacerlo con matices. Yo lo llamo el método de asentir, añadir y afirmar. Como antes, *estás de acuerdo* y *añades* algo, pero luego *afirmas* tus propios pensamientos o convicciones sobre el asunto. Puede sonar así: «Sí, los desplazamientos al trabajo son un asco, sobre todo en invierno». Después, tras unos segundos, afirma: «Pero la verdad es que es admirable cómo mantienen las carreteras abiertas después de una fuerte nevada». O puedes decir: «Estoy de acuerdo contigo: el trayecto es un asco y es pesadísimo, pero sin duda es mejor que el año pasado por estas fechas».

Que te importen los demás no significa someterse a lo que digan. Hay lugar para la propia opinión. Pero, en aras de la armonía, es más prudente asentir, añadir y afirmar.

Conozco a gente estupenda e inteligente que no es capaz de entender esto y estropea una conversación agradable corrigiendo pedantemente un pequeño detalle o discrepando abiertamente. .

Las conversaciones son mucho más fructíferas y colaborativas cuando todo el mundo sabe que tiene libertad para poder hablar y compartir sus ideas. No es necesario corregir o rebatir siempre lo que dicen los demás. Si te opones continuamente a lo que dicen, acabarán cansándose de hablar contigo.

El método del sanador

Esta última técnica de comunicación es una de las que he compartido con especialistas clínicos a lo largo de los años, pero que rara vez menciono en mis escritos. Es tan importante que le he dedicado una sección propia. Lo llamo «el método del sanador», pero se aplica a una gama de situaciones mucho más amplia de lo que su nombre podría sugerir.

Como estudiante de antropología, he investigado las prácticas de los chamanes o curanderos de todo el mundo. Cuando se piensa en ello, la buena salud emocional y física es el estado definitivo de confort y bienestar, y a menudo lo que hace el chamán o curandero es más psicológico que otra cosa. A través de danzas, encantamientos, sacrificios de animales, manipulación física de objetos, imposición de manos, el poder de la sugestión, drogas y, por supuesto, el efecto placebo, proporciona alivio y, en algunos casos, contribuye a la curación.

Al estudiar estas técnicas presentes en muchas culturas, y trabajar con profesionales de la salud para mejorar sus habilidades de comunicación, pude descifrar lo que hacen los sanadores más eficaces. De hecho, los médicos a los que los pacientes otorgaban habitualmente una alta calificación, porque pensaban que su salud había mejorado gracias a sus cuidados, utilizaban el método del sanador sin darse cuenta.

El método del sanador sigue esta secuencia: visual, vocal, verbal y táctil.

1. **Visual.** Al igual que una madre –que, por lo general, es la primera figura sanadora o cuidadora que conocemos– entra

en la habitación y hace feliz al bebé solo con su presencia, los médicos que entraban en la habitación con la bata blanca de laboratorio, el estetoscopio alrededor del cuello o claramente visible recibían las calificaciones más altas. ¿Por qué? Porque esos son los accesorios que en el mundo moderno asociamos con el sanador, es decir, el ser que nos proporciona bienestar. Un médico o una enfermera es esa figura arquetípica. La sonrisa del profesional de la salud, otro poderoso elemento visual, hace sonreír al paciente, algo que la propia Madre Teresa de Calcuta practicó y defendió cuando dijo: «Nunca sabremos todo el bien que puede hacer una simple sonrisa».

2. **Vocal.** A lo visual le sigue lo vocal –el tono de voz del sanador: agradable, interesado, comprometido– que invita a la conversación y crea bienestar psicológico. Este es un ejemplo de un médico de Tampa (Florida), que me permitió asistir a sus rondas matinales en el hospital: «¿Cómo está, señora Garza? ¿Cómo está el hombro?». El tono es reconfortante, no apresurado ni indiferente, lo que indica un interés genuino en su respuesta.

3. **Verbal.** Las palabras del médico se suman al efecto terapéutico: se preocupa, conoce las preocupaciones de la persona, la llama por su nombre. Este médico continuó: «¿Tiene un poco más de movimiento hoy? Déjeme ver cómo levanta el brazo».

Le preguntó con una sonrisa, modelando el movimiento con su propio brazo para que ella lo viera. «Es un progreso estupendo», añadió, examinándola de cerca, aprobando sus esfuerzos, y solo entonces tomó nota.

4. **Táctil.** A continuación, este médico tomó la mano de su paciente como tú lo harías con tu abuela (con la palma hacia arriba), no en vertical como se hace con un socio comercial, y le deseó que continuara la mejoría. Sin soltarla, le dio unas

suaves palmaditas en la parte superior del brazo con la otra mano. «Volveré a verla antes de irme», prometió, reforzando sus palabras con la firmeza de su mano; su sonrisa hizo que ella sonriera. A pesar de sus molestias, la señora Garza se deshizo en elogios hacia este médico y cuando se le pidió que calificara su dolor en una escala del uno al diez, después de su visita, lo calificó con un tres, mientras que antes lo había calificado con un cinco.

Yo diría, y muchos médicos a los que he entrevistado coinciden conmigo, que el efecto terapéutico no empieza con los medicamentos, sino con lo que se comunica de forma verbal y no verbal en el espacio en el que se produce la interacción: el contacto visual entre ellos, el personal y el paciente y, muy importante, lo que el paciente espera ver en ese entorno y en la imagen que el sanador proyecta. El tono de voz es clave –atento, sincero–, así como las palabras que se usan para explorar, mostrar interés y animar. Por último, el tacto, algo que nuestra especie necesita, cuando se aplica correctamente, cura. Como nos recordaba Helen Keller: «El paraíso se alcanza con el tacto».

Es tan sencillo como eso. No es mágico ni místico. Se trata simplemente de un ser humano en plena sintonía con otro y consciente de que la comunicación consiste en mucho más que palabras; de hecho, nos influimos unos a otros de manera visual, vocal, verbal y, finalmente, con el tacto. Lo experimentamos en primer lugar a través de unos padres cariñosos cuya mera presencia, tono de voz, palabras y caricias pueden hacernos sentir mucho mejor. Cuando subimos al avión y nos recibe el piloto, elegantemente vestido de uniforme, con una cálida sonrisa y un amistoso saludo, y quizá un toque en el brazo, también él está siguiendo el método del sanador. Está ahí para proporcionar ese apoyo psicológico que puede necesitar un viajero por primera vez. Solo cuatro sencillos pasos que influyen positivamente en los demás: fáciles de aplicar, profundamente poderosos cuando se emplean correctamente.

Hemos cubierto mucho terreno en este capítulo. Pero el mensaje central es este: la gente excepcional, por encima de todo, se esfuerza por comunicar, a su manera, que le importamos. Para el director Freeh, la forma de comunicar su interés era levantarse temprano y reunirse con sus agentes, literalmente, en la calle, fuera de las reuniones, fuera de los estrictos protocolos habituales, donde nos animaba a hablar con franqueza.

Viviendo con rectitud y haciéndonos dignos de confianza sentamos las bases de credibilidad necesarias para comunicar nuestro interés. Al comprender la primacía de las emociones y utilizarla, junto con la comunicación no verbal que inspira tranquilidad y apertura, para reconocer a los demás y comunicarnos de forma auténtica, les demostramos que nos interesan.

El interés inspira, renueva, motiva, calma y anima. Cada uno de nosotros tiene esta capacidad. Cuando los demás se sienten cómodos con nuestra atención, es así como, entre todos, nuestra comunicación pasa de ser informativa a transformadora. De este modo, unidos, podemos mover montañas.

CAPÍTULO 4

Acción

OPORTUNA, ÉTICA Y SOCIAL

Al conocer y aplicar el marco ético y social de la acción adecuada, podemos aprender, como los seres excepcionales, a «hacer lo correcto en el momento adecuado».

Haz tu trabajo y te conoceré.
RALPH WALDO EMERSON

—¡Detenlos! ¡Nos han robado!

Creo que ni siquiera colgué el auricular. Había sido una tranquila noche de primavera en los grandes almacenes Richard's de Miami, donde trabajaba después de clase durante mi último año de instituto. Se acercaba la graduación. Tenía en mente las becas de fútbol americano y la universidad. En esos pocos segundos, al escuchar la voz de mi jefe, todo estaba a punto de cambiar.

Entré en acción y me apresuré a cortarles la salida a los ladrones. Cuando vieron que trataba de impedir su huida, los dos hombres se separaron y se dirigieron a diferentes salidas. El que venía en mi dirección se abalanzó sobre mí sin vacilar, con el cuchillo de pesca de veintiocho centímetros que había utilizado para robar a los dependientes en la parte de atrás. Vi el brillo de la hoja y me giré

213

en el último momento. El cuchillo se hundió dos veces en la parte superior de mi brazo izquierdo, seccionando (como aprendería más tarde) el bíceps, el tríceps, la arteria braquial, el nervio cubital, el nervio medial, el nervio cutáneo inferior y el músculo braquial. Los músculos seccionados se retrajeron por la fuerza de los tendones y la sangre empezó a brotar mientras yo caía.

Al principio no sentí ningún dolor. Pero luego, cuando los músculos se contrajeron aún más, el dolor fue insoportable, hasta el punto de contorsionar mi cuerpo. Me desangraba tan rápido que la primera persona que acudió resbaló sobre la sangre del suelo y cayó a mi lado. Afortunadamente, llegó un agente de policía que había respondido a una alarma silenciosa durante el robo. Estaba empezando a desmayarme por la pérdida de sangre, pero él no me dejó. Hundió la mano tan profundamente que sus dedos desaparecieron en mi herida abierta, logrando taponar los vasos sanguíneos. Me salvó la vida.

Los periódicos locales me llamaron héroe, los políticos que pasaron por el hospital también lo hicieron, e incluso el entonces presidente Richard Nixon se tomó el tiempo de escribirme una carta, en la que me agradecía mi «valiente actuación».

Esta historia tiene un héroe, y no soy yo. Esto es lo que realmente sucedió: un chico de diecisiete años actuó pensando que ayudaría, y fracasó. Fracasé en detener a los ladrones. Escaparon, y el dinero nunca se recuperó. Fracasé porque cargué a mi familia con el sufrimiento emocional de mis tres semanas en el hospital, los meses de recuperación posterior y mi futuro incierto. Cuando las veintitrés ofertas de becas de fútbol se desvanecieron de la noche a la mañana, no estaba seguro de si podría asistir a la universidad ese año. Desde luego, no sería con una beca de fútbol; mi brazo había necesitado más de ciento cincuenta puntos de sutura por dentro y por fuera.

Eso es lo que ocurrió. Pero ni siquiera esa es la cuestión de la historia. La cuestión es la siguiente: la acción, incluso con las mejores intenciones, no ofrece garantías de éxito. Lo que aprendí aquel día en Miami fue que puedes hacer todo lo «correcto» —superar las expectativas, incluso seguir las reglas al pie de la letra— y aun así fracasar. Por eso es tan difícil intentar prescribir acciones específicas. Es algo que quizá funcione bien en una fábrica, pero no en la vida.

Cuando se trata de actuar en la vida real, las cosas que debemos o deberíamos hacer en un momento dado no pueden regirse por una lista de instrucciones, puntos de enumeración o listados de control. En algún momento, en un instante, como hizo el capitán «Sully» Sullenberger con su avión averiado, uno tiene que comprometerse a actuar: tomar el control de ese avión, incluso con los dos motores apagados, e intentar aterrizarlo, basándose en las habilidades que domina, pero no hay garantías.

Theodore Roosevelt dijo: «En cualquier momento de decisión, lo mejor que puedes hacer es lo correcto. Lo peor que puedes hacer es no hacer nada». El gurú del liderazgo Peter Drucker observó: «La gestión consiste en hacer las cosas bien. El liderazgo consiste en tomar las medidas correctas». Nadie discutiría estas afirmaciones. Pero ¿cómo saber cuáles son las «medidas correctas» que hay que tomar? ¿Cuál es la acción adecuada? Es una pregunta a la que nos enfrentamos constantemente como individuos, como padres, como ciudadanos y ciertamente como líderes día tras día.

Tus acciones diarias deciden tu vida: te otorgan credibilidad o la socavan, te hacen ganar amigos o enemigos, aumentan tu velocidad de comercialización o provocan tu caída.

Cómo actúas también es importante. ¿Actúas con alegría, entusiasmo, diligencia, cuidado y pensando en los demás? Solo tú puedes decidir no solo lo que haces, sino la manera de hacerlo.

Si buscas el camino más rápido para influir en los demás, lo mejor es la acción. La acción tiene un peso propio. Son los indicios no verbales que gritan: «Este es quien soy yo, esto es lo que me importa, esto es lo que pienso de mí y de los demás». Tus acciones, día tras día, te definen. Aristóteles tenía razón: «Somos lo que hacemos una y otra vez».

Y por eso vale la pena preguntarse: ¿eliges hacia dónde te diriges en la vida o dejas que esta te arrastre? La única manera de marcar la diferencia en nuestra existencia y en nuestro mundo es a través de la acción. De hecho, yo diría que el carácter es la suma total de nuestras acciones: lo que hacemos en cada momento de nuestras vidas y el efecto que nuestras acciones tienen en los demás.

Lo que nos lleva de nuevo a la idea de hacer lo adecuado. Es más fácil decirlo que ponerlo en práctica. Porque nadie es perfecto y todos hemos fallado alguna vez a la hora de hacer lo apropiado; o bien lo hemos hecho, pero los resultados no fueron los que esperábamos. La gente excepcional no es diferente. Actúa y a veces fracasa. Sin embargo, a la hora de analizar la acción existe algo más que esa dicotomía entre éxito y fracaso. La acción, cuando está bien planteada, tiene un poder único. A partir de aquí, empezaremos a distinguir lo que define las acciones de la gente excepcional.

En este capítulo, exploraremos los fundamentos éticos y prosociales de la acción correcta. Te enseñaré un protocolo para la toma de decisiones en torno a la acción que puedes aplicar en todo tipo de circunstancias. Se trata de un protocolo en el que la voluntad de actuar, de rendir cuentas y de trabajar en favor de los demás es primordial. ¿Por qué? Porque así es como actúan las personas excepcionales y los auténticos líderes. En el proceso, estarás preparando el terreno para diferenciarte de verdad y alcanzar un nivel de influencia que la mayoría ni siquiera es capaz de imaginar.

La acción define quiénes somos

Cada tres o cuatro días, un hombre en un carro tirado por un caballo visitaba el pequeño pueblo de Cuba donde viví hasta los ocho años. Iba casa por casa, preguntando si tenían comida para tirar —lo que algunos llamarían bazofia— para poder alimentar a sus cerdos.

Este sistema de reciclaje funcionaba bien: nada se desperdiciaba. Llevaba décadas haciéndolo, y todo el mundo lo conocía como *el guajiro*.

Por supuesto, el viejo olía mal y su ropa solía estar sucia, pero siempre tenía una sonrisa. Me alegraba verlo, ya que me dejaba acariciar a la yegua y a veces incluso me permitía sentarme en ella para jugar a ser un vaquero.

Pero lo que más recuerdo es cómo mi madre o mi abuela salían a recibir a este viejo curtido bajo el caluroso sol cubano, con un vaso y una jarra de agua helada en la bandeja reservada para nuestras cenas. Y no era una cristalería cualquiera: estaba hecha de forma artesana e importada de Checoslovaquia.

Observé esto tan a menudo que finalmente le pregunté a mi madre:

—¿Por qué le damos agua al guajiro con nuestra mejor cristalería, si a los niños no se nos permite usarla salvo a la hora de la cena?

—Porque se lo merece —contestó ella.

Esa fue mi primera lección sobre la acción, tal y como la vamos a definir: una acción fiable, que se lleva a cabo cuando es necesario, no solo cuando nos conviene, para mejorar la situación y valorar y atender a los demás, sea cual sea su estatus.

Mi madre y mi abuela se aseguraron de que nuestro invitado, por muy humilde, sucio y maloliente que fuera, recibiera lo mejor de nosotros.

Da lo mejor de ti mismo: ese es el contrato tácito por el que se rige la gente excepcional.

Décadas más tarde, le comenté este suceso a mi madre, buscando quizá una respuesta más profunda. «Así fue como me educaron —respondió—. Me enseñaron que tenemos una responsabilidad con los demás, que debemos preocuparnos por ellos». Como suelo decir, la verdadera medida de un ser humano es cómo trata a quienes no pueden hacer nada por él. Una lección que aprendí de mi madre a una edad muy temprana.

Nuestra propensión a la acción tiene múltiples raíces. Como señala Alan Jasanoff en su brillante obra *The Biological Mind* [La mente biológica], nuestra forma de actuar se basa en parte en la biología, nuestra identidad de género y nuestro ADN, así como en lo que nos inculcan nuestros padres, amigos, la escuela y otras instituciones, incluidas las organizaciones religiosas. Tuve la suerte de tener una familia cariñosa y atenta, en la que el ejemplo de la acción en favor de los demás se llevaba a cabo y se reforzaba una y otra vez. No todos somos tan afortunados. Sin embargo, tenemos libre albedrío y la capacidad de actuar para ayudar a otros: de ser solidarios, humanos, decentes y amables incluso cuando nuestros antecedentes o nuestra educación nos han creado obstáculos. Lo único que hace falta es querer. Y eso depende de nosotros.

Existe un contrato social explícito, aunque no escrito, que es evidente y se valida por sí mismo: sobreviviremos y prosperaremos si nos cuidamos unos a otros. Con raras excepciones, este contrato social se encuentra en todas las culturas estudiadas. Durante milenios, nuestros antepasados se lo demostraron recíprocamente generación tras generación, y en los últimos trescientos mil años aproximadamente, el *Homo sapiens* no podría haber sobrevivido sin él. De hecho, nuestro circuito neuronal lleva incorporado un mecanismo de recompensa por la acción social con el fin mismo de la supervivencia. El poderoso neurotransmisor y hormona oxitocina se libera cuando cuidamos de otros y establecemos vínculos con ellos. También segrega dopamina cuando somos atentos, amables y generosos con los demás. Esto ayuda a explicar por qué nos vinculamos a los bebés casi inmediatamente y por qué cuando ayudamos a alguien, nos sentimos bien después. Como nos recuerda Ellen Galinsky en *Mind in the Making* [La mente en formación], incluso los bebés están preparados para ayudar a otros, y al hacerlo habrá consecuencias sociales positivas, así como recompensas fisiológicas beneficiosas. La mayoría de nosotros cumple ese contrato no escrito pero vital, o lo intenta al nivel más básico. Cuando alguien se pierde, lo orientamos; cuando se cae, lo ayudamos a levantarse; cuando está deprimido, lo consolamos; cuando está en su momento de mayor debilidad, le prestamos apoyo. Pero ¿qué es lo que se tiene en cuenta en nuestras decisiones de acción, especialmente cuando las circunstancias son más cambiantes o complejas? Para empezar, depende de lo mucho que nos importe.

La acción y la inacción hablan en voz alta

Puedes afirmar que alguien te importa, que lo quieres, que eres esto o aquello, pero hasta que haya pruebas en forma de comportamiento demostrable son palabras vacías. En innumerables ocasiones, cuando mi trabajo en la aplicación de la ley me obligaba a comparecer ante un tribunal, escuchaba a personas testificar que el acusado era un buen padre, una buena madre, un buen hijo, un buen vecino. Luego, otro testigo declaraba sobre sus acciones, y la agradable fachada de «bondad» se derrumbaba.

Cuando se trata de actuar, sobre todo de hacerlo en beneficio ajeno, hay varios factores que entran en juego o deberían hacerlo incluso antes de la decisión de actuar o no. Son importantes tanto en nuestra vida privada como en el ámbito empresarial.

En el capítulo uno hablamos del equilibrio emocional como un componente clave del autodominio. Antes de poder actuar con sabiduría, necesitamos hacer una evaluación de nosotros mismos basada en la realidad para saber cuáles son nuestros puntos fuertes y débiles. De lo contrario, es muy fácil engañarnos, pensando que estamos preparados y somos capaces de actuar, y que las opciones que hemos elegido son impecables. Podemos equivocarnos en nuestra lógica y pensamiento por no averiguar nuestros propios ángulos muertos, por no tener en cuenta lo que otros tienen que decir o, francamente, por ser demasiado testarudos o ignorantes para saber qué es lo mejor, y así ser víctimas de lo que se conoce como el efecto Dunning-Kruger.

Los investigadores David Dunning y Justin Kruger descubrieron que los individuos de bajo rendimiento (léase: carentes de
autodominio y de capacidad real) «llegan a conclusiones erróneas
y toman decisiones desafortunadas, pero su propia incompetencia
les impide darse cuenta». Su inmerecida y a menudo injustificada
confianza en sí mismos los lleva a «mantener opiniones exageradas
sobre su rendimiento y capacidad». Así, incluso antes de actuar,
se ven abocados a hacer las cosas mal porque no tienen ni idea
de lo insuficiente que es su pensamiento. Y como carecen de una
idea realista, considerarán que sus acciones son apropiadas incluso
cuando fracasan, porque no son capaces de ser introspectivos. Se
necesita autoconciencia y ese componente superior, el autodominio, para entender cuándo carecemos de habilidad o pericia. En
otras palabras, el sello de una toma de decisiones correcta e inteligente es «ser buenos en saber lo que no sabemos» y también en
saber lo que no es un buen curso de acción; de lo contrario, cualquier decisión que tomemos nos parecerá bien.

La otra cara de la moneda, para algunos, es quedarse parali-
zados por el miedo y no actuar. En ambos casos, el autodominio
(capítulo uno) nos prepara para las posibles acciones que hemos de
realizar, basadas en la realidad y la capacidad; la observación (capítulo dos) nos permite comprender la situación en su contexto,
para poder actuar adecuadamente, y la comunicación eficaz (capítulo tres) nos faculta para dar y recibir la información y el apoyo
necesarios para llevar a cabo la misión. Los individuos excepcionales cuentan con todas estas capacidades a la hora de contemplar la
acción. Son especialmente decisivas en los negocios, donde no actuar adecuadamente puede tener consecuencias catastróficas para
una organización.

¿Necesitas un ejemplo? El Boeing 737 MAX.

Cuando empecé a escribir este libro, la corporación Boeing
había sido demandada por no preocuparse de la seguridad de
la tripulación y los pasajeros cuando los pilotos se quejaron de

problemas de *software* que hacían que el Boeing 737 MAX se comportara de forma errática en determinadas situaciones. Esos aviones fueron finalmente retirados del servicio después de que dos de ellos se estrellaran, causando la muerte de más de trescientas cincuenta personas. Boeing perdió millones de dólares en ingresos *cada día* que los aviones estuvieron en tierra y perdió asimismo la confianza de sus clientes.

Cuando algo no nos importa lo suficiente como para superar nuestros miedos y actuar, es posible que no investiguemos cómo funciona el producto final, qué piensa el cliente o qué puede percibir el público. No cambiamos el pañal, no llevamos al niño al médico a tiempo, no fregamos los platos, no hacemos lo que nos piden. Les fallamos a los afectados y a los heridos y fingimos que todo está bien. Retrasamos la respuesta a las necesidades urgentes de los demás. No actuar equivale a no tener interés.

La inacción nos define, sin duda, pero en los términos más negativos. Los que retrasan, niegan, vacilan, postergan, pierden oportunidades, ocultan la cabeza en la arena o son espectadores pasivos de los errores acaban pagando un precio. La falta de acción de los gobiernos durante el pánico del COVID-19 entre los años 2019 y 2021 ocasionó el fallecimiento, que podría haberse evitado, de miles de personas.

A nivel personal, las consecuencias perjudiciales de la inacción para un niño o un cónyuge pueden tener efectos psicológicos inmediatos y a largo plazo, como frustración, desconfianza, retraimiento e incluso depresión. A diario, los niños pierden la confianza en sus padres, las parejas se distancian, los clientes se pasan a la competencia y se destituye a los responsables por no haber actuado.

Se lo digo continuamente a los líderes empresariales: si tienes a alguien trabajando para ti que no se preocupa de su labor, pagarás el precio, porque puede que haga lo que se le pide, pero no con entusiasmo, no con el mismo compromiso que tú, y probablemente no de forma tan competente o completa. Contrátalo si quieres, pero no esperes que ponga todo su empeño ni que rinda cuando más lo necesites.

Hacer lo correcto depende tanto de *cómo* lo haces como de lo que haces. La actitud y el comportamiento son palabras clave que hablan más que las palabras. ¿No te sientes mejor cuando alguien actúa con diligencia, meticulosidad, minuciosidad, atención y presteza, en lugar de realizar la misma acción con apatía, desgana, esfuerzo irregular o incluso desdén?

Lo interesante de este componente es que está totalmente bajo nuestro control, incluso cuando casi nada más lo está. Sin embargo, pocos ejercemos plenamente este poder o comprendemos su influencia. Me recuerda el ejemplo de Nelson Mandela en el capítulo anterior. En la cárcel se vio frustrado y obstaculizado en casi todos los sentidos. Sin embargo, controlaba su actitud, y a través de su mentalidad, y las acciones derivadas de ella, llegó a convertir en aliados incluso a sus enemigos.

Solo tú puedes controlar tu forma de actuar. Pero ten por seguro que los demás se darán cuenta y les influirá.

¿Significa eso que no puedes tener un mal día? Habrá momentos en los que no actuemos o no lo hagamos a tiempo, y tendremos que afrontar las consecuencias. Pero un mal día no define quienes somos, aunque puede hacer que nos arrepintamos de nuestras acciones o inacciones y que los demás estén menos dispuestos a cooperar con nosotros en el futuro. Puede que haya diferencias que subsanar. Recuerda que lo que nos define es lo que hacemos habitualmente. La vida es una película, no una foto fijada en el tiempo. Lo que los seres excepcionales hacen con un mal día es proponerse lograr que el día siguiente sea mejor.

Una amiga me contó que su padre le aconsejaba: «Si para tomar una decisión esperas hasta tener toda la información que te gustaría conocer, nunca decidirás nada».

Es cierto que a menudo tenemos que tomar decisiones cuando no sabemos todo lo que quisiéramos antes de tener que actuar.

Pero la gente excepcional entiende que llega un momento en el que es mejor comprometerse con la acción y afrontar el resultado, sea cual sea, en comparación con el daño que seguramente se producirá al evitar la acción, retrasarla, dudar o esperar a tener todos los puntos sobre las íes o no actuar en absoluto, por miedo al fracaso.

¿Cómo sopesan lo que deben hacer? Se basan en el conocimiento, la historia, los precedentes, el estudio, la observación y la valoración de su propia experiencia personal. Se guían tanto por principios morales como por su comprensión de lo que ha funcionado para ellos mismos y para otras personas extraordinarias en el pasado.

Como tienen mucha más información en la que basarse, evitan las trampas del efecto Dunning-Kruger y son capaces de tomar decisiones mejores y más rápidas. Por el contrario, otros tendrían que esperar a que todos los elementos estuvieran alineados, y para entonces su acción, aunque fuera correcta, llegaría demasiado tarde.

El protocolo de actuación ética

Aunque sería maravilloso dar con una fórmula de actuación que se ajustara a todas las circunstancias, eso es imposible. Quizá por ello, la norma de oro de la compañía hotelera Ritz Carlton es simplemente esta: «Somos damas y caballeros sirviendo a damas y caballeros». Como dice su página web: «Este lema ejemplifica el atento servicio que prestan todos los miembros del personal». En lugar de una larga lista de cosas que hacer, esta sucinta declaración de intenciones nos permite comprender su forma de pensar. Para servir a damas y caballeros, hay que saber hacerlo, hay que observar y tratar de anticiparse a lo que se necesita y hay que actuar como lo haría una dama o un caballero: con cuidado y respeto. Con esta mentalidad, el hotel siempre ha sido el epítome del buen servicio, superando las expectativas y creando un extraordinario grado de bienestar para sus huéspedes.

Así que, si no existe un libro maestro de directrices o procedimientos, y en ausencia de un lema personal, ¿qué hacemos?

En mi carrera en el FBI, las decisiones eran a menudo más sencillas gracias a los rígidos límites de comportamiento. Simplemente había que preguntarse: ¿está dentro de la ley? ¿Es ético? ¿Soportará el escrutinio judicial o las directrices del Departamento de Justicia? Pero en la vida, no siempre tenemos ese tipo de criterios institucionales. El Protocolo de Actuación Ética (una guía que desarrollé en colaboración con Toni Sciarra Poynter para la toma de decisiones cuando hay dudas o incertidumbre sobre cómo proceder) es una serie de cuatro preguntas que he encontrado útiles para sopesar la idoneidad de las acciones que nos estamos planteando:

1. «¿Mis acciones y mi comportamiento generan confianza?».
2. «¿Mis acciones y mi comportamiento aportan valor?».
3. «¿Mis acciones y mi comportamiento influyen positivamente o inspiran?».
4. «¿Mis acciones y mi comportamiento son prosociales?».

Es posible que estas cuatro preguntas no sean pertinentes en todas las circunstancias en las que es necesario actuar. Pero durante décadas, me han parecido útiles como punto de referencia, especialmente si hay tiempo para pensar y prever, o si una situación es particularmente complicada o incierta. Ya sea por separado o en conjunto, según las circunstancias, pueden servir de marco para elegir qué hacer. Veamos cada una de ellas.

¿Mis acciones y mi comportamiento generan confianza?

Cuando me retiré del FBI, el futuro fiscal del distrito central de Florida, Brian Albritton, me dijo algo que todavía hoy me resuena: «Joe, se te van a presentar muchas oportunidades ahora que te has retirado del FBI. Recuerda siempre que tu reputación lo es todo».

Me había esforzado mucho por ganarme la confianza de la Agencia. El resultado había sido impagable: cuando incluso los delincuentes pueden confiar en ti, sabes que lo has conseguido. Recuerdo que un sospechoso, como si estuviera poniendo a prueba mi honestidad, preguntó:

—¿Voy a ir a la cárcel?

—Por supuesto que sí, si puedo demostrar que eres culpable —respondí—. Pero eso ya lo sabías, ¿no?

—Bueno, al menos no intentaste engañarme —dijo.

Al responderle con sinceridad, demostré que era digno de confianza. Tal vez no fue una coincidencia que después me pidiera que llamara a su familia para informarles de que había sido detenido. No creía que sus amigos, que no eran de fiar, lo hicieran. Me puse en contacto con su familia y ellos, a su vez, me ayudaron con otros asuntos.

Por mi cuenta, retirado del FBI después de veinticinco años, sentí que tenía que volver a demostrar mi valía. Ya no tenía esas credenciales del FBI que podía mostrar y que decían que era un representante de Estados Unidos, aquí bajo la autoridad del fiscal general. Mis credenciales actuales como civil son las mismas que las tuyas. ¿Cuál es esa credencial común con la que ambos contamos? Una fiabilidad demostrable. El hecho de que a ti y a mí se nos permita entrar en la casa de alguien o en una oficina y tener acceso a todo lo que tiene valor en esos lugares, desde los niños hasta los libros de contabilidad, se apoya en esa credencial: la confianza basada en el rendimiento.

En los negocios, la confianza y la credibilidad se funden en tu reputación profesional. Si crees que la gente no investiga tu reputación profesional, te engañas a ti mismo. Tanto si piden referencias como si consultan tus redes sociales o llaman de manera informal a alguien que te conoció en tu antiguo trabajo, quieren saber cuál es tu reputación. Es importante.

Stephen R. Covey escribió: «Si quieres que confíen en ti, sé digno de confianza». ¿Cómo se ve la fiabilidad en el terreno? Se basa en todo lo que has leído hasta ahora y en esto: nos hacemos dignos de confianza cuando demostramos de forma coherente e inequívoca que nos preocupamos por los demás, cumplimos nuestras obligaciones y actuamos de forma fiable en favor de otros.

Recuerda algún momento de tu vida en el que alguien te haya defraudado. Cuando no se actuó, o se actuó con descuido, de mala gana, con demasiada lentitud, con indiferencia o, peor aún, con la intención de hacer daño. Tal vez sientas una respuesta emocional o física con solo pensar en esas experiencias decepcionantes.

Ahora, recuerda cuando alguien agilizó tus necesidades, mejoró tu vida eliminando cargas indebidas o te hizo sentir especial, atendido o más seguro. Puede que sientas calor por dentro con solo recordarlo. Esto también se debe a una acción que alguien llevó a cabo; quizá no siempre de forma perfecta, pero sí *con una intención de atenderte en la que tú confiabas*. Esto es lo que distingue a las personas fiables. Décadas después, puedo recordar con enorme claridad a la gente que conocí y con la que trabajé que nunca vaciló, con la que se podía contar, que era fiable y coherente. ¡Con qué cariño permanecen en mi mente! Qué regalo es encontrar seres humanos siempre fiables que actúan sistemáticamente en nuestro interés, personas en las que podemos confiar para que se preocupen por nosotros.

¿Mis acciones y mi comportamiento aportan valor?

La acción excepcional no se limita a satisfacer las necesidades del momento. Busca mejorar, aumentar o impulsar no solo en el presente, sino también en el futuro. Para añadir valor a una situación o a un individuo a través de la acción, esta debe aplicar o infundir algo de valor, tangible o intangible. Quizá se trate de visión, experiencia, creatividad, liderazgo, financiación, energía, tenacidad o habilidades profesionales. Tal vez sea algo material que puedas hacer por los demás y que ellos no puedan hacer por sí mismos.

Las personas excepcionales no viven según el concepto egoísta y limitante del *quid pro quo* ('algo por algo'). Ayudan y actúan porque hacerlo es intrínsecamente gratificante. Cuando ayudo a una vecina a la que no conozco a meter algo en su coche, no espero nada a cambio. Puede que ella me vea con más amabilidad o aprecio; puede que eso haga que me considere un vecino de confianza, pero no es por eso por lo que lo hago. Tanto si lo hago yo como si lo haces tú o una empresa, la buena voluntad tiene beneficios, pero estos se expanden. Como señaló Adam Grant en su libro *Give and Take* [Dar y recibir], son los que dan los que al final salen mejor parados.

Recuerdo muy bien haber realizado una evaluación de la conducta para un cliente en Nueva York. En cada planta que visitaba del edificio, todo el mundo decía: «Oh, tienes que conocer a Henry». Esto duró dos días. Pero parecía que Henry nunca estaba cerca, o estaba demasiado ocupado. Finalmente, al tercer día, dije: «Me encantaría conocer a Henry». La gente se sorprendió de que no lo hubiera hecho. Ahora tenía mucha curiosidad. Así que Henry fue convocado oficialmente para reunirse conmigo.

Mi primera impresión al verlo fue que no tenía nada de extraordinario. Pero luego pensé en cómo todos los que lo mencionaban sonreían al hacerlo. Aquí había algo.

Henry era modesto, pero me habló de él. Había aprendido por sí mismo a trabajar con ordenadores, y dirigía el departamento de informática a pesar de que solo tenía el graduado escolar. Mientras hablábamos, pasaron varias personas, y todas se pararon a saludarlo. Para todos tenía una sonrisa o un comentario divertido.

Cuando terminamos, entendí por qué me decían «tienes que conocerlo». El valor que añadía a esa organización, más allá de dirigir el departamento de informática y de ayudar a cualquiera —incluso, como supe, a las parejas en casa que necesitaban ayuda para configurar su último dispositivo conectado por Bluetooth— era su pura alegría. No solo aportaba sus habilidades profesionales. Aportaba alegría a su trabajo y la transmitía a quienes lo rodeaban. Apuesto a que la «alegría» no figuraba en las especificaciones de su puesto, pero Henry la llevaba consigo. Los resultados eran extraordinarios.

Tuve la impresión de que todos los empleados lo buscaban con frecuencia, como si necesitaran su dosis diaria de Henry. Me dijeron que cuando estaba de vacaciones, sus compañeros echaban de menos verlo en la sala de los aperitivos. Cuando me senté para mi revisión final con los tres ejecutivos de la empresa al cabo de una semana allí, todos coincidieron en que Henry era mucho más que un técnico. Como señaló el director general: «Mi mayor temor es que un día se vaya. Tienes suerte si una vez cada varias décadas encuentras a alguien así, solo uno». Y tenía razón.

Las tareas rutinarias de la vida se vuelven placenteras, incluso memorables, gracias a esas interacciones. Una colega me contó una visita rutinaria a su farmacia local en busca de un producto que necesitaba. Mientras miraba los estantes, oyó una voz cercana: «¿Busca algo en concreto?». Sí, lo buscaba. La empleada no solo le dijo dónde estaba el producto, sino que la acompañó a buscarlo. Cuando llegaron, le señaló la publicidad de las estanterías que indicaba que se podían comprar dos con un descuento, con el uso de la tarjeta de la farmacia. Ella no tenía una tarjeta ni la menor intención de conseguirla: «Me intimidan un poco esas cosas y suelo tener prisa, pienso que voy a tener problemas y no quiero perder el tiempo». Sin embargo, le tentó el descuento, porque a veces ese fármaco es difícil de encontrar. «De la forma más discreta, la empleada de la tienda se ofreció a acompañarme a la caja cuando hiciera la compra y ayudarme a inscribirme; son solo unas cuantas preguntas y ya está. Estaba muy relajada e hizo que pareciera lo más fácil del mundo. Antes de que me diera cuenta, ya me había inscrito».

La atenta empleada se quedó cerca mientras la cajera empezaba a registrar las compras. Fue entonces cuando mi colega cayó en la cuenta de un posible problema: ella solía utilizar la caja automática porque era más rápida. Le preocupaba tener dificultades para utilizar la tarjeta de la farmacia con la máquina.

Ahora, increíblemente, fue la cajera la que, con mucha delicadeza, tomó la iniciativa. En lugar de limitarse a decirle que los clientes tenían que escanear la tarjeta al utilizar la máquina, «*se ofreció a acompañarme* para enseñarme a hacerlo. Y fue conmigo».

Mi colega salió de allí con una buena oferta de lo que buscaba, a un buen precio, sintiéndose muy bien por su experiencia con el personal de «su» farmacia. Por otra parte, el establecimiento hizo una venta extra de productos y añadió un cliente a su lista de correo. ¿Cómo no va a ser esto provechoso para todos?

Pero la cosa no termina ahí. Ese mismo día, llegó por correo electrónico una encuesta de satisfacción del cliente en la que se le preguntaba por su experiencia. Mi colega dio una opinión elogiosa y contó la historia con todo detalle. Pasadas las nueve de la noche, recibió un correo electrónico personal del director de la farmacia, en el que le agradecía sus comentarios y le decía que la primera empleada que la atendió llevaba años trabajando allí y que le encantaba ayudar a los clientes. Aún no sabía quién era la cajera, pero dijo que había compartido la historia con todos los miembros del equipo, para que supieran que su buen trabajo tenía repercusión. Concluyó con una invitación personal a escribirle en cualquier momento con aportaciones e ideas, o a buscarlo cuando pasara por el establecimiento.

Como ya he dicho: la acción tiene peso por sí misma. ¿Qué cuentan tus clientes, colegas o amigos sobre sus experiencias contigo y tu negocio? (¿De verdad crees que no lo hacen?).

Hay muchas formas sorprendentes como esta de añadir valor a los resultados. El valor puede aumentar con las habilidades, por supuesto, pero la valoración positiva de la calidad suele estar ligada no solo a lo que hacemos, sino a *cómo* lo hacemos, como ya hemos visto, a nuestra actitud y comportamiento. En realidad, ir más allá, como se suele decir, es una elección personal. El compromiso con la excelencia y el orgullo por el trabajo bien hecho son actitudes que pueden aportar valor a cualquier actividad. También inspiran a otros a hacer lo mismo. El doctor Martin Luther King júnior lo dijo con elocuencia: «Si un hombre está llamado a ser barrendero, debería barrer las calles igual que Miguel Ángel pintó, Beethoven compuso música o Shakespeare escribió poesía. Ha de barrer las calles tan bien que todas las huestes del cielo y de la tierra se detengan para decir: "Aquí vivió un gran barrendero que hizo bien su trabajo"». La acción, tal y como la definimos nosotros –y tal y como la aplican los seres excepcionales– no consiste únicamente en hacer nuestro trabajo. La acción es llevar nuestra labor a ese siguiente nivel en el que buscamos añadir valor a todo lo que hacemos, especialmente cuando beneficia a los demás, sean o no conscientes de ello.

¿Mis acciones influyen o inspiran positivamente?

El 27 de mayo de 1992, en la ciudad de Sarajevo, una ráfaga de mortero cayó sobre un grupo de habitantes que habían abandonado sus casas y desafiado el fuego de los francotiradores y los bombardeos durante las primeras fases del conflicto bosnio, para poder comprar pan en la única panadería que funcionaba. El conflicto bosnio, que ya se había cobrado cientos de vidas, se definiría por la crueldad, la limpieza étnica, la inhumanidad y los actos más cobardes. Uno de esos actos de inhumanidad vendría a ser redimido por la actuación de un hombre.

El proyectil de mortero cayó exactamente a las 16:00 horas, cuando se estaban distribuyendo las últimas raciones del día. Veintidós personas perdieron inmediatamente la vida y más de cien resultaron heridas. La sangre, los tejidos humanos y la materia cerebral salpicaron los edificios cercanos hasta el tercer piso. El olor de la sangre, los explosivos, la ropa quemada y la carne humana se extendió durante días, un recuerdo nauseabundo del trauma.

Este acto de caos –uno de los muchos, pero de ninguna manera el último– se llevó a cabo contra un pueblo hambriento, desesperado y asediado que estaba siendo exterminado por rondas de mortero, secuestros, ejecuciones en masa, o eliminado de uno en uno por el fuego de los francotiradores.

En el corazón de este infierno se adentró un hombre. Vedran Smailović no tenía armas. No era soldado. No podía tomar represalias con ese tipo de habilidades. No obstante, tenía dos cosas a su favor: había sido el violonchelista principal de la Compañía de Ópera de Sarajevo –un distinguido teatro de ópera– y le importaba la gente.

Tenía que encontrar la manera de honrar a sus compatriotas que veinticuatro horas antes habían sido asesinados o heridos. Y así, este hombre de treinta y siete años hizo lo impensable, poniendo su vida en riesgo, para venerar a los muertos y consolar a los vivos. Durante los siguientes veintidós días, en recuerdo de los fallecidos, llevó una silla al lugar donde la ronda de mortero había dejado un cráter, y allí, con el violonchelo en la mano, vistiendo su esmoquin de actuación, Smailović tocó el *Adagio en sol menor* de Albinoni, una de las piezas musicales más conmovedoras jamás escritas, con el mismo fervor que si estuviera en una sala de conciertos.

¿Por qué? Porque era lo que se necesitaba. En medio de una violencia y una mortandad inimaginables, un hombre se preocupó por sus conciudadanos lo suficiente como para actuar. No podía hacer otra cosa que honrar a los que quería de la mejor manera posible, utilizando su habilidad como músico. De este modo, proporcionó consuelo e inspiración a un pueblo angustiado y destrozado por la guerra.

Como todos los seres excepcionales, se preguntó: «¿Qué se necesita ahora? ¿Qué puedo hacer? ¿Cómo puedo ayudar?». Una música conmovedora para aliviar la mente y el dolor, eso es lo que ofreció.

¿Su actuación detuvo el conflicto bosnio? No. La guerra continuaría durante otros tres años. ¿Salvó vidas? ¿Quién podría decirlo? Pero durante unos siete minutos al día, su música silenció el terror y el tormento para que otros pudieran tener un pequeño respiro. Al tocar con tanto amor, devoción y ternura, demostró en medio de la ruina y la matanza que la humanidad y la bondad seguían vivas, y de ese modo, dio esperanza a sus conciudadanos. En el proceso, de forma bastante inesperada, también llamó la atención del mundo sobre los horrores que estaban ocurriendo.

Cuando los periodistas le preguntaron por qué lo hacía, su respuesta fue sencilla: «Soy músico. Soy parte de esta ciudad. Como todo el mundo, hago lo que puedo».

Hacer lo que podemos no tiene por qué ser heroico. Ni siquiera tan complicado. ¿Cuáles son tus circunstancias? ¿Puedes hacer que tu mundo sea un poco mejor? ¿Puedes recoger la basura que alguien ha tirado por la ventanilla del coche cerca de tu casa? ¿Puedes ofrecerte como voluntario en el colegio para ayudar a un niño a aprender a leer? ¿Puedes animar a un chico en la escuela para que no abandone? ¿Puedes sonreír a alguien al pasar? ¿Puedes decirle a un compañero de trabajo: «Veo que estás ocupado, déjame encargarme de esto»? No se trata de actos heroicos. Pero siempre hay algo más que podemos hacer para mejorar el mundo.

La influencia de las acciones positivas es doble: no solo tienes el potencial de influir positivamente en cómo te ven los demás, sino que, aún mejor, puedes influir en su actitud y acción positivas. Dar fuerza y ayuda a otros los impulsa a encontrar esas reservas en sí mismos. Las acciones positivas en beneficio de alguien lo ayudan a seguir adelante incluso en situaciones extremas, como comprobó Vedran Smailović cuando tomó su violonchelo e interpretó su homenaje a los caídos y a los que seguían aguantando.

¿Mis acciones y mi comportamiento son prosociales?

Nos pasamos el día realizando actividades necesarias para nuestra supervivencia y bienestar. Pero también se nos presentan oportunidades que afectan a otros. Cuando actuamos en beneficio de los demás, estamos realizando una acción solidaria. Esta clase de acción consiste en ir más allá de nuestra preocupación por el prójimo y hacer algo para mejorar su situación.

Qué palabra tan maravillosa es *mejorar*. Significa conseguir que las cosas cambien en sentido positivo. Y eso es lo que la gente excepcional hace.

Las personas excepcionales están atentas a su entorno y a los demás y, sin que se les pida, tratan de mejorar su vida. No porque alguien se lo ordene o porque sea parte de su trabajo, sino porque les importa hacerlo.

Curtis Jenkins lo hace cada mañana, sin que nadie se lo pida, cuando se pone al volante de su autobús escolar amarillo. Su mayor satisfacción no es su sueldo, que estoy seguro de que lo aprecia, sino hacer que la vida sea un poco mejor para cada niño que transporta a la escuela primaria Lake Highlands de Dallas (Texas).

Conoce sus nombres. También la fecha de sus cumpleaños, cuáles son sus intereses, lo que han conseguido, quién tiene dificultades en qué clase, quién necesita un poquito más de atención ese día, quién tiene problemas en casa y a quién le hace falta algo de motivación o una sonrisa especial. Su trabajo es el de conductor de autobús y consiste en conducir un autobús de forma segura y puntual; eso es todo. Pero Jenkins es excepcional para esos niños y esa escuela, porque a él no le vale con hacer lo justo para cumplir con su trabajo. Por eso, intenta mejorar la vida de esos niños estando atento a sus necesidades y preocupaciones. Una palabra de ánimo por aquí, una pregunta cuidadosamente elaborada por allá para que una niña tímida hable de su último logro, un pequeño regalo para inspirar a un escritor en ciernes...

Si preguntas a los niños que viajan en su autobús, te dirán que los pequeños regalos que escoge cuidadosamente y les entrega no son más que la guinda del pastel. Lo que ellos esperan es simplemente estar en presencia de Curtis Jenkins. Su sonrisa, sus comentarios afectuosos, su interés, su alegría cuando tienen un buen día y el aprecio que siente por todos y cada uno de ellos demuestran su genuino deseo de mejorar sus vidas. La palabra *mejorar* es hermosa, sí, pero aun lo es más ponerla en práctica. Y eso es lo que Curtis Jenkins hace cada día.

Los individuos excepcionales se anticipan a los problemas antes de que sucedan o empeoren. Captan las implicaciones de las situaciones y las realidades emocionales y parecen capaces de entender la esencia de las cuestiones que les preocupan, para darles una respuesta adecuada. En el lugar de trabajo no necesitan un manual de recursos humanos sobre lo que hay que hacer y lo que no, porque sus acciones prosociales están basadas en el respeto a los demás y en el deseo de atender sus necesidades y aspiraciones: son, en el pleno sentido del término, conscientes. Este es el principio por el que se rigen: toda acción debe ser digna de los demás. Es la base misma de la ética. Cuando decimos «se superó» o «se ha esmerado» sobre el rendimiento de alguien en el trabajo, a menudo estamos elogiando la calidad solidaria de sus actos: el tiempo, la buena energía y el cuidado que emplea para producir un resultado superior que enorgullece a la empresa. En una comunidad, cuando reconocemos los esfuerzos de alguien que trabaja incansablemente en el refugio de indigentes, el rescate de animales, los niños que necesitan ayuda después de la escuela o los ancianos u otros necesitados, estamos reconociendo las acciones prosociales de un ser humano excepcional.

A la hora de definir este tipo de acción los motivos son importantes. Todos conocemos a alguien que realiza actos aparentemente prosociales cuando quiere o necesita algo a cambio. La auténtica solidaridad se lleva a cabo sin ningún tipo de intención por medio. De hecho, es como un regalo en el que la recompensa consiste en dar.

No siempre conocemos todos los efectos de la acción solidaria que estamos realizando, y eso no debería importarnos, porque el premio está en la acción en sí misma. El hecho de tener esta capacidad de actuar a nuestra disposición para emplearla, con resultados que se extienden, no sabemos hasta dónde, quizá de una manera infinita, constituye uno de esos bellos misterios que nos ofrece la vida. Tal vez recuerdes a alguien que hizo algo pequeño o grande que, para ti, en ese momento de tu vida, fue transformador. Para mí, una de esas personas fue la señora Lightbourne.

La señora Lightbourne y su hijo, Michael, vivían a unas manzanas de nosotros. Se podría decir que la casa tenía un aspecto miserable por fuera y que sus muebles deberían haber sido donados hace tiempo, pero a los niños del barrio no nos importaba. Lo que la señora Lightbourne tenía en abundancia era amor por todos nosotros. Eso era lo que importaba. Todos nos reuníamos en su casa porque era un lugar cómodo donde podíamos juntarnos, reír y jugar. Ni siquiera teníamos que llamar a la puerta. Siempre éramos bienvenidos y alimentados. No sé de dónde sacaba el dinero para la comida, porque los adolescentes pueden comer mucho. Nos conocía a todos por dentro y siempre sabía qué decir, qué preguntar y cómo hacernos sonreír.

En los meses posteriores a mi salida del hospital tras el apuñalamiento, tuve que sufrir mucho. Había pasado tres semanas en el hospital y mi recuperación se retrasó debido a los daños en los nervios, la pérdida de sangre y la infección. El dolor en el brazo, la incapacidad de mover los dedos de forma coordinada, la pérdida de los últimos meses de mi último año de instituto, la incertidumbre sobre lo que me depararía el futuro —incluida la pérdida de opciones para obtener una beca— pesaban mucho sobre mí. Por primera vez en mi vida, me sentía mal anímicamente. Mi mente estaba nublada, no había nada ni nadie que me entusiasmara. Era un momento difícil. Sin saberlo, estaba sufriendo los efectos del trastorno de estrés postraumático (TEPT), aunque nadie lo llamaba así por aquel entonces. El efecto latente de aquel suceso, más allá de ese periodo de depresión de bajo grado, fue que durante décadas a partir de entonces, el simple hecho de ver un cuchillo en la mano de alguien en la cocina me hacía temblar y tener ataques de pánico. Intentaba aparentar que todo estaba bien, pero no era así. No lo estaba, ¿cómo iba a estarlo? Creo que la gente que me rodeaba se dio cuenta. La señora Lightbourne me había visitado en el hospital al principio, pero hacía tiempo que no la veía. Después de que me dieran el alta en el hospital, mientras seguía en rehabilitación con visitas diarias a un fisioterapeuta para trabajar el brazo y aprender a usar los dedos de nuevo, traté de evitar a todo el mundo. Pero, de alguna manera, la señora Lightbourne me seguía la pista a través de mis amigos. El día antes de la graduación me llamó y me dijo que me levantara, que saliera de casa, que tomara aire fresco y que viniera, que quería verme.

Me animó mucho y enseguida nos pusimos al día. Me preguntó cómo estaba y me dijo que había oído que estaba bajo de moral. Le conté que me había retraído y que la universidad ahora parecía solo un sueño, ya que las becas habían desaparecido y teníamos poco dinero para los estudios. Hablamos de cómo recuperaría el trabajo perdido en el instituto. «Sería un milagro que me graduara», pensé. Al cabo de un rato y para mi sorpresa sacó unos *brownies*, ya que sabía que eran mis favoritos. Esta historia tendría un gran final justo aquí, con mi golosina favorita.

Pero no termina ahí. Casi al final de nuestra conversación y después de que me hubiera devorado la mayor parte de los *brownies*, fue a su habitación y salió con una cajita, del tamaño de un joyero, envuelta en el mismo tipo de papel de aluminio que utilizaba para cubrir los *brownies*. Le dije que si era dinero, no lo aceptaría. Me dijo que no tenía dinero para darme, que solo era un detalle para que me acordara de ella. Le prometí que cumpliría la promesa de no abrir la caja hasta la mañana de la graduación. Nos abrazamos y hablamos un poco más, pero no por mucho tiempo, ya que mi brazo seguía en cabestrillo, mi hombro izquierdo aún estaba algo hinchado y sentía las molestias de los puntos en la parte interior del brazo. Aunque tenía mucha curiosidad por saber qué había en la caja mientras volvía a casa, la dejé, como había prometido. Llegó el día de la graduación, y fue un momento emocionante ya que, afortunadamente, pude completar mis estudios y graduarme. Hubo un torbellino de actividad en mi casa mientras nos preparábamos para ir a la ceremonia. Justo antes de salir, mi madre me preguntó si había abierto la caja de la señora Lightbourne. No lo había hecho, así que con todos reunidos, lo hice.

Quité el papel de aluminio que ella había plisado para hacerlo todavía más especial y lo primero que notamos fue que la caja estaba hecha a mano con los restos de una caja de zapatos desechada, ya que aún se veían algunas letras. Había cortado cuidadosamente la caja y había doblado y pegado el cartón para formar una caja de cinco por cinco centímetros. No puedo decir cuánto tiempo le costó armarla, pero sé que debió de llevarle un buen rato.

Cuando abrí la caja, allí, sobre un pequeño fondo de algodón, había una moneda de diez centavos. Al lado había un papelito doblado. Contenía un mensaje: «Si alguna vez necesitas algo, no dudes en llamar». Para los que sean demasiado jóvenes para recordarlo, una moneda de diez centavos era todo lo que se necesitaba para hacer una llamada desde una cabina telefónica. Toda mi familia se quedó mirando esa moneda en silencio durante varios segundos.

Luego me miraron a mí, volvieron a mirar la moneda de diez centavos y entonces todos empezamos a enjugar las lágrimas.

No era más que una moneda de diez centavos en una cajita de cartón. Sin embargo, cerca de medio siglo después, este es el único regalo que recuerdo de mi juventud, el más valorado y atesorado. Un recordatorio de que la señora Lightbourne no solamente se preocupaba y se ocupaba de mí, sino que, al presentarlo como lo hizo, demostró lo mucho que me valoraba. Había hecho lo que todas las personas excepcionales hacen —lo que cada uno de nosotros puede hacer, incluso con los actos más pequeños—: había tenido en cuenta, en este caso, mis necesidades emocionales y había convertido una mera transacción en algo transformador por el valor que me transmitían sus acciones.

Listo para la acción a nivel excepcional

Imagina que tienes treinta y tres años y un grupo de amigos de toda la nación, cada uno con sus propios intereses especiales, se acerca a ti y te dice, básicamente: «Si no estás demasiado ocupado, ¿qué tal si redactas una declaración de independencia? Necesitamos que elabores un documento que haga saber al rey de Inglaterra que sufrimos grandes inconvenientes por ser sus súbditos. Ten en cuenta que tiene que estar perfectamente argumentado para que todo el mundo (¡esperamos!) lo apoye. Asegúrate de anotar claramente nuestra justificación y lo que defendemos, y aunque no se encuentre en ningún otro lugar del mundo, argumenta de forma convincente esta novedosa idea de que "todos los hombres son creados iguales". Además, si no es mucha molestia, el documento debe exponer estas ideas con una lógica tan razonada, una retórica tan conmovedora y una justificación moral que nos obligue a firmarlo y a vivir según sus principios, a pesar de saber que en el momento en que lo hagamos, estaremos cometiendo traición, un delito capital, contra un soberano. Ah, y una cosa más: hay que escribirlo con una pluma (de ganso, de cisne, de pavo..., lo que quieras), en pergamino, con el mínimo de errores y con una caligrafía perfectamente legible para que sea fácil de entender».

¿Quién de nosotros, a cualquier edad, se atrevería a semejante reto, entonces o ahora?

Resultó que había una persona, pero solo una, que podía cumplir esos requisitos en 1776. Únicamente Thomas Jefferson, «el Sabio de Monticello», podía hacerlo, porque estaba dispuesto a actuar a un nivel excepcional. Como señaló Lincoln en 1859:

> Todo el honor para Jefferson, para el hombre que, en medio de la tensión extrema de una lucha por la independencia nacional de un pueblo, tuvo la frialdad, la previsión y la capacidad de introducir en un documento meramente revolucionario una verdad abstracta, aplicable a todos los hombres y a todos los tiempos.

Hoy en día, la Declaración de Independencia está asegurada en la Biblioteca del Congreso, encerrada en una carcasa transparente a prueba de bombas, impregnada de gas argón, que descansa firmemente en un marco de titanio especialmente construido y unido a un elaborado transportador de aluminio que puede retraer el documento casi sagrado a una bóveda subterránea capaz de aguantar, según he sabido de buena fuente, un ataque nuclear en la capital de la nación. No hay ningún otro documento en la Tierra, o en el universo conocido, que sea tan venerado y protegido. ¿Y por qué? Porque una persona estuvo dispuesta a actuar a un nivel excepcional.

¿Qué preparó a Jefferson para ser capaz de escribir un documento así, una sentencia de muerte para cada uno de los firmantes, tan exquisitamente argumentada y elocuentemente escrita que afirmaría la determinación de los implicados y resistiría la prueba del tiempo para convertirse en un punto de referencia para otros que buscan arriesgar sus vidas con el fin de forjar su propia libertad e igualdad?

Tenía ese andamiaje de autodominio del que hemos hablado, sin duda. Pero tenía algo más: estaba preparado para la acción a un nivel excepcional. ¿Cómo lo consiguió? Mediante una acción concreta que realizaba cada día.

Tendemos a pensar que la acción es algo exterior, lo que hacemos en el mundo, tal vez un acto físico. Puede que fuera así en un siglo anterior, pero nuestras acciones de hoy en día están impulsadas sobre todo por el intelecto, por ejemplo, analizar, idear y prever para mejorar la resolución de problemas, la toma de decisiones y la innovación. Para ello, necesitamos una dosis diaria de conocimiento e información. Hoy en día, si queremos tener alguna posibilidad de éxito, la acción comienza con lo que Louis Pasteur ensalzó: una «mente preparada».

Buckminster Fuller señaló en 1950 que el conocimiento humano se duplicaba aproximadamente cada siglo hasta la década de 1900. Al final de la Segunda Guerra Mundial, el conocimiento se duplicaba cada veinticinco años. Hoy en día, dependiendo del campo en el que nos encontremos, el conocimiento está creciendo a un nivel de velocidad e intensidad de tsunami. En nanotecnología, los conocimientos se duplican cada dos años. En el campo de la medicina, cada dieciocho meses, según algunos, o cada setenta y tres días, según algunas estimaciones autorizadas. ¿No te dedicas a una especialidad? No importa: el conocimiento en general, según los expertos, se duplica cada trece meses, y algunos sostienen que en realidad lo hace cada veinticuatro horas.

Piénsalo: mañana a estas horas, el conocimiento del mundo se habrá duplicado. La única manera de mantenerse al día es haciendo lo que Jefferson hacía diariamente. Se mantenía al tanto de las tendencias actuales, las ideas novedosas, el pensamiento filosófico y los avances tecnológicos y científicos mediante la lectura diaria, la mejor tecnología disponible en su época. Solo tomando medidas para preparar su mente fue capaz de actuar a un nivel excepcional en el momento de la verdad: poner en práctica todos sus conocimientos para dar un salto cuántico hacia delante cuando eso era lo único aceptable.

Si quieres actuar a un nivel excepcional y darte la mejor oportunidad de competir eficazmente en cualquier negocio, dedícate a mantenerte al día de los conocimientos, los avances, las tendencias, los descubrimientos y las nuevas ideas. Esto, que siempre ha sido importante, se ha convertido en la nueva norma, ya que los conocimientos cambian tan rápido que se nota enseguida cuando no se está al día. Como dijo la escritora Mary Renault: «Solo hay un tipo de trastorno peor que el totalmente inesperado: el esperado para el que uno se ha negado a prepararse».

Cuando le preguntaron a James Mattis, general de cuatro estrellas de los marines y exsecretario de Defensa, por qué sacaba tiempo para leer cada día, respondió: «Gracias a mi lectura, nunca me pilló desprevenido ninguna situación, nunca me he quedado sin saber cómo se abordó (con éxito o sin él) un problema antes. No me da todas las respuestas, pero ilumina lo que a menudo es un camino oscuro». Este general de gran trayectoria, que llegó a ser secretario de Defensa del presidente Trump, atribuye su éxito en el liderazgo no a sus habilidades de combate como marine, sino a sus «hábitos de lectura».

El general Mattis señaló que, como estratega, podía evitar los errores que otros habían cometido, al leer sobre ellos. Lo que para algunos eran tácticas nuevas en el siglo XXI, él ya lo había leído en escritos del siglo III o incluso de la época de la Guerra del Peloponeso.

Mientras dirigía Microsoft, Bill Gates hacía «semanas de reflexión», retiros en solitario en los que leía los documentos presentados por sus empleados sobre lo que creían que era tendencia en tecnología. Y a pesar de ser un hombre que ha alcanzado grandes logros y uno de los más ricos del mundo, sigue leyendo de forma exhaustiva, como señala a menudo en las redes sociales. Su ejemplo ilustra que cuanta más responsabilidad tenemos para con los demás —en el caso de Gates, sus negocios y sus actividades filantrópicas— mayor es nuestra responsabilidad de actuar basándonos en los conocimientos que acumulamos activamente como nuestra fuente personal de sabiduría.

La forma en que obtengas tu dosis diaria de conocimiento —lo que leas, escuches o veas, o las conferencias, grupos profesionales o formaciones a los que asistas— depende de ti. Pero para actuar de forma excepcional en la actualidad, debes estar al día con la información y el conocimiento (normas, leyes, reglamentos, tendencias, inventos, circunstancias, fuerzas del mercado, realidades e inestabilidad política, expectativas y demandas cambiantes, movimientos sociales, ideas filosóficas), que crecen a gran velocidad. Esta es la vía excepcional.

Una nueva definición de héroe

Hay decenas de libros sobre los condecorados con la Medalla de Honor, personas que pusieron su vida en peligro por los demás.

Si lees atentamente sus historias, encontrarás que todos tienen un punto en común sorprendente: ninguno de ellos se propuso ser un héroe. Sus acciones se convirtieron en heroicas debido a un simple pero poderoso catalizador: su interés. Les importaban sus camaradas, sus compañeros, sus colegas marines, el tipo de al lado que llevaba el mismo uniforme, su «banda de hermanos». No hay un gen del héroe en nuestro ADN. No hay un interruptor de encendido para los comportamientos heroicos. El único requisito es que te importe el prójimo. No fue el heroísmo lo que me hizo intentar detener a un par de ladrones armados. Se trataba simplemente de que me importaban los demás: no quería que robaran o hirieran a nadie más. Cuando alguien te importa lo suficiente, tienes valor para actuar, y no al revés.

Esa atención se manifiesta por medio de una acción solidaria, que se lleva a cabo cuando más se necesita y que tiene por objeto beneficiar, elevar, honrar o valorar al otro. En otras palabras, honramos a los demás a través de intervenciones humanitarias.

La atención excepcional es la madre de los actos excepcionales. Es lo que permite a alguien sentarse entre los escombros de una zona de guerra y tocar una elegía con su violonchelo. Es lo que nos permite denunciar las acciones injustas. Nos eleva a ser alguien que, a su manera, actúa para mejorar, ya sea conduciendo un autobús, dirigiendo un negocio o liderando una nación.

A la mayoría nunca se nos pedirá que realicemos acciones heroicas como las de los condecorados con la Medalla de Honor. Sin embargo, la vida cotidiana nos ofrece muchas oportunidades de actuar y, a veces, de hacer algo que otros podrían considerar notable o extraordinario, quizá incluso heroico. Unas veces se trata de lo que hacemos; otras —como revelan las historias de Henry, Curtis Jenkins y el personal de la farmacia local—, de cómo lo hacemos. En esos momentos, actuaremos en función de cuánto nos importen los demás.

Cuanto más vivimos este compromiso, más fácil resulta, hasta que ocurre algo transformador: llega un momento en el que se nos conoce por la atención que prestamos. No porque digamos que nos preocupamos por alguien o por algo, *sino por lo que hacemos que demuestra nuestro interés.*

Cuando nos importan los demás, influimos positivamente en la percepción que se tiene de nosotros, incluso cuando, como ocurrirá a veces, fracasamos. Nuestras acciones en favor de terceros pueden tener una influencia que ni siquiera somos capaces de imaginar. Tal vez nunca lo sepamos. El hecho de haber fracasado no debe impedirnos volver a intentarlo. Hemos de decidirnos a aprender de esas acciones, no a castigarnos ni a retroceder porque hayamos fallado. La superestrella del baloncesto Michael Jordan dijo: «He fallado más de nueve mil lanzamientos en mi carrera. He perdido casi trescientos partidos. Veintiséis veces me han confiado el lanzamiento ganador del partido y he fallado. He fallado una y otra vez en mi vida. Y por eso tengo éxito». Tuvo éxito porque en definitiva le importaba lo que hacía: practicaba mucho, jugaba mucho, y triunfaba rotundamente, aunque fallara en ocasiones.

Si fracasas, como fracasé yo aquel día en los Grandes Almacenes Richard, recuerda estas palabras que Theodore Roosevelt pronunció ante una promoción de policías en París, en la Sorbona, sesenta y un años antes de que me apuñalaran:

No es el crítico quien cuenta; ni quien señala cómo el hombre fuerte se tambalea, o qué podría haber hecho mejor el realizador de las obras. El mérito es de quien está en el ruedo, con el rostro sucio de polvo, sudor y sangre; de quien se esfuerza con valentía; de quien yerra, y da un traspié tras otro, pues no hay esfuerzo sin error ni fallo; pero quien se esfuerza de verdad por lograr su cometido; quien conoce los grandes entusiasmos, las grandes devociones; quien se entrega a una causa digna; quien, en el mejor de los casos, conoce al final el triunfo de las grandes hazañas, y, en el peor, si fracasa, al menos fracasa atreviéndose a lo grande, de manera que su lugar nunca estará entre esas almas frías y tímidas que no conocen ni la victoria ni la derrota.

Siempre me han consolado esas palabras. Aunque fracasemos, al menos actuamos. Las «grandes devociones, los grandes entusiasmos» de Roosevelt son lo que hoy llamamos demostrar que algo nos importa.

Cuando se trata de seres humanos, solo una cosa cuenta: que te importen y te importen de verdad. El siguiente capítulo trata de por qué esto es así y de cómo hacer que ese interés por los demás se convierta en una parte más intencionada de tu vida y de tus interacciones.

Empezamos este capítulo con la cuestión de saber cómo actuar. Si te importan las personas, jamás tendrás que preocuparte por cómo actuarás. Esa decisión ya está tomada. Entonces solo es cuestión de dar rienda suelta a la creatividad, los talentos, la pasión, las capacidades y las habilidades que has cultivado con esmero en tu mente y tu corazón.

CAPÍTULO 5

Bienestar psicológico

LA FORTALEZA MÁS PODEROSA DEL SER HUMANO

Al conocer la verdad fundamental de que lo que los seres humanos buscan en última instancia es sentirse bien, podemos descubrir lo que las personas excepcionales saben: que al final gana quien nos proporciona bienestar psicológico con su atención.

Creo que toda mente humana siente
placer al hacer el bien al prójimo.
THOMAS JEFFERSON

Cuando el mercado de valores se desplomó en 2008, haciendo que las economías de todo el mundo se estremecieran hasta casi detenerse y lanzando a millones de personas a la caída libre financiera, los inversores, presos del pánico, acudieron a sus asesores financieros. Los asesores estaban en un dilema porque nadie, absolutamente nadie, sabía lo que iba a pasar después. Pero tenían que decir algo.

La mayoría de las organizaciones financieras se pusieron en marcha, enviando correos electrónicos, programando conferencias telefónicas, proporcionando gráficos históricos y haciendo declaraciones generales que básicamente decían: «Sabemos que la situación está mal, no tenemos respuestas, pero basándonos en nuestro conocimiento de la historia, hay esperanza». Pero eso no era lo que necesitaban los inversores particulares. Lo que buscaban era algo más.

La situación estaba lo suficientemente mal como para que las instituciones financieras empezaran a ponerse en contacto conmigo y me preguntaran: «Usted es el experto en comunicación; ¿qué podemos hacer para satisfacer y mantener a nuestros clientes e inversores?». Mi respuesta fue inequívoca: «Dejen de hablar y empiecen a escuchar. Lo que sus clientes necesitan es que se les proporcione bienestar psicológico, no consejos».

Me enviaron a Nueva York para dar una explicación. Pensaron que tenía que haber algo más que eso. No lo había, no en ese momento de crisis. Tras décadas de observar el comportamiento humano en situaciones de crisis, aprendí que cuando la situación es realmente mala, los seres humanos no buscamos tanto respuestas como consuelo psicológico.

Al principio, estos ejecutivos estresados no estaban convencidos. Se habían esforzado mucho y habían preparado todo tipo de documentación informativa para sus clientes, como era su costumbre. Así pensaban que podían «ayudar».

La información es valiosa, lo reconozco. Pero cuando tenemos miedo, lo que necesitamos es que alguien sea humano y se limite a escuchar. Los insté a visitar a sus principales clientes, e incluso a abrazarlos si lo necesitaban (algunos lo hicieron). Por encima de todo, era necesario escuchar los miedos de la gente. Los seres humanos se sienten atraídos hacia quienes, en última instancia, les proporcionan tranquilidad y bienestar psicológico, y se mantienen fieles a ellos.

Así que eso es lo que hicieron estos ejecutivos. Dejaron de especular y empezaron a escuchar. En una conferencia celebrada tres años después, cuando todo comenzaba a cambiar en los mercados financiero e inmobiliario, uno de ellos se acercó a mí y me dijo: «Tenías razón. No sabíamos absolutamente nada de lo que estaba pasando, y nuestros clientes eran conscientes de que no lo sabíamos. Pero estaban agradecidos de que estuviéramos allí para escucharlos».

Ha sido esclarecedor ver una réplica aún más sorprendente de este fenómeno durante la pandemia de COVID-19 en 2020, que está asolando el mundo mientras escribo estas palabras. En apenas unas semanas, nuestras vidas y medios de vida se han visto tan trastocados que muchos se preguntan si la vida social y laboral volverá a ser la misma. Desde el principio, las imágenes tremendamente gráficas de los depósitos de cadáveres de Milán y Nueva York, así como la enorme convulsión económica, impregnaron las noticias, que se amplificaron en las redes sociales. Ha habido tanta incertidumbre sobre este virus, su alcance, su mortalidad y cómo evitarlo o tratarlo que casi todos los profesionales de la salud mental con los que he hablado han mencionado el aumento de la ansiedad, la tensión, los ataques de pánico e incluso la violencia doméstica.

Cuanto más inciertos son los tiempos y mayor es el estrés, más se incrementa la necesidad de consuelo psicológico. A medida que el mundo se enfrente a las consecuencias sociales y económicas de esta pandemia, mientras se investigan las formas de amortiguar o eliminar los brotes cuando se produzcan, veremos quién de nuestros líderes realizará mejor la tarea de movilizar a las comunidades para actuar de una forma cohesiva y prosocial que no solo las mantenga a salvo de este virulento contagio, sino que también les ofrezca consuelo psicológico.

Aunque esta clase de sucesos extraordinarios pone de manifiesto la necesidad de bienestar, en realidad se trata de algo que necesitamos a diario. Este es el capítulo culminante de este libro por dos razones. En primer lugar, porque preocuparse por los demás es tan importante que quiero dejarlo como mensaje final. Y en segundo, porque los cientos de libros que he leído sobre liderazgo e influencia parecen haber olvidado esta realidad: quien proporciona bienestar psicológico es quien gana la partida.

Una cosa es entender esta verdad, pero otra muy distinta es practicarla activamente como una cuestión de hábito. El confort psicológico tiene muchas formas y varía según las circunstancias. Una voz calmada y tranquilizadora puede servir en un momento dado; una mirada de aprobación, en otro. Puede ser una palmadita en la espalda, una palabra amable, aprobación, un reconocimiento verbal de algo que se ha reprimido durante mucho tiempo, una manta cálida, una taza de té caliente, un beso en la frente, una nota de agradecimiento, una sonrisa, un paso adelante para recibir al recién llegado, llevar un paquete para alguien que lo necesita, preguntar si se necesita algo más...

El confort psicológico adopta muchas formas diferentes. Pero para proporcionarlo, debemos estar preparados y dispuestos. Tenemos que ser capaces de observar o anticipar lo que se necesita o lo que contribuiría al bienestar de otro y estar dispuestos a actuar en consecuencia. Aquí es donde los otros cuatro ámbitos de los que hemos hablado —autodominio, observación, comunicación y acción— se unen para formar una elegante estructura de apoyo y un sistema de retroalimentación que te guiarán y dirigirán para que desarrolles y alcances plenamente los niveles más altos de influencia, buena voluntad y el más preciado de los atributos: la fiabilidad. Esta comienza y termina con la capacidad de proporcionar confort psicológico.

En este capítulo, veremos los fundamentos científicos del bienestar psicológico y su primacía en nuestras vidas, y luego un modelo que he desarrollado y utilizado con éxito durante muchos años para evaluar y proporcionar bienestar de forma inmediata, mientras se trabaja para alcanzar metas y objetivos.

Bienestar psicológico: una necesidad primordial

Seguimos siendo bebés.

Seguro que no esperabas leer tales palabras en un libro como este. Pero nuestra necesidad de ser consolados nunca nos abandona.

Nuestra búsqueda de consuelo comienza al nacer. Los bebés lloran para expresar su desconsuelo: tienen frío, hambre, están mojados o sienten dolor. Nuestros sistemas corporales realizan constantemente pequeños ajustes para mantenernos cómodos, refrescándonos o calentándonos mediante el sudor o los escalofríos, para mantener la homeostasis. Muchos de nuestros hábitos no verbales tienen su origen en nuestra necesidad de bienestar psicológico, desde chuparnos el dedo cuando somos bebés hasta masticar chicle enérgicamente cuando somos adultos.

A medida que maduramos, esta necesidad adopta formas diferentes. Cambiamos la seguridad tranquilizadora de ser mecido en los brazos de un padre o envuelto suavemente en una manta por un abrazo cálido o la comodidad de una cama confortable. Cambiamos los sonidos de arrullo, las primeras sonrisas y el juego con nuestros padres por el tono familiar de la voz de un ser querido y la expresión de un rostro afectuoso. Nunca perdemos la necesidad de tocar, de socializar, de establecer vínculos, de pasar buenos ratos, solo que es diferente en cada etapa de la vida. Los saludos de los compañeros de juego se sustituyen por «me gusta» en las redes sociales. El querido juguete de peluche o la almohada de trapo que nos acompañaban a todas partes en la infancia pueden ser hoy una mascota en nuestro regazo o al alcance de la mano. Nos relajamos y dormimos la siesta en el sofá en lugar de en una cuna.

Somos una especie que ha ideado innumerables formas de crear satisfacción para nuestro bienestar psicológico. Desde tomar un café por la mañana hasta navegar por la Red; desde jugar a las cartas hasta ver Netflix de forma compulsiva, buscamos activamente el confort psicológico en sus múltiples formas. Yo lo hago cada vez que me siento al aire libre con un buen libro, escuchando en los auriculares interpretaciones al violonchelo de la prolífica obra de Ennio Morricone, y tú también lo haces a tu manera. Y, si queremos, podemos ayudar a otros a conseguirlo. De hecho, si somos amables y generosos, eso es lo que solemos intentar hacer por los demás.

Defino el bienestar psicológico como un estado en el que nuestras necesidades biológicas, físicas y emocionales se ven satisfechas o superadas, y en el que hay una ausencia de ansiedad, aprensión o miedo que satisface nuestras necesidades y preferencias, proporciona tranquilidad o nos permite disfrutar plenamente de un momento o una experiencia.

Por eso tranquilizamos al bebé, nos masajeamos el cuello mientras hacemos la declaración de la renta, nos columpiamos suavemente en una hamaca, contemplamos la puesta de sol, abrazamos a nuestra hija en señal de triunfo tras el partido de fútbol o practicamos lo que los holandeses llaman *niksen*, el arte de no hacer nada, según la especialista en comportamiento Anne-Maartje Oud. También es la razón por la que nos tocamos constantemente: nos acariciamos la barbilla, nos pasamos los dedos por el pelo o lo enredamos, nos masajeamos los lóbulos de las orejas... Estas acciones apaciguan y tranquilizan, creando bienestar psicológico. De hecho, este confort es tan importante para nuestra especie que, cuando morimos, nuestros seres queridos se encargan de que nos coloquen en un ataúd lujosamente acolchado, a menudo con una suave almohada para amortiguar nuestra cabeza. Un gesto puramente simbólico que indica lo importante que es el bienestar psicológico para nosotros: para honrar a los demás, les proporcionamos comodidad, incluso en la muerte.

El confort psicológico impulsa muchas de nuestras elecciones cotidianas. ¿Alguna vez te has preguntado cuando vas a comprar pasta de dientes por qué hay tanta variedad? Al fin y al cabo, aunque algunas tengan un poco más de esto o aquello, todas son básicamente iguales. Aun así, seguro que eres fiel a tu marca. Igual que eres fiel a un determinado jabón, desodorante, champú u otro producto. El modo en que has llegado a ello, probando diferentes productos, o quizá por la insistencia de tus padres, es un testimonio de la necesidad humana de lo que yo llamo variabilidad preferida. La variabilidad preferida es una elección de alimentos, aperitivos, artículos de aseo, calzado y muchas otras cosas que refleja las preferencias altamente matizadas que has desarrollado a lo largo de tu vida y hacia las que te inclinas para tu bienestar psicológico personal.

Por el contrario, siempre que se produce un malestar psicológico, absolutamente *siempre*, podemos resistirnos, apartarnos u oponernos. El resentimiento aumenta, se forman impresiones negativas y, en el mejor de los casos, nos sentiremos decepcionados, frustrados o enfadados. Nuestra aversión es rápida y constante. Una vez más, vemos la primacía e importancia del bienestar, y por qué se ha dejado para el final en este libro.

El bienestar tiene componentes físicos y mentales. Debemos abordar ambos. Aunque sea estupendo tener una ropa que nos quede bien, vivir en una casa acogedora o tumbarse en la playa con una arena cálida y suave bajo los pies y unas aguas azules y diáfanas que nos deleiten la vista y sosieguen el cuerpo, la vida es mucho más que una comodidad física. Ninguno de estos placeres importa si estás disgustado por el trato recibido en el trabajo o en una relación, porque careces de bienestar psicológico.

Cuando se oye decir que el estrés es un asesino, no es una mera forma de hablar. El estrés favorece las enfermedades cardíacas y vasculares, debilita nuestro sistema inmunitario y mucho más. ¿Qué es el estrés sino lo contrario del bienestar psicológico?

La investigación es concluyente: cuando tenemos bienestar psicológico estamos más sanos fisiológica, psicológica e incluso cognitivamente. Rendimos mejor en casi todas las tareas, pensamos mejor y vivimos más y con más salud. El simple confort psicológico que nos proporciona tener una mascota aumenta nuestra esperanza de vida en varios años. En repetidos estudios se ha demostrado que tener un cónyuge o una pareja que nos apoye eleva nuestra esperanza de vida. Tener una afición incrementa nuestra longevidad. Ya sea porque aleja nuestra atención de los asuntos estresantes mediante la interacción social o por el poder del tacto y la liberación de oxitocina, todo ello contribuye a una vida sana y feliz.

El bienestar psicológico consiste en algo más que elevar nuestro estado de ánimo o satisfacer nuestras preferencias. Constituye la base de nuestra salud mental y física, así como de nuestras relaciones duraderas, y en gran medida, como se verá, da forma a cómo concebimos y sorteamos un mundo dinámico y a veces precario. Hay dos experimentos clásicos que demuestran la importancia y el poder del bienestar.

El experimento del «acantilado visual»

En el primer experimento, se coloca a un bebé de entre nueve y doce meses en una mesa cubierta por una lámina de plexiglás que tapa un tablero de ajedrez visible por debajo. Cuando el bebé se arrastra por el cristal, atraído por un juguete situado al otro lado de la mesa, se acerca a lo que parece ser un precipicio. Se trata de una mera ilusión óptica creada por los investigadores: en ningún momento el niño de este experimento o de los innumerables otros que se han llevado a cabo está en peligro. Al acercarse al precipicio, el bebé siempre se detiene; incluso a una edad temprana saben de algún modo que un precipicio es peligroso. El bebé se acerca al borde..., luego mira para encontrar la cara de la madre, que espera al otro lado de la mesa. Si la madre sonríe y asiente con confianza, animando al bebé a seguir adelante, es mucho más probable que el niño continúe gateando sobre lo que percibe como un abismo. Si la madre no mira, evita el contacto visual o frunce el ceño (poniendo «cara de miedo»), el niño suele detenerse o dar marcha atrás. Al comunicarle de forma no verbal que está bien, la madre le transmite bienestar psicológico. Y con ese consuelo tranquilizador, el niño sigue explorando.

El bienestar es tan poderoso que algo tan sencillo como una mirada alentadora o una sonrisa, incluso cuando somos muy pequeños, puede ayudarnos a reunir la fortaleza necesaria para hacer algo que percibimos como peligroso. Tal es la influencia que nuestra sola sonrisa puede tener en los demás para superar el miedo.

Nuestra búsqueda de consuelo se intensifica en momentos de estrés. ¿No es eso lo que sucede cuando nuestro avión sufre turbulencias, los compartimentos de equipaje se abren, los pasajeros jadean por la violencia con la que se sacude el avión, y buscamos a nuestro alrededor ese rostro tranquilo y sosegado de un auxiliar de vuelo o de un compañero de viaje que nos diga: «Todo va a salir bien»?

A veces puede ser una tarea difícil que no estás seguro de poder llevar a cabo o que requiere sacrificio. Pero el apoyo de los demás te ayuda a salir adelante. Eso es lo que hacen los individuos excepcionales. Tienen la sabiduría y la capacidad de levantarnos, de inspirarnos. De alguna manera, saben que es precisamente lo que se necesita en ese momento: las palabras, la mirada tranquilizadora que en pocos segundos nos animan a seguir adelante. No es diferente del bebé que mira a su madre para ver si está bien cruzar el «abismo» artificial.

Por el contrario, basta con ignorar a una persona, o incluso simplemente con no sonreírle, para fastidiarle el día e influirle de forma negativa. ¿Cuántas veces hemos buscado una mirada de aprobación o incluso solo ser notados por alguien a quien queremos, respetamos o que está por encima de nosotros en una organización, y no nos la brinda? O peor aún, hay una expresión de desprecio, de desdén o una mirada vacía de indiferencia, como si fuéramos invisibles. Si tenemos en cuenta que absorbemos estos mensajes desde que somos bebés y niños pequeños, nos da que pensar en los efectos acumulativos de las miradas vacías o descuidadas que alguien podría haber recibido de niño, en casa, en la escuela o en el trabajo. ¿Quién sería capaz de medir los efectos negativos, los esfuerzos frustrados, los objetivos, proyectos y sueños abandonados?

El experimento del «rostro inexpresivo»

El segundo experimento de referencia fue realizado en la década de 1970 por Edward Tronick con el pediatra T. Berry Brazelton y se conoce como el experimento del «rostro inexpresivo». Una madre y un bebé (de distintas edades en varios experimentos) se sientan cara a cara en una habitación, interactuando de forma lúdica. Unas cuantas veces la madre mira hacia otro lado y hacia atrás, y cada vez sonríe y se ríe, al igual que el bebé. Pero luego, en un momento dado, la madre aparta la mirada y, esta vez, cuando vuelve a mirar al bebé, tiene una «cara inexpresiva»: no muestra ninguna reacción hacia él.

Desde el punto de vista del niño, eso es incomprensible. Mira a la madre, buscando la esperada sonrisa o los ojos alegres (ojos amplios y atractivos). Pero no hay nada más que un semblante indiferente. El bebé sigue mirando al principio, luego se aparta y vuelve a mirar. Actúa para intentar obtener una respuesta, pero no lo consigue. En este punto, algunos de los bebés «se hunden», según el doctor Tronick, o pierden el «control postural», es decir, sus brazos y piernas se agitan. Pueden «mirar a la madre de reojo», como si sospecharan, «pero no se vuelven hacia ella», como harían normalmente. Se ponen tristes y «tienen una mirada de desamparo». Es desgarrador: en cuestión de segundos, los bebés se vuelven preocupados, ansiosos, incluso inconsolables.

El hecho de que un bebé lograra captar las emociones del rostro en esa fase temprana del desarrollo dejó perpleja a la comunidad científica. Este experimento demostró que estamos predispuestos a buscar estas señales visuales porque nos proporcionan una necesidad vital —el bienestar psicológico— y cuando no se produce, esto nos afecta negativamente. Se podría decir que, en ausencia de una interacción facial, estos bebés pierden la confianza incluso en sus propias madres.

A nosotros nos sucede lo mismo. He llevado a cabo este experimento en mis clases a lo largo de las dos últimas décadas y, casi invariablemente, después de haber sido simpático durante la mayor parte del seminario, cuando me vuelvo y presento una expresión de indiferencia a un alumno, casi siempre da muestras de malestar psicológico, se acomoda en su asiento, se pone tenso y mira a los demás como si quisiera corroborar o preguntar si ha hecho algo mal. En un instante, el impulso positivo de nuestra interacción se detiene mientras trata de averiguar qué ha ido mal, simplemente por la negación durante varios segundos del bienestar psicológico que nos proporciona un semblante humano que normalmente se muestra receptivo.

Por muy convincentes que sean estos experimentos, quizá la mayor prueba del poder del consuelo psicológico no provenga de los experimentos, sino de la realidad que vivieron los niños huérfanos bajo el régimen de Nicolae Ceaușescu en Rumanía en las décadas de 1980 y 1990. Un gobierno de estilo soviético era indiferente a estos niños, y la mala gestión perenne llevó a décadas de escasez crónica de personal, falta de financiación, corrupción, malversación, nutrición inadecuada y ausencia de la atención médica más básica. Pero el mayor daño se produjo al negar a esos niños el contacto humano básico: ni un abrazo, ni un contacto humano superficial, ni siquiera abrazarlos cuando lloraban.

Los investigadores descubrieron que los niños, al carecer de cualquier tipo de consuelo psicológico, estaban subdesarrollados y tenían que autoestimularse hasta el punto de balancearse constantemente, agitando los brazos de forma incontrolada. A medida que crecían, tenían poca o ninguna confianza en otros seres humanos. Sus cerebros se encontraban en un constante estado de excitación, como si estuvieran en peligro inminente, percibiendo el mundo y los adultos como algo que induce al miedo. Muchos nunca se recuperaron ni siquiera después de ser adoptados: sufrieron problemas neurológicos, de aprendizaje, psicológicos y de adaptación, con sus cerebros permanentemente alterados, incapaces de establecer vínculos o de confiar en nadie.

No cabe duda de que esto es un extremo, pero expresa claramente la idea central de que los seres humanos necesitamos el bienestar psicológico y prosperamos gracias a él. En su ausencia, podemos llegar a dudar, tener miedo o incluso sufrir daños. Cuando el confort psicológico se interrumpe temporal o periódicamente, se puede perdonar e incluso nos hace más resistentes. Pero cuando esta interrupción se repite (padre preocupado, jefe desatento, indiferencia institucional) y se prolonga, puede ser psicológicamente hiriente y destructiva. La falta de atención, en cualquiera de sus formas, puede ser devastadora para los niños, las familias, las organizaciones y las comunidades. El malestar psicológico resultante se manifiesta en forma de desconfianza, apatía, falta de participación, falta de voluntad de dar un paso adelante para ayudar o tomar una postura, reticencia a participar, incluso reticencia a votar.

Diariamente, en Estados Unidos y en el resto del mundo, se niega a niños y a adultos el consuelo psicológico, ya sea en una zona de guerra, como refugiados, o debido a unos padres, empleadores o gobiernos municipales indiferentes. El daño causado es inconmensurable. Los individuos excepcionales son conscientes de que donde otros fallan ellos tienen que acertar. Saben que depende de ellos, que al igual que daríamos agua al sediento u oxígeno al enfermo, su deber es proporcionar consuelo psicológico.

La atención: el puente hacia el bienestar psicológico

En los capítulos anteriores hablamos de cómo las personas excepcionales observan, comunican y actúan con la intención de atender al prójimo, no para manipularlo y conseguir un determinado resultado, sino porque se preocupan de verdad. ¿Qué es lo que hace que ese interés sea tan importante? Es el catalizador que nos impulsa a proporcionar consuelo psicológico. Cuando el otro nos importa, el bienestar que proporcionamos es más oportuno, abundante, notorio, significativo e influyente. No me refiero a esa sensación de bienestar que esperamos cuando nos alojamos en un hotel limpio y tranquilo, sino al consuelo que una persona le ofrece a otra. Esta es la clase de bienestar que tiene efectos positivos, incluso duraderos.

Estamos predispuestos a buscar y recibir este tipo de consuelo psicológico, por lo que no hace falta un gesto grandioso o costoso, sino solo el adecuado. El famoso autor y defensor de los derechos humanos Aleksandr Solzhenitsyn escribió de forma brillante sobre su encarcelamiento durante la era soviética en *Archipiélago Gulag*. El trabajo agotador, la dureza de los inviernos siberianos, la crueldad de los guardias y las raciones insuficientes lo desgastaron mental, física y espiritualmente. Su situación, como la de muchos prisioneros políticos, era desoladora, y apenas encontraba razones para seguir viviendo.

Al parecer, su desesperación no pasó desapercibida. Solzhenitsyn escribe que en el momento más triste de su estancia allí, cuando sentía que todo estaba perdido, un prisionero viejo y famélico que no conocía se le acercó y se puso en cuclillas a su lado. Sin decir una palabra, ya que los prisioneros tenían prohibido hablar entre sí, el hombre tomó un palo y trazó en la tierra el signo de la cruz cristiana. Luego se levantó y volvió a su trabajo, sin decir una palabra ni mirarlo.

Gracias a esa simple cruz en la tierra, Solzhenitsyn se dio cuenta de que no estaba solo en su lucha contra el sistema soviético. No era el único que tenía conciencia moral. Y eso le dio esperanza. Incluso un símbolo, proporcionado en el momento adecuado, puede ofrecer un profundo consuelo psicológico, en este caso, como dijo Solzhenitsyn, motivándolo a querer seguir «viviendo un día más».

Qué impactante es esta historia. Tal vez en tu vida alguien te haya dicho algo en el momento oportuno que haya sido decisivo. Como conté en el capítulo anterior, la nota manuscrita de la señora Lightbourne, metida junto a una moneda de diez centavos en una humilde caja de cartón, ciertamente lo fue para mí. Tengo una querida amiga que, en el momento más aciago de su tratamiento contra el cáncer, recibió esperanzas de un médico que pasaba por allí y que se tomó un momento para decir lo justo en el momento oportuno: simplemente se detuvo para preguntarle si estaba bien mientras descansaba tranquilamente en una silla del vestíbulo antes de salir del hospital. Lo que quizá sea un acto insignificante, aunque bien intencionado, para una persona puede servir para salvarle la vida a otra. Eso es a menudo lo mínimo que podemos hacer por los demás: la palabra adecuada en el momento adecuado. Nunca debemos dudar en hablar y hacer que la vida de los demás sea un poco mejor. Pero ¿hay algo más?

A veces, el afecto nos impulsa a hacer cosas que nunca imaginamos, pero que son inmediatamente necesarias para proporcionar consuelo.

Mientras trabajaba en este libro, leí acerca de un niño con espectro autista que se sintió anímicamente desbordado en el parque temático Universal de Orlando y sufrió lo que su madre denominó un «colapso autista»: se retorció en el suelo como si tuviera un dolor insoportable, «sollozando, gritando, meciéndose, hiperventilando y luchando con todas sus fuerzas por respirar».

Cuando un niño autista está sobreestimulado o tiene dificultades, se comporta de una manera que para quienes nunca la han experimentado puede resultar inquietante o incluso aterradora. Normalmente, en estas circunstancias, no hay mucho que podamos hacer aparte de ser comprensivos. Pero una persona excepcional, Jennifer Whelchel, empleada de un parque de atracciones, fue más allá: decidió proporcionarle consuelo psicológico.

Jennifer se tumbó en el suelo junto al niño que sufría y le permitió llorar con todas sus fuerzas, mientras lo ayudaba a respirar más despacio. Al tumbarse a su lado les hizo saber a los demás que todo estaba bien y que todo iba a desarrollarse como debía, como el niño necesitaba. Y a los que se atrevían a mirar, a los que se les ocurría mirar dos veces, les pedía amablemente que se fueran y que no hicieran fotos.

«Le hablaba con mucha calma, y mientras él gritaba y sollozaba, ella lo animaba suavemente a desahogarse». En poco tiempo, el niño empezó a calmarse. Se sentó, bebió un poco de agua y su equilibrio emocional se restableció lentamente. ¿Qué hizo falta para lograrlo? No alguien que le regañara o le dictara lo que tenía que hacer, que lo juzgara o que tratara de ignorarlo, sino alguien que lo entendiera y que estuviera dispuesto a involucrarse con él utilizando su lenguaje corporal y su voz tranquilizadora para proporcionarle el tan necesario confort psicológico.

No había ninguna prisa por resolver este problema. Solo había aceptación de los sentimientos del niño de estar emocionalmente abrumado.

Decir que esto fue extraordinario se queda corto. ¿Quieres saber qué aspecto tiene lo excepcional? Ahí está, en el comportamiento de esta joya de ser humano. La atención desinteresada a los demás y la provisión de consuelo psicológico de forma inmediata y eficaz cuando más se necesita.

¿Somos todos tan observadores y estamos tan preparados y listos para actuar como esta chica? ¿Y si todos los líderes fueran así? Ella es eso y más. Es lo que yo llamaría un ser humano relevante, digno de liderar. Que no es lo mismo que, simplemente, designada para liderar. ¡Qué poca gente hay así! Jennifer dijo más tarde en una entrevista que «quería estar a su nivel para poder conectar con él, pero también quería asegurarse de que tuviera su propio espacio». Jennifer no es una profesora de necesidades especiales. No tiene formación en psicología. Es madre de dos hijos, había trabajado en Universal durante unos seis años y al año siguiente iba a empezar a estudiar Derecho. Aunque recibió formación sobre sensibilidad, nunca había hecho eso antes. Sin embargo, de alguna manera, reconoció lo que había que hacer para ser eficaz, apoyar y no confrontar. Comprendió que las crisis de autismo ocurren, que no son lo que la mayoría de la gente piensa de un niño malcriado, sino que se trata de un acontecimiento emocional transitorio que pasará, si se le presta la atención adecuada.

¿Por qué este tipo de actos son noticia? Podría decirse que porque son muy raros. Solo podemos llamarnos realmente excepcionales cuando elegimos hacer del bienestar psicológico nuestro código de conducta predeterminado, nuestro *modus vivendi*, parte de nuestro carácter cuando se trata de otros.

Jennifer no necesitó ningún estímulo; el catalizador del amor ya estaba activo en su interior. Hizo lo que creía que había que hacer en ese momento. ¿Lo habríamos hecho tú y yo de la misma manera? Probablemente no. Pero en eso radica la belleza de observar con consciencia del entorno y tratar de comunicar y actuar con rapidez y solidaridad en función de las necesidades de los demás. Nuestra respuesta no tiene que ser perfecta. Solo tiene que aliviar, desde el punto de vista del destinatario. Los seres humanos no buscan la perfección, sino el bienestar psicológico.

Los individuos excepcionales aprenden a detectar las necesidades y preferencias de los demás y se adaptan para contribuir a su confort psicológico. Hay muchas formas de hacerlo, tanto grandes como pequeñas, como has visto en este capítulo y en los anteriores. La empatía, la humildad, la amabilidad, el comportamiento ético, el decoro adecuado, la honestidad, la generosidad, la estabilidad, la coherencia, la fiabilidad, la actitud optimista, la compasión, el altruismo, la cooperación, la magnanimidad e incluso el humor tienen sus méritos para contribuir al bienestar psicológico. Depende de nosotros la forma en que esto se produzca.

Los ejemplos de proporcionar un confort psicológico en situaciones extraordinarias nos inspiran, pero ¿qué pasa con lo cotidiano? ¿Cómo utilizamos el poder del bienestar psicológico de forma individual o en una pequeña reunión de negocios?

El modelo empático de interacción social

Cuando era un joven agente del FBI, me advirtieron de que la academia me enseñaría a *hacer* mi tarea, pero que para *destacar* en ella tendría que dominar habilidades especiales por mi cuenta.

No había ninguna duda sobre lo que implicaba mi trabajo. Sabía que el objetivo era llegar a la verdad, conseguir una confesión, encontrar los documentos o las pruebas u obtener esa pequeña pero importantísima admisión de culpabilidad que sería útil para el caso. Eso requería un conjunto de habilidades que no tenían nada que ver con la forma de reunir pruebas, detener a un sospechoso o llevar a cabo una operación SWAT. Se trataba de tener éxito en las interacciones sociales críticas con la ciudadanía, en los intensos interrogatorios individuales con los delincuentes, a menudo en situaciones complejas en las que el tiempo era esencial o resultaba difícil establecer una relación.

Una capacidad que me sirvió de mucho fue mi aptitud para evaluar a los demás con rapidez y observar sus necesidades, deseos, intenciones y, sobre todo, sus preocupaciones y temores. Me sentía muy agradecido por eso y por mis primeros estudios sobre la comunicación no verbal. El primer día de trabajo aprendí, mientras respondía a mi primer atraco a un banco en Phoenix, que si eres lento a la hora de analizar a alguien, pierdes oportunidades que tal vez nunca vuelvan a presentarse. Aquella cajera que parecía tan nerviosa y asustada de que nuestros agentes la interrogaran estaba demasiado tranquila cuando la atracaron. Resulta que el atracador era su novio y ella se aseguró de entregarle billetes muy grandes. Al ver la grabación del atraco no me fijé en esa tranquilidad, así que le hice un interrogatorio mediocre. En ese momento juré no volver a obviar ese tipo de señal. La vida no espera a que «te des cuenta», sino que avanza, y rápidamente. Debemos estar preparados para observar y actuar.

Como hemos visto en los capítulos dos y tres, la observación y la comunicación pueden ayudarnos a responder a preguntas importantes, si nos tomamos el tiempo de plantearlas: «¿Debo hablar con esta persona ahora o es mejor esperar?»; «¿Qué señales sugieren que podría ser receptiva o reticente?»; «¿Cómo doy las malas noticias?»; «¿Cómo confirmo sus preocupaciones y le comunico que he cometido un error, pero que lo arreglaré?»; «¿Cómo ayudar a encontrar algo que tengamos en común?»; «¿Cómo le transmito mi mensaje?»; «¿Cómo convencerla para que apueste por mi idea o propuesta?»; «¿He dicho algo que le haya puesto en contra mía o le haya hecho sospechar?». Todas estas son preguntas válidas que se plantean en el ámbito empresarial, especialmente cuando tratamos con gente que apenas conocemos.

Ya sea como agente o como empresario, todos queremos llegar a esa fase de transacción en la que se cierra la operación. Pero ¿cómo lo conseguimos?

Tras décadas dedicadas a evaluar a los demás, calibrar cómo y cuándo interactuar y crear confianza y compenetración para influir positivamente y motivar a otros a cooperar conmigo desarrollé lo que denomino el Modelo Empático de Interacción Social (EMSI*). Es una forma sencilla y estructurada de tratar de manera más eficaz a las personas, tanto a las que conocemos como a las que no.

El marco EMSI es un bucle de retroalimentación de tres fases que nos permite relacionarnos con los demás basándonos en observaciones efectuadas sobre la marcha, en lugar de ceñirnos a un plan predeterminado. Con demasiada frecuencia, por ejemplo, incluso un vendedor experimentado está tan centrado en su «guion» que no ve lo que está ocurriendo justo delante de él: que la persona a la que intenta convencer tiene prisa, no está de humor,

---

* N. del T.: Por sus siglas en inglés, *Empathic Model for Social Interaction*.

está perdiendo el interés, no está impresionada o ya ha tomado una decisión. En el FBI, descubrí que la guía EMSI era eficaz para establecer la cooperación incluso con quienes al principio no querían saber nada de mí. Cuando me retiré de la Agencia, descubrí que el modelo funcionaba igual de bien en el sector empresarial, donde cuanto mejor puedas evaluar, adaptarte y participar al momento, mayor será tu probabilidad de éxito en la transacción.

Interacción social empática

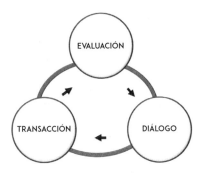

Evaluación

Supongamos que llegas al trabajo y, de repente, alguien entra en tu oficina y te suelta: «Hola, ha llegado este informe; tenemos que añadir estas proyecciones presupuestarias de última hora y lo necesitan para el mediodía». O que entras en casa después de una dura jornada y tu pareja o tu hijo están deseando contarte algo que ha ocurrido, y necesitan que te ocupes de ello inmediatamente.

La vida está llena de estos momentos en los que lo más importante es alcanzar un acuerdo entre dos partes. Esta práctica transaccional es, en esencia, la base de los negocios introducida por la Revolución Industrial y sigue vigente en muchos lugares.

Pero cuando se trata de ejercer influencia, para los individuos excepcionales, hay algo que funciona mejor. Eso lo aprendí en mi trabajo en el FBI desde el principio. Resolver un caso es importante, pero la forma de llegar a él puede tomar muchas trayectorias, y el enfoque más útil, según descubrí, era el humanista, es decir, el de la empatía.

Pronto aprendí que para poder comunicarme con mayor eficacia era fundamental que evaluara constantemente a los sujetos con los que me encontraba o a quienes me enfrentaba, ya que el éxito de mi comunicación dependía en gran medida de conocer su estado anímico. El estrés, la ansiedad, el miedo, la aprensión, la desconfianza o el recelo de los interrogados perjudicaban mi labor. Si me preocupaba lo suficiente por ellos como para intentar comprenderlos, por muy reprobables que fueran sus acciones, podía abrirme a la posibilidad de establecer un bienestar psicológico suficiente para que al menos pudiéramos trabajar juntos.

Una y otra vez se me demostró empíricamente que desde el espacio del bienestar psicológico somos más productivos y eficaces. Esto nos permite estar en sintonía o lo más cerca posible de ella. Como suelo decir, la sintonía es la armonía. Puede que no estemos sintonizados en cuanto a los objetivos, pero si al menos logramos estarlo a nivel emocional, se puede conseguir mucho más.

La mayoría de la gente no ha sido nunca interrogada por agentes del FBI. Así que puede sentirse intimidada, tener miedo de participar, preocuparse por el impacto que esto pueda tener en su trabajo, por lo que puedan pensar los vecinos o por lo que podría afectar a su reputación profesional. Evaluamos estas cuestiones incluso en un breve encuentro en una esquina. Si el sujeto con quien intentábamos conectar estaba estresado, distraído o no se fiaba, no tenía sentido perder nuestro tiempo ni el suyo.

Uno podría pensar que, una vez en la sala de interrogatorios del FBI, lo más importante es llegar a los hechos. Pero para mí, también era importante evaluar lo que había en la mente del individuo que estaba siendo entrevistado en ese momento, no solo lo que pudiera haber presenciado o realizado.

¿Qué evaluaba? Básicamente las mismas cosas que evalúo ahora: «¿Con quién estoy tratando? ¿Cómo se encuentra emocionalmente? ¿Es reservado o locuaz? ¿Cuál es su nivel de receptividad? ¿Cuáles son sus antecedentes? ¿Qué objetivos tiene? ¿Qué quiere? ¿Es razonable? ¿Qué teme? ¿Qué sabe o no sabe? ¿Es la hora del día un factor? ¿Necesitamos un descanso? ¿Desea o necesita hablar de otras cosas antes de que podamos dirigirnos a mi objetivo? Mientras conversamos, ¿veo cambios en su comportamiento que puedan indicar incomodidad, desagrado, vacilación, preocupación o deseo de irse? ¿O bien parece más comprometido, relajado, menos tenso, más pensativo, menos beligerante, más dispuesto a cooperar?».

Todo lo que los interrogados hacían de forma no verbal o decían importaba. En cada etapa (el saludo inicial, la notificación de por qué se los interrogaba, etc.), recopilaba toda la información que podía a través de sus palabras, sus vacilaciones, sus reacciones corporales, la forma en que colocaban sus manos (pulgares altos/confiados, pulgares bajos/no tan seguros) para poder decidir cómo hacerlos participar más mientras avanzaba hacia mi objetivo (la fase de transacción del modelo): conseguir que se abrieran y hablaran o cooperaran conmigo de alguna manera.

En un entorno empresarial, los intereses y objetivos específicos pueden ser diferentes, pero hay una similitud fundamental. Tanto si se trata de hacer una venta como de negociar un contrato o de colaborar en un proyecto o una empresa, la transacción no se llevará a cabo si no hay apertura y cooperación entre las partes. Eso solo puede ocurrir mediante la comprensión y el respeto mutuos. Y *eso* solo sucederá cuando haya bienestar psicológico.

La evaluación es un proceso continuo de observación y conocimiento de la situación. Hay que estar siempre atento a las muestras de bienestar y, sobre todo, de malestar, porque estas aparecen a cada momento. También buscas las expresiones no verbales que revelan preferencias personales (eligen una silla en lugar de un sofá); una distancia personal cómoda (a menudo más amplia de lo que pensamos); cuándo hay un mayor grado de comodidad por su parte (se inclinan hacia atrás, estiran los brazos, utilizan más las manos y están en una posición abierta), o las importantes señales sociales que demuestran que «ceden el turno», la oportunidad que se te da para decir lo que piensas o, finalmente, para iniciar la fase de transacción.

Para los individuos excepcionales, este proceso de evaluación continúa durante todo el encuentro, hasta el final. Nunca dejes de evaluar, ni siquiera mientras te despides. Nunca se sabe lo que puede revelarse incluso después de que se haya completado la transacción.

Preguntas clave para la evaluación

He aquí algunas cosas que hay que tener en cuenta y evaluar antes y durante una reunión con otras personas:

- **¿Qué sé de ellos?** Con las redes sociales, LinkedIn, Twitter, Facebook, YouTube, TikTok, tienes muchas oportunidades de ver cómo es alguien y de conocer sus antecedentes, así como de observarlo y escucharlo para obtener la información que tratamos en este libro. Puedes aprender mucho de sus *podcasts*, entrevistas y vídeos, como por ejemplo su forma de hablar, los temas que le interesan, sus logros e incluso su personalidad. Este tipo de información puede ayudarte a establecer una relación más rápida si sabes de qué hablar y qué evitar, mientras observas lo que puede ser una muestra característica de comodidad o incomodidad.
- **¿Cuál es el protocolo de la reunión?** En caso de duda, llamo con antelación para determinar el tiempo de que disponemos para la reunión. Esto es algo que volveré a revisar cuando llegue. He comprobado que los asistentes de la oficina, las secretarias e incluso los colegas están más que dispuestos

a ayudar. Saber de antemano dónde nos reuniremos (oficina, sala de conferencias, cubículo, espacio público, virtualmente) también es útil. Mientras escribo esto en medio de la pandemia de COVID-19, es importante saber qué protocolo existe en relación con el uso de la mascarilla. A veces también hay protocolos culturales que conviene conocer de antemano.

- **¿Cuáles son sus necesidades espaciales?** Incluso antes de dar la mano (más adelante), una de nuestras primeras responsabilidades es evaluar las necesidades de espacio de los demás. En el momento en que alguien viola nuestro espacio, nos sentimos incómodos; esto puede incluso impedir que recordemos lo que alguien ha dicho. Para protegernos de las impresiones negativas que dejan las violaciones del espacio, nos corresponde evaluar las necesidades espaciales que son culturales (en algunas culturas a la gente le gusta estar muy cerca; eso se ve en el Caribe); o pueden ser personales (prefiero que la gente no se acerque más de un metro). También está el factor situacional: en una fiesta puedo tolerar que alguien esté más cerca, pero no en una reunión de negocios y, desde luego, no cuando estoy con desconocidos en la calle. Para maximizar el tiempo cara a cara, debemos tener cuidado de no violar las necesidades espaciales. Una forma rápida de evaluar las necesidades espaciales: cuando doy la mano (si la persona se siente cómoda haciéndolo —y eso es bastante fácil de preguntar—, incluso la temporada de gripe puede ser una razón por la que algunas personas prefieran no darla), me inclino, asegurándome de que mi torso está al menos a un metro y medio de distancia, de modo que cada parte se inclina hacia delante y extiende sus brazos unos sesenta centímetros más o menos. Si la persona sonríe y retira la mano después de estrecharla y no se mueve, entonces mantengo esa distancia, ya que probablemente sea cómoda para ella. Si la persona retrocede un paso, sé que necesita ese espacio extra y lo respeto. Si se acerca, sé que esa es su distancia preferida. Las necesidades espaciales son cruciales, incluso las tuyas, así que si tienes que retroceder un poco, hazlo.

Otro consejo sobre el espacio: por mi propia experiencia a la hora de crear comodidad, sé que con solo inclinar un poco mi torso, puedo hacer que los demás se sientan más cómodos. En otras palabras, no sigas colocándote directamente delante de alguien.

Ten en cuenta que, a medida que las personas conversan, es posible que se muevan a su alrededor o que se acerquen unas a otras. Los cambios de este tipo deben anotarse como parte de la evaluación de la comodidad psicológica y del progreso en el establecimiento de la confianza y la compenetración.

- **¿Qué más puede estar pasando?** Evalúa continuamente los factores que pueden alterar el nivel de comodidad de la persona. Hay que buscar las causas habituales: la falta de tiempo, la aversión a las reuniones, el hambre, el cansancio e incluso la abstinencia de nicotina. Una vez, en una reunión, noté que un hombre se movía mucho en su silla. Parecía estar inquieto. Al principio, pensé que era simple cansancio, ya que todos habíamos estado en la reunión durante un tiempo. Luego me fijé en los dedos manchados de nicotina de su mano derecha y me di cuenta de que necesitaba y quería un cigarrillo. Pedí un descanso.

A veces hay malestar por un acontecimiento desconocido que puede haber sucedido antes durante ese día y que quizá no tenga nada que ver con nosotros, pero podemos verlo en los rostros de los demás. Puede que estén molestos porque les ha costado encontrar la oficina. Los viajes, sobre todo los de larga distancia, pueden agotar a cualquiera. Tal vez hayan estado despiertos toda la noche con un niño enfermo. Sé sensible y atento.

A veces hay irritabilidad en torno a algo que se dijo o se hizo, problemas pasados no resueltos entre los participantes o un inconveniente real o imaginado.

Sea cual sea la circunstancia, recuerda siempre que nuestro cuerpo refleja nuestro estado de ánimo momento a momento. Presta atención, sé receptivo, no dudes en preguntar si se necesita un descanso, si necesitan privacidad para hacer una llamada, si la reunión debe acortarse porque una tormenta de nieve se acerca rápidamente y afectará a los desplazamientos, si se necesita comida y refrescos, o si hay algo que puedas hacer para ayudar o mejorar la situación. La acción tiene peso por sí misma.

A veces lo único que puedes hacer es reconocer el malestar o la incomodidad de alguien, pero al menos el reconocimiento nos acerca a un nivel subconsciente. Recuerda: reconocer es honrar.

- **¿Qué puedo ofrecer para fomentar el bienestar?** Nunca subestimes la importancia y el atractivo de la más sencilla hospitalidad. El acto de ofrecer algo de beber, un lugar cómodo para sentarse, un momento para despejar la mente, un lugar para cargar el teléfono..., tener estos detalles es muy fácil, y cuenta mucho. La necesidad de realizar transacciones no debe impedir en modo alguno tu obligación de crear bienestar psicológico mediante actos solidarios como los de una hospitalidad exquisita.

Hablando de hospitalidad, recuerda que el entorno en el que te encuentras contribuye al bienestar psicológico. Los entornos ruidosos y ajetreados, en los que no hay privacidad, pueden dar lugar a reuniones que se acortan, se recuerdan mal o incluso se evitan en el futuro. En los negocios, cuanto más alto sea el estatus de la persona, más considerados debemos ser en lo que respecta al espacio de reunión.

Una vez hecha la evaluación inicial, no hay que dar por hecho que todo ha terminado. En el FBI, nunca dejé de evaluar mis interacciones. Lo mismo ocurre en mis reuniones de trabajo: durante la fase de encuentro, mientras se desarrolla nuestra conversación, en mi mente está ocurriendo otra: «¿Qué estoy viendo y escuchando? ¿Cómo va esto? ¿Estamos avanzando? ¿Ha cambiado algo? ¿Hacia dónde se dirigen estas preguntas? ¿Por qué son tan diferentes las palabras del director general y del director financiero? ¿Qué es lo que no se dice? ¿Se está relajando más mi interlocutor; se siente más cómodo? ¿Estamos desarrollando la confianza mutua? ¿Estamos cada vez más compenetrados? ¿El tema está provocando tensiones? ¿Debo sacar este otro tema ahora? ¿Cómo ha reaccionado el sujeto al mencionarlo? ¿Tiene preguntas que no se han formulado? ¿Quizá se abra más si evito el contacto visual directo (esto funciona muy bien a veces)?».

¿Por qué pasar por todo esto? Porque en la Agencia nos lo inculcaron: solo tienes una oportunidad, hazlo bien. Hablando con muchos empresarios de todo el mundo, he descubierto que lo mismo ocurre en los negocios. A menudo disponemos únicamente de una oportunidad para captar al cliente, así que más vale que lo hagamos bien. ¿Cómo lo hacemos? Evaluándolo constantemente para ver lo que está ocurriendo, lo que necesita atención, lo que puede presentarse como un problema, y si su nivel de interés y su curiosidad están creciendo o disminuyendo.

Diálogo

Lee las tres situaciones que se presentan a continuación y trata de adivinar qué tienen en común:

- Steve Jobs, cuando aún estaba en el instituto, se fijó en la guía telefónica de Palo Alto y decidió que llamaría a Bill Hewlett, director general y cofundador de Hewlett-Packard... a su casa (sorprendentemente, el número aparecía en la lista). Eso lo llevó a realizar un aprendizaje y a conocer a algunos de los mejores ingenieros del mundo.

- Un agente del FBI en Miami, al enterarse de que la esposa de un sospechoso que estaba investigando había sido hospitalizada, le envió flores. Eso hizo que el sospechoso abriera un diálogo, que lo llevó a cooperar con el FBI, exponiendo a otros delincuentes involucrados.

- El detective Mike Willet recibió un caso en el que la sospechosa ya había sido interrogada en múltiples ocasiones sin resultado alguno. Alegaba que su bebé fue raptado en apenas veinte segundos, más o menos, después de salir de su coche en el aparcamiento de una tienda para ir a la zona de los carros de la compra. Cuando Willet recibió el caso, fue y se sentó junto a la sospechosa en un banco del pasillo. En silencio, ambos observaron cómo pasaba la gente. Al cabo de un rato, dijo: «Vamos a buscar a tu bebé». Con eso, la sospechosa se levantó y juntos se dirigieron al coche de Willet. Cuando se acercaron a la señal de *stop* para salir del aparcamiento de la oficina del *sheriff*, Willet preguntó: «¿Voy a la izquierda o a la derecha?». «Tira a la izquierda», contestó ella. Y así, la sospechosa lo condujo hasta el lugar donde se había deshecho de su bebé, tras lo cual confesó haberlo matado.

¿Qué tienen en común estos ejemplos tan dispares? Un acercamiento innovador. Lo que normalmente se denomina pensar de forma original consiste simplemente en ser creativo teniendo en cuenta las circunstancias, el contexto, la personalidad o la oportunidad.

Jobs buscaba una forma de entrar en la industria tecnológica y aprender con algunos de los mejores ingenieros de HP. Esto fue antes de que en el mundo empresarial se generalizaran las prácticas y otras formas de reclutar nuevos talentos. En lugar de tomar la ruta tradicional de pasar por recursos humanos, Jobs encontró la manera de acercarse a la persona adecuada en el momento adecuado, y eso supuso una diferencia sustancial.

A menudo, un delincuente sabe que el FBI lo persigue. Según uno de mis colegas, el jefe de la mafia John Gotti solía enviar sándwiches a los agentes del FBI que lo vigilaban. Esa era su forma de decir: «Sé que estáis ahí». Es un juego que los maleantes practican para hacer saber a las fuerzas del orden que no les tienen miedo. El agente de Miami interrogó a su sospechoso y lo persiguió durante mucho tiempo. Luego se enteró de que su esposa se encontraba enferma. Sospechoso o no, todos sabemos lo preocupante que es cuando un ser querido está enfermo. Así que le envió flores. Relacionarse a ese nivel emocional resultó ser una forma poderosa de abrir la comunicación.

El ayudante Willet consiguió que una sospechosa que había sido interrogada en varias ocasiones sin éxito colaborara con él. En lugar de llevarla a una sala de interrogatorios para que se sentara de forma convencional, se reunió con ella justo donde estaba, sentándose a su lado. En lugar de intentar iniciar un diálogo, como cabría esperar, no dijo nada. Juntos, sentados en el mismo sitio, se limitaron a ver la vida pasar durante un rato. Entonces, en lugar de hacerle más preguntas, le propuso algo totalmente inesperado, no una pregunta, sino una sugerencia para que hicieran algo juntos a lo que ella no se resistiría: «Vamos a buscar a tu bebé». Fue una estrategia de acercamiento brillante. Cuando le pregunté a Mike: «¿Cómo supiste qué decir o hacer?», respondió: «No lo supe. Solo sabía que todo lo que habían intentado los demás no había funcionado». Así que probó algo diferente: acercarse de una forma inusual.

No estoy sugiriendo que pruebes un método inusual de acercamiento solo por no ser lo habitual. Lo que sugiero es que, antes de emprender cualquier acción, antes de pasar a la transacción, te plantees lo siguiente: ¿cuál es el mejor modo de relacionarse con esta persona en este momento?

Tal vez un contacto inicial por teléfono sea la manera de hacerlo, como hizo Steve Jobs. Quizá sea un correo electrónico de presentación. Personalmente, siempre aprecio una nota escrita a mano y respondo a ella. O podría ser una visita rápida a la oficina para ver si el director está ocupado. Como me contó un próspero director general con oficinas en diecisiete países: «Cuando empecé pensaba mucho en cómo dirigirme a los banqueros para financiar nuestros programas, y es algo que hoy día sigo haciendo. Puedo decirte que no había dos enfoques iguales, ni ahora ni entonces. Invariablemente, el país en el que nos encontrábamos, su personalidad, todo jugaba un papel, incluso la hora del día».

Merece la pena pensar de antemano cuáles pueden ser las preferencias o perspectivas de la otra persona. Me acuerdo de una vez que los agentes se presentaron con dónuts y café para una entrevista clave en casa de alguien. Su anfitrión los invitó amablemente a pasar, pero cuando le ofrecieron lo que habían llevado, dijo (y cito): «Soy de origen chino. Bebo té y no como rosquillas». Como los agentes me contaron después avergonzados, la entrevista fue cuesta abajo a partir de ahí, y nunca tuvimos otra oportunidad de hablar con él por eso. El diálogo no funciona a menos que genere bienestar psicológico, el de ellos, no el tuyo.

El diálogo, no la transacción, es el aspecto más importante de cualquier interacción. La forma en que elegimos interactuar en cada momento —lo que comunicamos, cómo nos comportamos— es lo que consolida las relaciones y garantiza el éxito de la transacción.

A menudo, antes de empezar a hablar, me pregunto: «¿Qué impresión quiero dar en esta situación en este momento?». Si hice el trabajo que vimos en los capítulos anteriores —ejercer la autodisciplina para preparar diligentemente la reunión, cultivar las habilidades de observación y la conciencia del entorno para poder responder en el momento, permitir que la curiosidad y la empatía fluyan hacia esa persona, actuar con rectitud para construir una base de confianza–, entonces me apoyo en esos sólidos cimientos y sé que siempre podré iniciar la conversación con el pie derecho encontrando algo de lo que hablar o que podamos tener en común. El simple hecho de agradecer la oportunidad de conocernos suele ser suficiente para que las cosas empiecen bien.

Así pues, si has adoptado y pones en práctica todos los rasgos de las personas excepcionales, no te preocupes por qué decir exactamente. Ya te estás comunicando positivamente a través de la forma en que te presentas, y tu preparación previa te proporciona una valiosa confianza para transmitir tu mensaje.

El diálogo, al igual que la evaluación, es un proceso continuo que modificamos y adaptamos en función de lo que nos dicen nuestras evaluaciones. Mientras se desarrolla la conversación, si utilizas los rasgos de los individuos excepcionales, las circunstancias te hablarán: esta es la mejor manera de atraer a esta persona en particular que, por sus manifestaciones no verbales, me está diciendo que puede estar presionada por el tiempo o que está insegura. A este individuo le gusta hablar rápido y no participa en conversaciones triviales, así que permíteme que vaya al grano. De mi investigación previa aprendí que este grupo de inversores solo te concede una reunión de veinte minutos; aprovéchala al máximo porque la cortan bruscamente y eso es todo lo que tienes, por eso ensayé mis temas de conversación de diez a quince veces. Si la forma de acceder a ese médico es siendo muy amable con la recepcionista, entonces también es mi prioridad construir una relación con ella. Un posible cliente quiere saber de dónde es mi familia; se lo diré. El teléfono de la clienta acaba de vibrar y sus ojos se han desviado dos veces hacia él; le preguntaré si tiene que atender esa llamada o mensaje y le sugeriré un breve descanso si es así. Si alguien necesita agua (tiene la boca seca, está tragando para humedecer la boca, se está aclarando la garganta), se la consigo antes de que la pida. Estoy allí con un objetivo claro, estoy haciendo negocios, pero también soy muy consciente y estoy en sintonía con lo que se necesita o cómo están cambiando las cosas, porque también me interesan las personas.

Durante el interrogatorio, si observo que los demás tienen algún temor, me concentro en inspirar confianza a través de mi postura, comportamiento, voz, tono y acciones. Cuando realizaba entrevistas en el FBI, lo más importante en la fase de diálogo era conseguir hablar cara a cara, es decir, dedicar una cantidad de tiempo productiva al encuentro en persona. Prolongar este tiempo era primordial. Sin él, no habría transacción ni posibilidad de otra reunión. Si el interlocutor se sentía cómodo, era más probable que quisiera pasar más tiempo conmigo o que volviera.

Para optimizar una primera impresión positiva, después de estrechar la mano me situaba siempre en un ligero ángulo con respecto al otro, en lugar de hacerlo directamente frente a él. Empleaba un tono de voz más bajo que el habitual. Y, mientras estaba de pie, cruzaba las piernas en cuanto podía. A nivel subconsciente, esto relaja más a la gente que si estás de pie con los pies a los lados. Al mismo tiempo, inclinaba la cabeza —una ligera inclinación y exposición del vulnerable cuello— para demostrar que estaba escuchando y era comprensivo. Esto suele animar a la gente a abrirse. Cruzar los pies mientras se está de pie y una ligera inclinación de la cabeza son sutiles señales subconscientes que se pueden enviar y animan a la gente a permanecer más tiempo contigo. Además, al sonreír, relajar la cara y asentir levemente con la cabeza cuando era necesario, intentaba crear un entorno en el que, con suerte, pudiéramos pasar más tiempo juntos, o al menos animar a los demás a ser receptivos. También sabía que cuando las personas se colocan en ángulo entre sí, es más probable que las conversaciones se prolonguen. No hay ninguna diferencia en los negocios: estas pequeñas cosas hacen que las conversaciones se alarguen y sean mejores.

Claves para un diálogo constructivo

Estos son algunos consejos que te ayudarán a mejorar tus relaciones con los demás y a hacer que se sientan más cómodos:

- **Refleja sus comportamientos.** Si quieren estar de pie y hablar apoyados en una pared, haz lo mismo. Si toman café, tómate tú también uno, o al menos bebe algo. Cuando estés sentado, puedes reflejar sutilmente su postura: ¿están reclinados hacia delante, con las manos sobre la mesa? ¿Inclinados hacia atrás, con los brazos cruzados y la cabeza inclinada? No tiene que ser una postura idéntica, solo parecida.
- **Refleja sus palabras.** Si dicen: «Esto va a causar verdaderos problemas», no digas: «Podemos resolver estos asuntos». Reflejar las palabras de tu interlocutor («problemas», no «asuntos») favorece la armonía. Si utilizan una terminología deportiva, decídete a trabajar con ella, aunque no sea tu fuerte. Si lo que quieren es «dejar la pelota en tu tejado», «ganar puntos», «pasar el balón» a otro departamento o «dar un pelotazo», es posible que tengas que emplear también esos términos para hacerles saber que lo entiendes.
- **Ajústate a su ritmo de habla.** Nunca podemos igualar el ritmo de otro, pero si a alguien le gusta hablar rápido, haz un esfuerzo por seguirlo. Si es lento y pausado, no hables deprisa. Esta es una queja que escucho a menudo sobre las personas que hablan rápido.
- **Si utilizas términos técnicos o profesionales o palabras de moda, asegúrate de que todo el mundo entiende su significado.** Eufemismos o coloquialismos como «eso es harina de otro costal», «nos van a dar las uvas» o «no me lo trago» pueden no ser del agrado de personas de otras regiones o culturas. En Nueva York puedes oír la palabra *capiesce* (pronunciada *capiish*) que significa '¿entiendes?'. Yo viví en Utah y Arizona durante unos diez años y no la oí ni una sola vez.

Cada generación tiene sus propias palabras preferidas o de moda, así que ten cuidado de no caer en la trampa de pensar que todo el mundo lo entiende. Lo mismo ocurre con los términos técnicos específicos de determinados sectores.

- **Evalúa los aspectos no verbales de la sincronía.** Esto es sutil, pero si respiran y parpadean aproximadamente al mismo ritmo que tú, lo más probable es que estéis en sincronía. Esto es bueno. Si se inclinan hacia atrás y extienden los brazos en el sofá, son señales positivas, al igual que mirar hacia otro lado mientras hablamos y pensamos: significa que estamos lo suficientemente cómodos como para mirar libremente hacia otro lado, como si estuviéramos entre amigos.

- **No dejes que los comportamientos repetitivos te distraigan.** Muchas personas los tienen. A mí me gusta sacudir la pierna. Algunas personas hacen girar los lápices o hacen otras cosas. Así se calman y pasan el tiempo. Pero ten cuidado cuando empiecen a tamborilear los dedos de repente: puede ser un signo de impaciencia o aburrimiento, así que estate atento a otras pistas para intentar confirmarlo.

- **Hay que saber cuándo hay que dar por concluida la conversación.** Ten en cuenta que cuando miran el reloj, su *smartphone* o la salida repetidamente, o si sus pies apuntan hacia la puerta, puede que tengan otras cosas en mente. Si observas estos comportamientos o si ves sus manos sobre las rodillas, probablemente sea el momento de dar por terminada la reunión. No dudes en preguntar: «¿Cómo vamos de tiempo?». Lo agradecerán.

Una última e importante advertencia: dedicarte a fomentar el bienestar psicológico no significa que tengas que decir siempre que sí o ser un adulador. Se puede crear un entorno en el que haya bienestar psicológico con unos límites bien establecidos y rigurosos. El bienestar psicológico es un objetivo; no significa sumisión o servilismo.

Transacción

Durante mis entrevistas con el FBI, solo cuando descubría la mejor manera de conectar con el interlocutor y lo veía más relajado y receptivo, pasaba a la fase crítica de la transacción, es decir, a hablar de por qué estaba allí y de lo que me interesaba conseguir. Decidir cuándo hacer esta transición en esta situación no difiere de hacerlo en una reunión de negocios, una conversación difícil o al hablar con alguien por primera vez.

En tu caso, la fase transaccional podría consistir en lo que vendes o promocionas, o en interesar a alguien en una oportunidad. Sea lo que sea, llega un momento en el que se ha establecido un grado de compenetración y es entonces cuando hay que actuar.

La forma exacta de actuar es tan individual como las propias transacciones. Pero los fundamentos de los individuos excepcionales son válidos: si te has preparado cuidadosamente para la reunión, si te presentas como alguien bien educado, bien intencionado y receptivo, el azar te favorecerá. Si eres enérgico, respetuoso y estás preparado para interactuar y responder a sus preguntas, te respetarán y apreciarán. Si eres capaz de adaptarte y actuar en función de sus reacciones, reconocerán que tienes conciencia social.* Si haces todo esto, te percibirán como alguien digno de confianza. Demostrando continuamente que se puede confiar en ti, animarás a los demás a que te escuchen, te acepten y colaboren contigo para resolver los problemas.

Pero ten en cuenta que el hecho de que te encuentres en la fase de transacción y estés hablando no significa que abandones la observación. Sigues observando las reacciones de tu interlocutor y cómo recibe tus palabras.

---

* N. del T.: Según la psicología, la conciencia social puede definirse como el conocimiento que un individuo tiene sobre el estado de los demás integrantes de su comunidad y sus necesidades, y presupone su deseo de cooperación a través de distintos mecanismos sociales.

A veces me dicen: «Estaba intentando recordar todo lo que quería decirle, pero me distraje porque me costaba interpretar sus reacciones», o «Estaban pasando tantas cosas que me olvidé de decirle», ya sabes, esto o aquello. Sé que no es fácil. A mí también me ha pasado. Por eso tienes que practicar y desarrollar tus habilidades de observación, para que te sientas cómodo con la evaluación focalizada mientras participas y transmites, incluso en entornos y situaciones que se prestan a la distracción.

Claves para una transacción eficaz

Estos son algunos de los factores en los que me centro durante la transacción:

- **Ve más allá del lenguaje corporal.** Sigue evaluando el lenguaje corporal de los individuos, pero también sé consciente de las distracciones que les hacen perder la atención. Pueden ser los mensajes de texto que reciben y responden (incluidas sus reacciones a esos mensajes). Podría tratarse de la temperatura ambiente (¿se quitan la chaqueta, se suben las mangas? O al contrario, ¿se echan el chal encima o se frotan los brazos por el frío?), la hora del día (¿un bajón de energía por la tarde?, ¿el sol les da en los ojos?) o el ruido ambiental (¿puedes cerrar la puerta, salir un momento para pedir a los demás que hablen más bajo o sugerir que la reunión continúe en una cafetería tranquila al final de la calle?).
- **Observa los cambios en el uso de las palabras,** como «el proyecto» frente a «nuestro proyecto» u otro lenguaje que indique que se ha introducido alguna reserva. Si te dicen: «Tú dijiste...», prepárate para profundizar en la relación, porque esto suele ser el preludio de emociones latentes ocultas tras algún asunto no resuelto, como por ejemplo: «Dijiste que podíamos cerrar el trato el 1 de junio. ¿Qué ha pasado?». Solo esas dos palabras te hacen saber que tienes

que trabajar más en el compromiso y dar más explicaciones. Del mismo modo, «¿qué pasa con...?» te da una pista de que hay que resolver los problemas antes de que la transacción pueda avanzar.

- **Si ves muestras de incomodidad o señales de que ya han escuchado suficiente, no sigas hablando.** Quieres mantener la conversación, pero paradójicamente, eso significa cambiar de rumbo cuando veas que los signos no verbales indican que han tomado una decisión (labios apretados salidos hacia delante o fruncidos y luego torcidos a un lado de manera llamativa) o que tienen problemas. Fruncir los labios, rascarse el cuello, ventilar (tirar del cuello de la camisa) o mover la mandíbula son indicios de que algo no va bien. Son una señal para hacer una pausa y preguntar qué están pensando, qué les preocupa. O bien, puedes permanecer en silencio y dejar que ellos llenen el vacío. Esto les da la oportunidad de llevar la conversación en la dirección que deseen. Cuando veas que hay preocupaciones, recuerda que esas señales que observas son un medio de comunicar lo que pueden estar sintiendo sin expresarlo con palabras. No escuchar palabras de preocupación no significa que la ignoremos. A mí me gusta abordarlo allí mismo, sobre todo cuando sé que el tiempo es limitado. ¿Por qué alargarlo? Pónselo fácil diciendo: «¿Te parece que esto es algo con lo que te sentirías cómodo?». Lo más probable es que vuelva y diga, amablemente: «Esto no es para mí» o «Prefiero ir en otra dirección». Y eso está bien. Permite que tu amabilidad a la hora de aceptar que eso no funciona para ellos te permita salir airoso de la situación y volver a verlos una próxima vez.

- **Recuerda que estás ahí para transmitir, no para convencer.** Aborda las preguntas con rapidez, sin vacilar. Estás preparado, así que te sentirás cómodo con los hechos y los detalles.

No es el momento de persuadir o presionar. Los individuos excepcionales nunca tienen que hacer eso. La recepción de los demás de tu propuesta u oferta o de tus ideas se basará en dos cosas: cómo se sienten con lo que se les ofrece y cómo te perciben a ti. Es de suponer que tus productos y servicios hablan por sí mismos.

- **No luches contra la tiranía de la indiferencia.** ¿Qué sucede si, por más que hagas, tu interlocutor se muestra indiferente, distraído o quizá emocionalmente no está en un buen momento? Lo mejor en estos casos es actuar de forma excepcional, es decir, alejarte y volver otro día. Como suelo advertir a los ejecutivos: «No desperdicies tus mejores frases empleándolas en el peor momento». La sabiduría consiste en saber qué decir que sea relevante y cuándo decirlo. Eso es lo que hacen las personas excepcionales.
- **Pase lo que pase, sigue confiando en ti.** A estas alturas, has hecho todo lo posible. Tu mensaje es contundente, estás preparado, irradias entusiasmo, simpatía y confianza. Has llegado hasta aquí gracias al autodominio, la observación y la utilización de tus mejores habilidades de comunicación. El resto depende de ellos.

Mitigar el miedo: un deber que asumen los individuos excepcionales

Cuando me asignaron a la oficina del FBI en San Juan (Puerto Rico), nos enfrentábamos a grupos terroristas, atracadores de bancos, secuestradores, ladrones de coches, asesinos y violadores en alta mar y traficantes de drogas. Investigarlos o incluso detenerlos no me preocupaba. Pero durante ese tiempo, descubrí por casualidad algo que me asustó mucho.

Sucedió un día en que el agente especial a cargo de la oficina del FBI en San Juan me «ofreció» (léase: me ordenó ir porque nadie quería hacerlo) asistir al curso de instructor de rápel del SWAT del FBI. Se trata de un curso en el que no solo se aprende a hacer rápel, sino que se certifica para enseñarlo a otros.

A partir de ahí, el rápel en edificios y laderas de montañas se convirtió en mi futura realidad. En ese momento, también me di cuenta del pánico que tenía a las alturas. No estaba «preocupado». No tenía «problemas» ni lo consideraba un «desafío». Tenía un temor que me hacía temblar las rodillas, que me revolvía las tripas, el mismo miedo que un niño pequeño.

Había descendido en rápel por la ladera de una montaña inclinada en Provo (Utah), no muy lejos del Sundance de Robert Redford. Pero lo que me esperaba era muy diferente. Descender en rápel por la fachada de un edificio en condiciones tácticas y llevar un casco de fibra de vidrio, una máscara antigás, una cantimplora, un pesado chaleco antibalas que incluía una placa de cerámica, un botiquín con dos bolsas de 500 mililitros de solución de Ringer lactato, y un subfusil MP-5, cuatro cargadores extra, además de una pistola semiautomática SIG Sauer 226 con dos cargadores extra, dos granadas aturdidoras y una radio encriptada Motorola fuertemente reforzada, mientras se utilizan gafas de visión nocturna para entrar por una ventana de un octavo piso por la noche con un equipo de titanio para irrumpir no es divertido. Queda bien en la televisión, sí... pero divertido no es.

No había marcha atrás. Así que mantuve la boca cerrada y salí de allí con un nudo en la garganta y el miedo en las tripas, con la esperanza de escapar airoso de alguna manera.

En la Rappel Master School de Quantico ('escuela de instructores de rápel') pasamos los dos primeros días atando nudos y aprendiendo sobre nuestro equipo. Me alegré patéticamente de este tiempo en el que intentamos adquirir algún tipo de confianza en nuestro equipo, mientras aprendíamos dieciocho nudos diferentes. Teníamos que ser capaces de atar cada uno de ellos con los ojos cerrados, incluso mientras estábamos sumergidos en agua por la noche. Estos nudos los utilizaríamos para asegurar nuestras cuerdas. No hay nada como estar a dieciocho metros de altura y que un instructor te diga: «¿Te tirarías por la fachada de un edificio con la forma en que está asegurada esa cuerda?». ¿O qué tal desde un helicóptero, a doce metros sobre una cubierta de lanzamiento? Te hace pensar. El tercer día, subimos a la torre de rápel de seis pisos, donde tuvimos que dominar el descenso por el lateral de forma rápida y eficaz. Durante varios días practicamos el descenso mirando hacia arriba en el estilo tradicional; luego en el estilo de comando australiano mirando hacia abajo, utilizando solo un simple mosquetón o una anilla en forma de letra D para controlar el descenso, todo ello mientras simulábamos condiciones tácticas en las que teníamos que detenernos en nuestro descenso, asegurarnos temporalmente para hacer una entrada dinámica (estrellarnos a través de una ventana) o si fuera necesario en situaciones de rescate de rehenes eliminar sin hacer ruido a un centinela con una pistola con silenciador o lanzar una granada aturdidora.

Una vez que tuve confianza en mi propia forma de hacer nudos, me sorprendió ver que no sentía tanto miedo como pensaba. Los instructores tuvieron mucho que ver con eso. A lo largo de la semana siguiente, progresamos en la práctica del rápel y de las entradas por las ventanas con mayor confianza. Incluso hicimos rápel desde el edificio Jefferson, de once pisos, en Quantico, lo que produjo tensión, tanto por la altura como porque lo hicimos en medio de una tormenta eléctrica. Tuve un poco de miedo, pero fue manejable. A veces, en eso consiste mitigar el miedo: en aceptarlo y controlarlo mediante la repetición paso a paso y la práctica estructurada.

Al principio de la segunda semana, habíamos aprendido a atarnos, a atarnos al arnés de rápel de un compañero y a hacer un rescate cortando su cuerda para que formara parte de nuestro equipo y estuviéramos haciendo rápel y controlando no solamente nuestro propio descenso, sino también el de otro operador de SWAT de ochenta y cinco kilos que fingía estar herido mientras le aplicábamos los primeros auxilios, que estaba tan asustado (o más) que nosotros y que contaba con que bajáramos los dos sanos y salvos.

Yo seguía teniendo una punzada de miedo cada vez que pasaba por el lado de la torre a velocidades cada vez más vertiginosas (para asegurarnos de que no éramos un objetivo para los francotiradores). Algo en el subconsciente, especialmente el sistema límbico, siempre quiere que te asegures de no pasar por encima de ese muro. Pero al menos mi miedo no me estaba lastrando. Se había vuelto manejable. Sin embargo, aún nos quedaba una tarea por completar: la fase de escalada de la montaña que se requería para que nos graduáramos del programa la semana siguiente.

El mal tiempo que había persistido durante una semana nos siguió hasta Seneca Rocks (Virginia Occidental), donde nos encontraríamos con nuestro último reto. No se trataba de un momento escénico. Se trataba de una montaña que primero había que escalar, con todo el equipo SWAT, y luego descender en rápel, con un rescate corporal, bajo la lluvia, con tormentas eléctricas cerca, vientos fuertes y granizo periódico.

Ni siquiera habíamos empezado a escalar y ya estábamos empapados. Nuestro equipo y nuestra ropa, que ya eran pesados de por sí, se volvieron más pesados por la lluvia. Nuestros zapatos de escalada eran botas estándar de los SWAT que no estaban diseñadas para la escalada. Ni siquiera podíamos ver la cima de la montaña, oscurecida por las nubes bajas. Los relámpagos iluminaban las nubes en la distancia, con el estruendoso chasquido del aire sobrecalentado alrededor de cada relámpago.

Que íbamos a caer era seguro. Estaba previsto en el programa.

La pregunta era a qué distancia, desde qué altitud y si nos haríamos daño. La ambulancia aparcada en la base de la montaña no estaba allí de adorno.

La tremenda sensación de temor regresó. La sentía y la veía en todos los rostros.

El miedo y el bienestar psicológico tienen una relación paralela en los seres humanos. Cuanto más tenemos del primero, más necesitamos del segundo. En cierto modo, el miedo es un malestar psicológico bestial.

De hecho, el temor hace que busquemos el bienestar psicológico a toda costa. Un ejemplo famoso de esta dinámica lo encontramos en los «experimentos con monos» del psicólogo Harry Harlow, en los que las crías de mono criadas con dos «madres» sustitutas —una hecha de alambre que les proporcionaba comida y otra que no les proporcionaba comida, pero que era suave y blanda— elegían a la madre mimosa cuando estaban asustados o estresados. No es que las crías de mono quisieran algo blando, sino que esa blandura les proporcionaba consuelo psicológico para sus miedos. Al igual que ocurre con los primates, también ocurre con los humanos. Nos apegamos a quien nos proporciona el mayor bienestar psicológico, en las relaciones, en el amor, en cualquier cosa que implique interacción y conexión humana.

Piensa en las veces que tus padres, profesores, entrenadores e incluso compañeros de trabajo te ayudaron a superar una crisis causada por el miedo. Tal vez fue al ir a una nueva escuela, o quizá te enfrentaste a jugadores superiores en un juego, o tuviste que realizar una tarea en la que el aprendizaje era complicado y no podías permitirte fracasar si querías avanzar. Qué suerte tuvimos cuando alguien dio un paso al frente y se comprometió con nosotros, viendo lo que necesitábamos: una palabra de aliento, un impulso emocional, una voz amable y más experimentada que nos guiara en la dirección correcta. Cuando el miedo nos atenaza, somos ese monito asustado que necesita algo tranquilizador a lo que agarrarse, o ese bebé en el precipicio en el experimento visual del acantilado, como yo, enfrentándome a esa montaña.

Aquí es donde el líder digno de serlo debe intervenir y utilizar su presencia, orientación, influencia y prestigio para alejar a los demás del miedo. Los líderes nos fallan cuando no consiguen atenuar el miedo. Esa es la característica que los individuos excepcionales nunca pierden, porque saben lo destructiva y tóxica que puede ser esta emoción.

A la mayoría de la gente no le gusta pensar en sus miedos, y mucho menos hablar de ellos. Sin embargo, el miedo en todas sus manifestaciones está siempre presente. En muchos sentidos, es el gran agente perturbador: el odioso y opresivo inhibidor que nos impide desarrollar nuestro potencial.

El temor puede impulsarnos más que casi ninguna otra cosa, y no en buenas direcciones. Puede impedirnos vivir una vida plena. Nos lleva a tomar malas decisiones. Da lugar a la inacción, la evitación, la postergación, la deshonestidad, el encubrimiento, la agresión, la crueldad e incluso la deshumanización.

Es una emoción que nos inhibe y paraliza hasta el punto de que no queremos comprometernos con la relación, solicitar el ingreso en un programa, iniciar ese negocio, buscar trabajo, subir a un avión, tratar con determinada persona, o que esa gente se mude a nuestro barrio o trabaje junto a nosotros. Podemos tener todo tipo de razones y explicaciones además del miedo, pero es lo que hay. En realidad, el cerebro humano solo se centra en una cosa: «¿Es una amenaza para mí?». Si es una amenaza, puede iniciar un conjunto gradual de respuestas de supervivencia, entre ellas la respuesta de *paralización*, *desmayo*, *renuncia*, *huida*, *lucha* u *olvido*. Estos comportamientos impulsados por el miedo son útiles para la supervivencia, pero no nos ayudan a vivir una vida sana y plena. Al estudiar cientos de libros sobre liderazgo y gestión, me sorprendió comprobar que no se mencionaba el miedo. Si aparece en este libro es porque, ahora más que nunca, es necesario denunciarlo como el arma de destrucción masiva que es, y por la amenaza que supone. El temor puede ser inhibidor, incluso desastroso, para una persona, una organización o una nación.

¿Qué impulsó las acciones de Stalin, Mussolini, Hitler, Pol Pot, Slobodan Milošević y otros? ¿Qué fue lo que les permitió hacer daño a tanta gente mediante pogromos y genocidios? Eran maestros en la propagación del miedo. Utilizaron la fuerza primaria y galvanizadora del terror con el fin de mover a las masas como peones para apoyar sus causas y llevar a cabo sus horrendos crímenes. Por desgracia, el miedo es una forma muy persuasiva de conseguir que la gente se una.

Todo odio se basa en el temor. Nadie nace odiando esto o aquello. Pero se puede enseñar a temer y a odiar. Incluso se puede enseñar a temer un color de piel, y al hacerlo se llega a odiar a otros que quizá tengan la piel más clara o más oscura.

Como nos recordaba Eric Hoffer en *El verdadero creyente: sobre el fanatismo y los movimientos sociales* después de examinar los efectos del fascismo y el nazismo tras la Segunda Guerra Mundial: «El odio vehemente puede dar sentido y propósito a una vida vacía». La gente que teme busca a otros que también temen, y juntos se apoyan en el odio. Es algo en lo que se han destacado los potentados y los líderes sin escrúpulos, desde Bosnia hasta Ruanda, donde los temores étnicos se enconaron hasta convertirse en genocidio en los últimos treinta años, algo que pensé que no volvería a ver en mi vida. Todos los genocidios que he estudiado comenzaron con el miedo y se transformaron en odio con la retórica y los insultos.

La historia de Estados Unidos nos enseña que el miedo une, y que lo que tememos puede convertirse fácilmente en odio. Cuando se le permite prosperar, el miedo puede tener consecuencias devastadoras. ¿A qué crees que se debieron los linchamientos acaecidos en el Sur después de la Guerra Civil? Era el miedo a los negros emancipados. Hubo una época en la que en Nueva York y Boston había carteles en los negocios que decían: «No se admiten irlandeses». También a ellos se los temía. La Ley de Exclusión de Chinos de 1882 se basaba en el miedo a que la Costa Oeste se transformara por la abundancia de trabajadores chinos. El miedo a los judíos llevó a las autoridades estadounidenses a rechazar la entrada en 1939 de más de novecientos pasajeros judíos en el *MS St Louis*, a veces llamado *Voyage of the Damned.** El barco tuvo que regresar a Europa y muchos de los pasajeros fueron posteriormente asesinados en campos de concentración.

Nadie es inmune al miedo y a su toxicidad. Franklin Delano Roosevelt es considerado uno de los mejores presidentes de Estados Unidos. Nos condujo a través de la Gran Depresión con sus históricas palabras: «No tenemos nada que temer, salvo el propio miedo», y luego nos guio a través de la Segunda Guerra Mundial. Pero no siguió su propio consejo. Tras el ataque a Pearl Harbor en 1941 por parte de la Armada Imperial Japonesa, cedió al miedo y a la xenofobia, y encarceló y reubicó a más de ciento veinte mil japoneses estadounidenses por el mero hecho de tener ascendencia nipona.

No se hizo ningún esfuerzo similar para encarcelar a los de ascendencia alemana o italiana en Estados Unidos, incluso después de que los submarinos alemanes hundieran repetidamente barcos aliados, incluido el famoso incidente del USS *Reuben James*, hundido por un submarino alemán en 1941, que causó la muerte de ciento quince estadounidenses. Además, los partidarios de los nazis se reunían habitualmente en grandes concentraciones en la Costa Este, siendo la más famosa la de 1939, en la que se reunieron veintidós mil miembros del German American Bund, un grupo pronazi, que había alquilado el Madison Square Garden de Nueva York para la ocasión. De algún modo, eso estaba bien, incluso cuando mostraban su lealtad a Adolf Hitler. Pero no estaba bien tener ascendencia japonesa. Ese es el peligro del miedo cuando no es atenuado por los líderes.

Más recientemente, es el miedo lo que está impulsando el aumento del extremismo de derechas en Estados Unidos y en otros países del mundo. El miedo al cambio, el miedo a las minorías, el miedo a la gente de color, el miedo a salir perdiendo, el miedo a

---

* N. del T.: El viaje de los condenados.

perder el trabajo por culpa de los inmigrantes, el miedo a ser asesinado por los refugiados, etc. Hoy es el miedo a los musulmanes, a los mexicanos, a los refugiados de América Latina. Mañana, ¿quién sabe? Lo que sí sabemos es que la historia nos ha enseñado demasiado bien lo que ocurre cuando avivamos las brasas del miedo. Donde se propaga el miedo, hay que extinguirlo. Por eso es responsabilidad del individuo excepcional y del líder digno buscar los miedos, reales o imaginarios, y aplacarlos, en el trabajo, en el hogar, en la comunidad o dondequiera que existan. El miedo puede tener otras consecuencias terribles que los investigadores aprendieron al estudiar a los niños huérfanos de Rumanía. Si se priva a los niños de bienestar psicológico, si se los mantiene en un estado de excitación límbica constante o de miedo, no podrán desarrollarse mentalmente, ya que sus redes neuronales están demasiado ocupadas con la desconfianza, con el miedo, para desarrollarse cognitivamente.

Incluso los adultos se ven afectados cuando sus cerebros están continuamente dominados por el miedo, la aprensión y la desconfianza. He entrevistado a numerosas víctimas de abusos y sé que mientras están presas del miedo pueden sentirse sobrecogidas, incapaces de pensar o recordar con claridad y faltas de ilusión.

A menudo definimos el liderazgo como tomar las riendas, marcar el rumbo, tener una idea o una visión. Olvidamos que una de las principales responsabilidades de un líder es enfrentarse a las ansiedades y los miedos que nos acosan a todos. Quitarnos el velo cegador de la irracionalidad y poner la vida en perspectiva, recordarnos con mayor claridad nuestra visión y sacar lo mejor y más valiente de nuestro ser. Para no dar más oxígeno al miedo irracional ni dejar que nos coarte, hiera, distraiga, divida o destruya.

Los seres humanos, grupos o países que viven con miedo se ven limitados para siempre por el temor.

Mitigar el miedo en uno mismo y en los demás es un trabajo excepcional. Es una responsabilidad absolutamente necesaria para nuestros líderes, pero también para ti, para mí y para cada uno de los miembros de nuestra familia humana, para nuestra mejora colectiva. Porque el miedo solamente se aplaca con un esfuerzo concertado, ya sea ejercido desde nuestro interior o con la ayuda de otros.

Nos quedamos allí mientras llovía a mares, mirándonos disimuladamente unos a otros. Percibiendo el temor que sentíamos. Temiéndolo. Todos mirábamos a aquella montaña empapada de lluvia, negando con la cabeza. El miedo nos atenazaba, nos inmovilizaba.

En el mismo instante en que el pensamiento traicionero «podría volve a mi oficina y seguir cobrando l mismo» cruzó mi mente, Matt, uno de los instructores que habían estado trabajando conmigo, se acercó.

—¿Qué temes, Joe? —me preguntó a bocajarro, sin andarse con rodeos, mientras yo miraba aquella montaña húmeda y barrida por el viento.

Hablando de una estrategia de persuasión perspicaz, no recuerdo ninguna otra sola vez en mi vida adulta, ni antes ni después, en la que otro hombre me preguntara eso. Tal vez era un maestro de la evaluación; no lo sé. Pero sabía lo que pasaba por mi mente. La pregunta a la que teníamos que llegar era: ¿de qué manera iba a ser capaz de lograrlo?

—Tengo miedo de meter la pata o de caerme, supongo —dije, inseguro, revisando por quinta vez mis bolsillos en busca de todo mi equipo y el consuelo de un pequeño bote de mantequilla de cacahuete en mis pantalones de escalada que sería todo lo que comería ese día. Quizá lo que quería decir era que *temía caer y morir*. Diablos, temía incluso decir eso. Pero creo que él lo entendió.

—No lo fastidiarás demasiado —sonrió—. Tú sabes lo que tienes que hacer. Y lo que es más importante, *yo* sé que sabes lo que tienes que hacer. Y si metes la pata, ¿qué importa? Estás sujeto a una cuerda de seguridad. Si te caes, como mucho, caerás metro y medio. Mira, puedes quedarte aquí abajo y unirte a ellos —dijo, señalando a unos cuantos agentes que se habían negado a subir a la montaña—, y no diré ni una palabra más. O puedes subir, paso a paso. Solo has de saber esto, agente Navarro —dijo, dirigiéndose a mí con un poco más de formalidad para llamar mi atención—, no te dejaría subir si no creyera que puedes hacerlo.

Me tocó el hombro, sonrió, se dio la vuelta y se marchó.

Sí, subí esa montaña. Me llevó casi cinco horas, ya que también ensayamos los rescates por el camino. Resbalé y caí unos cuantos metros, lo suficiente para recordar la secuencia de caída: gritar «¡caída!», proteger la cabeza y el cuello con los brazos, usar las piernas para mantenerse fuera de la pared, recuperarse en posición para continuar, comprobar cómo están los que se encuentran debajo de ti, espirar, hacer saber al compañero de la cuerda de seguridad (el que la sostiene) que estás listo para volver a escalar, estirar los brazos para liberar el ácido láctico; continuar la escalada. Y así lo hice. Poco a poco, con cautela, a veces torpemente, seguí escalando y llegué a la cima a tiempo de recibir a mis compañeros de equipo, que estaban teniendo aún más dificultades como resultado de los fuertes vientos y las rutas imprevistas que les habían tocado. Estábamos empapados, nuestro equipo estaba mojado y pesaba mucho, las botas de algunos se habían caído, todo el mundo tenía moratones en las manos y los brazos, estábamos temblando... pero lo conseguimos.

También estaba el triunfo personal de escalar una montaña, de conquistar un miedo, y el placer de poder comer un tarro de mantequilla de cacahuete con los dedos arrugados, fríos, húmedos y sucios porque había perdido la cuchara cuando me caí. Pero lo mejor fue el regalo inesperado que recibí: ver como el sol por fin se abría paso entre los nubarrones e iluminaba un valle impresionantemente verde que otros pagan por ver. Y lo que realmente lo remató, mientras el sol desplazaba las nubes, fue ver un avión militar, un Grumman EA 6B Prowler, haciendo una pasada baja por el valle debajo de nosotros: sí, lo estábamos viendo, lo suficientemente cerca para distinguir una tripulación de cuatro personas e incluso el piernógrafo* del piloto; así de bajo y cerca estaba de nosotros. Controlar ese miedo me permitió ver algo que nunca olvidaré, ahora grabado para siempre en mi mente. También me enseñó una lección que aprecio: nuestra responsabilidad hacia los demás cuando percibimos que otros pueden estar experimentando miedo.

La vida ya es lo suficientemente dura con todos sus momentos en los que el miedo puede paralizarnos. No necesitamos que nadie fomente o avive los temores. Es a quien vence su propio miedo o ayuda a otros a vencerlo a quien debemos nuestra admiración. Para contarse entre esos pocos que llamamos seres excepcionales es necesario considerar un deber la atenuación del miedo. Cuando el mercado de valores se desploma, cuando otro huracán arrasa la región del golfo de México, cuando una pandemia amenaza un modo de vida, es a esa persona —esa mujer, ese hombre, por sí mismos o en grupo— que se alza para aplacar el temor a quien honraremos y apreciaremos durante mucho tiempo.

¿Cómo sería el mundo si no tuviéramos a esos defensores, a esos individuos que cada día proporcionan consuelo psicológico y se esfuerzan por apaciguar el miedo? Nuestras vidas son mucho mejores porque están ahí, por muy humildes que sean, quizá una abuela, una tía, un profesor, un amigo íntimo, incluso un amable desconocido, que viven según este sencillo credo de proporcionar bienestar psicológico y aplacar el miedo.

Pero, como ocurre con todos los aspectos de la solidaridad, la capacidad de aliviar o disipar el miedo depende de cada uno de nosotros. De la preparación que tengamos y de nuestra voluntad de actuar. Requiere una introspección y una consciencia de uno mismo que se adquieren con el autodominio, para que tengamos el valor de nuestras convicciones y claridad para reconocer el miedo

---

* N. del T.: El piernógrafo es una funda que ayuda a los pilotos a proteger y usar su iPad o sus notas en vuelo y en tierra. Una banda elástica sujeta la funda a la pierna del piloto para su uso durante el vuelo.

cuando lo vemos. Exige que observemos y discernamos qué se necesita y cuándo, para poder comunicarnos o actuar de manera solidaria.

Cuando minimizamos el miedo y aumentamos el bienestar psicológico, estamos ayudando a los demás a alcanzar y ejercer todo su potencial. Estamos proporcionando ese cimiento que subyace a la felicidad y que nos permite conquistar las montañas que se interponen en nuestro camino.

El miedo tiene un propósito: está ahí principalmente para ayudar a garantizar nuestra supervivencia. Pero no nos permite crecer. Solo el bienestar psicológico puede ayudarnos a conseguirlo. El individuo excepcional entiende esto y trabaja para mejorar nuestras vidas: (1) por un lado, mitiga los miedos que pueden paralizarnos y (2) por otro, potencia el bienestar psicológico que nos permite disfrutar de la vida y prosperar.

Y así, llegamos a este punto en el que debemos autoanalizarnos. Cada uno de nosotros, como padre, empleado, gerente, ejecutivo, director general, asociado de ventas, líder militar, trabajador de la salud, socorrista, ciudadano, etc., debe preguntarse: «Si estos dos objetivos son la medida más alta de un individuo excepcional, ¿cómo me considero yo? ¿Intento cumplirlos a tiempo completo, a veces o rara vez? ¿Los he convertido en una prioridad, y si no, por qué no?».

En el siglo XXI, en un mundo más avanzado, este es el nuevo estándar de platino: ¿en qué medida contribuimos al bienestar psicológico y a aliviar el miedo?

Son dos conceptos poderosos, solamente dos, pero cuando miro hacia atrás en cinco décadas de estudio de individuos excepcionales, estos son los que sobresalen. Son los que de verdad pueden transformar una vida. Decídete a adoptarlos, y tu vida no solo mejorará y se volverá más noble, sino que quienes te rodean te lo agradecerán.

Y entonces —pero solo entonces— podrás unirte a las filas de los seres excepcionales.

Reflexiones finales

¿Quiénes somos, si no es el impacto que causamos en otros lo que nos define? ¡Eso es lo que somos! No quienes decimos que somos, ni quienes queremos ser, somos la suma de la influencia y el impacto que ejercemos, en nuestras vidas, sobre los demás.

CARL SAGAN

Comenzamos este libro con una pregunta: «¿qué hace excepcionales a algunas personas?». Ahora que nos hemos adentrado en esa investigación, es natural que te preguntes: «¿Soy excepcional?». Antes de responder, reflexiona sobre lo siguiente: ¿cómo respondería alguien excepcional?

Cuando me he hecho *esa* pregunta, he evitado responder. Mis debilidades son un recordatorio bastante frecuente de que siempre hay más trabajo por hacer. Y al final, quizá no seamos nosotros quienes lo digamos, sino los demás.

Si es así, ¿qué pregunta deberíamos hacer? ¿Qué se pregunta la gente excepcional? Podría ser: «¿Qué he aprendido hasta ahora y qué más puedo aprender?».

Un individuo excepcional no se detiene a alabarse a sí mismo ni a publicar sus logros del día en LinkedIn. Está demasiado ocupado tratando de mejorar lo que ha conseguido. Puede que celebre los progresos que tanto le ha costado conseguir, pero luego sigue adelante. Llegar a ser excepcional es un viaje que dura la vida entera, no un torneo que hay que ganar.

¿No es esto lo que nos atrae de los individuos excepcionales y la razón por la que destacan? ¿Porque nunca se rinden ni renuncian a esforzarse cada día para hacer la vida un poco más fácil para los demás y para sí mismos?

Hacer la vida más fácil. Suena sencillo. Un violín con sus cuatro cuerdas y un arco parece sencillo, pero tocarlo como un virtuoso no lo es. Y eso es lo que ocurre a la hora de convertirnos en excepcionales. Todos necesitamos lo mismo para conseguirlo: una disciplina rigurosa, dedicación, práctica, pero sobre todo valorar el esfuerzo.

Los seres excepcionales no nacen, se hacen. Y eso es bueno, ya que sitúa este nivel de excelencia a nuestro alcance. Por muy humildes que sean nuestros orígenes, podemos tomar las riendas de nuestro ser, convirtiéndonos en maestros diligentes y responsables de lo que aprendemos, pensamos, sabemos, decimos y hacemos, y luego extender nuestro conocimiento por el mundo para que otros también se beneficien.

Gracias a nuestro dominio intelectual y emocional, podemos figurar entre los incondicionales, es decir, aquellos en los que siempre se puede confiar. Por medio de nuestras acciones, demostramos que nos importan los demás y nos ganamos su respeto y confianza. Enseñamos, inspiramos y predicamos con el ejemplo. Como maestros, nos esforzamos, trabajamos, investigamos, actuamos, aprendemos, perfeccionamos... pero nunca nos conformamos ni damos por finalizado nuestro trabajo.

Esa labor de magisterio no se acaba al llegar a una línea de meta mágica. En la vida no existe esa línea. Nuestro magisterio se nutre, se comparte y se transmite de unos a otros. Gracias a estos cinco ámbitos aprendemos, modelamos y dejamos un legado a los demás en el gran círculo de la vida humana:

- A través del *autodominio* aprovechamos los recursos internos para ejecutar nuestros objetivos, y apuntamos cada vez más alto.

- Mediante la *observación* llegamos a saber lo que se necesita para mejorar las situaciones y las relaciones.
- Construimos y desarrollamos las relaciones por medio de nuestra capacidad para reconocer y *comunicar* rápidamente lo que tiene una mayor importancia.
- Todo esto perfecciona nuestra capacidad de elegir las *acciones* solidarias para convertir nuestras intenciones positivas en algo tangible y, por tanto, transformador.
- El resultado final: la atenuación del miedo y la creación de *bienestar psicológico*, el don más preciado que buscamos los seres humanos y nuestra mayor fuerza para influir en los demás.

Cuando las cinco áreas operan en armonía, crean algo más grande que la suma de sus partes: el individuo excepcional. Al operar juntas te preparan para actuar de manera más completa y con mayor conocimiento, de modo que puedas influir positivamente en el mundo que te rodea. Las áreas se refuerzan entre sí: al trabajar en ellas, aumenta la capacidad de ejercer el autodominio, de observar y analizar con agudeza para actuar de forma oportuna y eficaz. Así es como los individuos excepcionales aprenden de la vida: haciendo. Esa sabiduría acumulada, a su vez, dignifica la vida y te hace más digno de dirigir a los demás.

Llegar a ser excepcional no está fuera de tu control, sino que depende enteramente de ti y está a tu alcance. Comienza en el momento en que empiezas a adoptar y ejercitar sistemáticamente los comportamientos y las actitudes que nos ayudarán a cultivar y hacer crecer estas características. Como sabemos, para ser excepcional, hay que hacer cosas excepcionales. Requiere un esfuerzo, como todo lo que merece la pena, pero el resultado es, sin exagerar, una verdadera transformación de tu vida.

Ahora tienes una hoja de ruta en la que la responsabilidad, la autenticidad, la transparencia, la confianza, la resiliencia, la conciencia, la empatía y el civismo se unen, no como prácticas separadas que necesitas seguir, sino como parte de un modelo integrado y viable para vivir con principios y alcanzar el éxito. Esas valiosas cualidades asociadas a los más altos ideales de la humanidad, el valor, la inventiva, el liderazgo, la humildad, la compasión y la sabiduría, ahora no parecen tan inalcanzables. Podemos tener éxito y ser humanos; ser comprensivos sin dejar de ser exigentes; ser ambiciosos e innovadores y, al mismo tiempo, atentos y solidarios. En este aspecto, no nos falta orientación. Tenemos un modelo viable para el logro, así como una filosofía para vivir como maestros. Depende de ti.

Por supuesto, somos humanos y a veces tropezamos, damos un paso atrás o nos detenemos. Pero para regresar a la senda solo hace falta un paso. Ser excepcional no consiste en ser perfecto, sino en trabajar para ser mejores en lo que más importa, para nosotros y para los demás. Y aunque seamos una obra en continua evolución, a la que le queda mucho que mejorar y perfeccionar, la recompensa merece todo nuestro empeño.

Empieza ahora, hoy mismo. No esperes ni un minuto más, comienza tu búsqueda personal. Ahora tienes lo que se necesita. Explora, aprende, pregunta, viaja, sé curioso, conoce gente nueva, busca nuevos conocimientos, innova, ayuda a los que tienen problemas o miedo, proporciona ese todopoderoso consuelo psicológico a los demás, disfruta de las oportunidades para mejorar tu influencia positiva y no dejes nunca de esforzarte.

Mis mejores deseos en esta aventura. A medida que se desarrolla, tómate tiempo de vez en cuando para mirar atrás y ver lo lejos que has llegado. Nadie te echará en cara que sonrías al hacerlo, porque muchos te devolverán la sonrisa en señal de gratitud. Te mereces un «bien hecho» por una vida mejor y un destino más elaborado. De manera que sigue adelante y alégrate. Porque este es tu logro, tu legado, lo más importante: tu aventura excepcional.

Agradecimientos

A l final de cada excursión literaria, después de respirar profundamente, tengo la oportunidad de reflexionar sobre la gran cantidad de personas que me han ayudado en el camino. A mi esposa, Thryth, le doy las gracias por su cariñoso apoyo, su ánimo y su paciencia conmigo. A mi hija Stephanie, que es mi mayor animadora, y a mi familia cercana y lejana les digo gracias con una reverencia. Dentro de mi ser reside un exquisito laberinto de enseñanzas que mis padres me inculcaron. Aunque ahora estén lejos de mí, son dos seres excepcionales que, a través de su ejemplo y de las decisiones que tomaron, me moldearon hasta convertirme en lo que soy. Estoy en deuda con ellos para siempre.

No habría acometido este proyecto si no hubiera sabido que Toni Sciarra Poynter se uniría a mí en este esfuerzo. Como compañera de escritura, me ha guiado, advertido y recordado muchas cosas, a la vez que me ha abierto la mente a diferentes perspectivas. Sin su perspicacia, sus preguntas inquisitivas, su generosidad y su capacidad de redacción y edición, este trabajo no habría sido posible, ya que ha seguido y visto la evolución de mis pensamientos e ideas desde el principio, hace ya casi doce años. Gracias, Toni; eres inigualable.

Steve Ross (SteveRossAgency.com), mi agente literario y amigo, cuya sabiduría he admirado desde hace tanto, fue, como siempre, decisivo para el lanzamiento de este proyecto y por ello le estoy muy agradecido. Steve es el sueño de un escritor: abre puertas justo cuando parecen cerradas.

A Nick Amphlett, mi editor en HarperCollins, gracias por casi una década de colaboración. Nick comparte mi entusiasmo y mi visión, y con su amable orientación y su gentil empuje ha demostrado ser perspicaz, comprensivo y, sobre todo, atento. Es un placer trabajar con él y estoy muy agradecido de que haya apoyado este proyecto.

Mi gratitud se extiende, por supuesto, a Liate Stehlik, editora, y a Ben Steinberg, editor asociado de HarperCollins, por haber apoyado mi trabajo a lo largo de los años. Es un placer decir que HarperCollins posee casi toda mi colección literaria, y ellos son parte de la razón de que esto sea así.

Ningún libro puede cobrar vida sin el valioso trabajo de otras personas, como la editora de producción Andrea Molitor y la correctora Laurie McGee, que tan diligentemente trabajaron para ayudar a que este manuscrito adquiriera su forma final. Gracias a ambas. Bianca Flores, de la sección de publicidad, me ha ayudado una vez más a correr la voz y ha creado una campaña digna de sus esfuerzos. El trabajo de Kayleigh George entre bastidores en materia de *marketing* es increíblemente valioso, al igual que la labor del diseñador de la portada, Rich Aquan (de la edición original en inglés). A Cathy Barbosa-Ross, que durante más de una década se encargó de las ventas al extranjero y de las traducciones, le doy las gracias una vez más. Bien hecho y gracias de corazón a todos.

Como escritor, asumo mi responsabilidad de informar con seriedad y cautela. He tratado de ser claro en mis pensamientos y palabras, pero si hay alguna falta o error, soy el único responsable.

JOE NAVARRO, Tampa (Florida)

Siempre es un privilegio trabajar con Joe Navarro. Joe, gracias por invitarme a este viaje y por aportar todo lo que tienes a nuestro trabajo conjunto. Te encanta lidiar con las ideas, «no puedes esperar» a sumergirte en el siguiente borrador y tus perspectivas, que abarcan hasta la elección de las palabras, empujan mi pensamiento en nuevas direcciones. Nuestras conversaciones por teléfono y en la página siempre van hacia algún lugar interesante. Ha sido maravilloso ver cómo evolucionaban tus ideas en este libro. Espero que sean tan útiles e inspiradoras para otros como lo han sido para mí.

A Nick Amphlett: gracias por la sensibilidad, el respeto y el entusiasmo que has aportado al proceso de edición. Todas estas cualidades son esenciales en un editor y se aprecian mucho en el momento en que un manuscrito, depositario de muchas reflexiones y esfuerzos, llega a manos de otro. Tus notas me han llevado a ver y reconfigurar el material de nuevas maneras. Gracias.

A Steve Ross, nuestro agente: tus sagaces ideas dieron forma a este proyecto en puntos críticos, y tu apoyo lo sacó adelante. Gracias, Steve.

Doy las gracias a mi hermana Leslie por escuchar siempre, sin importar qué sentido pudiera (o no) tener lo que digo. Gracias a Dona, Fern y Mackenzie por animarme y distraerme siempre que lo necesito.

Mi marido, Donald, sigue apoyándome de innumerables maneras. Entiende el proceso creativo, y por eso y por nuestras muchas conversaciones sobre el arte y el oficio de todo ello soy muy afortunada. Sobre el terreno, esto se tradujo en las cenas que preparó, sirvió y recogió sin rechistar; en el buen humor cuando las tareas no se realizaban, y en la tolerancia cuando las conversaciones no se recordaban y los planes se veían interrumpidos por los plazos. Sobre todo, gracias por tener ese corazón tan noble.

TONI SCIARRA POYNTER,
Nueva York, Nueva York

Bibliografía y referencias

Abitz, Damgaard, *et al.* 2007. «Excess of Neurons in the Human Newborn Medio-dorsal Thalamus Compared with That of the Adult». *Cerebral Cortex* 17 (11): 2573-2578. Consultado el 20 de marzo de 2020.

Aburdene, Patricia. 2007. *Megatrends 2010: The Rise of Conscious Capitalism.* Charlottesville, VA: Hampton Roads Publishing Company, Inc.

Ackerman, J. M., *et al.* 2010. «Incidental Haptics Sensations Influence Social Judgments and Decision». *Science* 328 (25 de junio): 1712-1714.

Adlaf, Elena W., *et al.* 2017. «Adult-Born Neurons Modify Excitatory Synaptic Transmission to Existing Neurons». *eLife.* 2017; 6 doi:10.7554/eLife.19886.

Adler, Ronald B. y George Rodman. 1988. *Understanding Human Communication.* Nueva York: Holt, Rinehart y Winston.

Agha, R. A. y A. J. Fowler. 2015. «The Role and Validity of Surgical Simulation». *International Surgery* 100 (2), 350-357. doi:10.9738/INTSURG-D-14-00004.1. https://www.ncbi.nlm.nih.gov/pmc/articles/PMC4337453/. Consultado el 25 de agosto de 2019.

Alessandra, Tony y Michael J. O'Conner. 1996. *The Platinum Rule: Discover the Four Basic Business Personalities and How They Can Lead You to Success.* Nueva York: Hachette Book Group.

Allen, David. 2015. *Organízate con eficacia. El arte de la productividad sin estrés.* Barcelona: Empresa Activa..

Allport, Gordon. 1954. *The Nature of Prejudice.* Cambridge, MA: Addison-Wesley.

Ariely, Dan. 2016. *The Hidden Logic That Shapes Our Motivations.* Nueva York: Simon & Schuster/TED.

Arthur, W. y W. G. Graziano. 1996. «The Five-Factor Model, Conscientiousness, and Driving Accident Involvement». *Journal of Personality* 64 (3): 593-618.

Azvolinsky, Anna. 2018. «Free Divers from Southeast Asia Evolved Bigger Spleens». *The Scientist*, 19 de abril. https://www.the-scientist.com/news-opinion/free-divers-from-southeast-asia-evolved-bigger-spleens-30871. Consultado el 29 de agosto de 2019.

Babiak, Paul y Robert D. Hare. 2006. *Snakes in Suits: When Psychopaths Go to Work.* Nueva York: Regan Books.

Bacon, Terry R. y David G. Pugh. 2003. *Winning Behavior: What the Smartest, Most Successful Companies Do Differently.* Nueva York: AMACOM.

Baer, Drake. 2014. «This Personality Trait Predicts Success». *Business Insider*, 30 de abril. https://www.businessinsider.com/conscientiousness-predicts-success-2014-4. Consultado el 10 de agosto de 2020.

Bahrampour, Tara. 2014. «Romanian Orphans Subjected to Deprivation Must Now Deal with Dysfunction». *The Washington Post*. 30 de enero. https://www.washingtonpost.com/local/romanian-orphans-subjected-to-deprivation-must-now-deal-with-disfunction/2014/01/30/a9dbea6c-5d13-11e3-be07-006c776266ed_story.html. Consultado el 19 de julio de 2020.

Bailey, Melissa. 2016. «5 Bizarre, Low-Tech Tools Surgeons Have Used to Practice Human Operations». *Business Insider* (www.businessinsider.com), 25 de enero. https://www.businessinsider.com/low-tech-surgeons-training-2016-1. Consultado el 25 de agosto de 2019.

Baker, L. M., Jr., *et al.* 2008. «Moving Mountains». En *Harvard Business Review on The Persuasive Leader*, 51-66. Boston: Harvard Business School Publishing.

Ball, Philip. 2008. *Masa crítica: cambio, caos y complejidad*. Madrid: Turner Publicaciones.

Barraza, Jorge A. y Paul J. Zack. 2009. «Empathy Toward Strangers Triggers Oxytocin Release and Subsequent Generosity». *Annals of the New York Academy of Sciences* 1667, n.º 1 (junio): 182-189.

Begley, Sharon. 2004. «Racism Studies Find Rational Part of Brain Can Override Prejudice». *Wall Street Journal*, 19 de noviembre, B1.

Bergland, Christopher. 2017. «How Do Neuroplasticity and Neurogenesis Rewire Your Brain? New Research Identifies How the Birth of New Neurons Can Reshape the Brain», en el blog *Psychology Today*. 6 de febrero de 2017. https://www.psychologytoday.com/us/blog/the-athletes-way/201702/how-do-neuroplasticity-and-neurogenesis-rewire-your-brain. Consultado el 4 de marzo de 2020.

Bertrand, Marianne y Sendhil Mullainathan. 2004. «Are Emily and Greg More Employable Than Lakisha and Jamal?». *American Economic Review* 94: 991-1013.

Boorstin, Daniel J. 1985. *The Discoverers: A History of Man's Search to Know This World and Himself.* Nueva York: Vintage Books.

Borunda, Alejandra. 2020. «We Still Don't Know the Full Impacts of the BP Oil Spill, 10 Years Later». *National Geographic*, 20 de abril. https://www.nationalgeographic.com/science/2020/04/bp-oil-spill-still-dont-know-effects-decade-later/. Consultado el 3 de septiembre de 2020.

Boston Globe, The. 2002. *Betrayal: The Crisis in the Catholic Church, by the Superb Investigative Staff of the Boston Globe*. Nueva York: Little, Brown and Company.

Campbell, Joseph. 1973. *The Hero with a Thousand Faces*. Nueva Jersey: Princeton University Press.

Campbell, Joseph, Bill D. Moyers y Betty S. Flowers. 2017. *El poder del mito*. Madrid: Capitán Swing.

Campos, Joseph, Mary D. Clinnert, *et al.* 1983. «Emotions as Behavior Regulators in Infancy: Social Referencing in Infancy». En *Emotion: Theory, Research, and Experience*, editado por Robert Plutchik y Henry Kellerman, 57-86. Nueva York: Academic Press.

Museo Canadiense de Historia. 2020. *The Maya Calendar*. https://www.historymuseum.ca/cmc/exhibitions/civil/maya/mmc06eng.html. Consultado el 1 de septiembre de 2020.

Carnegie, Dale. 2008. *Cómo ganar amigos e influir sobre las personas*. Barcelona: Elipse.

Catlette, Bill y Richard Hadden. 2001. *Contented Cows Give Better Milk: The Plain Truth About Employee Relations and Your Bottom Line.* Germantown, TN: Saltillo Press.

Chamberlain, Andrew. 2017. «What Matters More to Your Workforce Than Money». *Forbes*, 17 de enero. https://hbr.org/2017/01/what-matters-more-to-your-workforce-than-money. Consultado el 17 de mayo de 2020.

Champy, James y Nitin Nohria. 2007. *Ambición: Los secretos de los grandes líderes.* Barcelona: Gestión 2000.

Chokshi, Niraj. 2020. «Boeing 737 Max Is Cleared by F.A.A. to Fly Again». *New York Times*, 18 de noviembre https://www.nytimes.com/2020/11/18/business/boeing-737-max-faa.html?campaign_id=60&emc=edit_na_20201118&instance_id=0&nl=breaking-news&ref=headline&regi_id=55934149 & segment_id=44807&user_id=a3c307e02448124bd26ace3907d12532. Consultado el 24 de noviembre de 2020.

Christensen, Clayton M., James Allworth y Karen Dillon. 2012. *How Will You Measure Your Life? Finding Fulfilment Using Lessons from Some of the World's Greatest Businesses.* Nueva York: HarperCollins Publishers.

Churchill, Winston S. 2012. *La Segunda Guerra Mundial.* Madrid: La Esfera de los Libros.

Cialdini, Robert B. 2008. «Harnessing the Science of Persuasion». En *Harvard Business Review on the Persuasive Leader,* 29-51. Boston: Harvard Business School Publishing.

Coan, J. A., H. S. Schaefer y R. J. Davidson. 2006. «Lending a Hand: Social Regulation of the Neural Response to Threat». *Psychological Science* 17: 1032-1039.

Coffey, Wayne. 2020. «Novak Djokovic Out of U.S. Open After Hitting Lineswoman with Tennis Ball». *USA Today*, 6 de septiembre. https://www.usatoday.com/story/sports/tennis/open/2020/09/06/novak-djokovic-us-open-default-disqualified/5735697002/. Consultado el 7 de septiembre de 2020.

Collier, Peter. 2016. *Medal of Honor: Portraits of Valor Beyond the Call of Duty.* Nueva York: Artisan.

Collins, Jim. 2021. *Good to Great: ¿Por qué algunas dan el salto a la excelencia y otras no?* Barcelona: Reverte.

Conti, G. y J. J. Heckman. 2014. «Understanding Conscientiousness Across the Life Course: An Economic Perspective». *Developmental Psychology* 50: 1451-1459.

Cossar, Rachel. 2020. *When You Can't Meet in Person: A Guide to Mastering Virtual Presence and Communication.* Amazon: Kindle.

Covert, Jack y Todd Sattersten. 2011. *The 100 Best Books of All Time: What They Say, Why They Matter and How They Can Help You.* Nueva York: Portfolio.

Covey, Stephen M. R. 2006. *The Speed of Trust: The One Thing That Changes Everything.* Nueva York: Free Press.

_____2004. *The 7 Habits of Highly Effective People.* Nueva York: Free Press.

Coyle, Daniel. 2010. *The Talent Code: Greatness Isn't Born. It's Grown.* Londres: Arrow Books Ltd.

_____2018. *El código de la cultura: El secreto de los equipos más exitosos del mundo.* Barcelona: Conecta.

Csikszentmihalyi, Mihaly. 2021. *Fluir.* Barcelona: Kairós.

_____1998. *Creatividad.* Barcelona: Paidós.

Cuddy, Amy. 2021. *Presencia. Autoestima, seguridad, poder personal: utiliza el lenguaje del cuerpo para afrontar las situaciones más difíciles*. Madrid: Urano.

Davidson, Richard J. con Sharon Begley. 2012. *El perfil emocional de tu cerebro: Claves para modificar nuestras actitudes y reacciones*. Barcelona: Destino.

De Becker, Gavin. 1997. *The Gift of Fear*. Nueva York: Dell Publishing.

Densen, Peter, MD. 2011. «Challenges and Opportunities Facing Medical Education». *Transactions of the American Clinical and Climatological Association* 122: 48-58. https://www.ncbi.nlm.nih.gov/pmc/articles/PMC3116346/. Consultado el 24 de noviembre de 2020.

Dinich, Heather. 2018. «Power, Control and Legacy: Bob Knight's Last Days at IU». *ESPN*, 29 de noviembre. https://www.espn.com/mens-college-basketball/story/_/id/23017830/bob-knight-indiana-hoosiers-firing-lesson-college-coaches. Consultado el 28 de julio de 2019.

Dreeke, Robin. 2011. *It's Not All About Me: The Top Ten Techniques for Building Quick Rapport with Anyone*. Amazon: Kindle.

_____2017. *The Code of Trust: An American Counter Intelligence Expert's Five Rules to Lead and Succeed*. Nueva York: St. Martin's Press.

Drucker, Peter F. 2018. *Eficacia ejecutiva*. Barcelona: Conecta.

Duhigg, Charles. 2021. *El poder de los hábitos: Por qué hacemos lo que hacemos en la vida y en el trabajo*. Barcelona: Vergara.

Ekman, Paul. 1975. *Unmasking the Face*. Nueva Jersey: Prentice Hall.

_____2017. *El rostro de las emociones*. Barcelona: RBA.

Ericsson, K. Anders, Ralf T. Krampe y Clemens Tesch-Römer. 1993. «The Role of Deliberate Practice in the Acquisition of Expert Performance». *Psychological Review* 100 (3): 363-406.

Ericsson, K. Anders y Robert Pool. 2016. *Peak: Secrets from the New Science of Expertise*. Nueva York: Houghton Mifflin Harcourt Publishing.

Etcoff, Nancy. 1999. *Survival of the Prettiest: The Science of Beauty*. Nueva York: Anchor Books.

Ferrazzi, Keith. 2020. *Nunca comas solo: Networking para optimizar tus relaciones personales*. Barcelona: Profit.

Frank, Anne con Otto M. Frank, 2021. *El diario de Anne Frank*. Barcelona: Plaza y Janés.

Friedman, H. S. y M. L. Kern. 2014. «Personality, Well-Being, and Health». *Annual Review of Psychology* 65: 719-742.

Fronk, Amanda K. 2019. «Killer Season». *BYU Magazine* 73 (1): 11.

Galinsky, Ellen. 2010. *Mind in the Making: The Seven Essential Life Skills Every Child Needs*. Nueva York: HarperCollins Publishers.

Gallace, Alberto y Charles Spence. 2010. «The Science of Interpersonal Touch: An Overview». *Neuroscience and Biobehavioral Reviews* 34: 246-259.

Gallo, Carmine. 2011. *The Innovation Secrets of Steve Jobs: Insanely Different Principles for Breakthrough Success*. Nueva York: McGraw Hill.

_____2014. *Talk Like TED: The 9 Public Speaking Secrets of the World's Top Minds*. Nueva York: St. Martin's Press.

Gardner, Howard. 2019. *Inteligencias múltiples: La teoría en la práctica*. Barcelona: Paidós.

Gates, Robert M. 2014. *Duty: Memoirs of a Secretary at War*. Nueva York: Random House.

_____2016. *A Passion for Leadership: Lessons on Change and Reform from Fifty Years of Public Service*. Nueva York: Random House.

Gibbens, Sarah. 2018. «"Sea Nomads" Are First Known Humans Genetically Adapted to Diving». *National Geographic*, 19 de abril. https://news.national-geographic.com/2018/04/bajau-sea-nomads-free-diving-spleen-science. Consultado el 28 de agosto de 2019.

Givens, David G. 2005. *Love Signals: A Practical Guide to the Body Language of Courtship*. Nueva York: St. Martin's Press.

_____2013. *The Nonverbal Dictionary of Gestures, Signs and Body Language Cues*. Spokane: Center for Nonverbal Studies. http://www.center-for-nonverbal-studies.org/6101.html.

Gladwell, Malcolm. 2020. *El punto clave*. Barcelona: DEBOLSILLO.

_____2020. *Inteligencia intuitiva: ¿Por qué sabemos la verdad en dos segundos?* Madrid: Taurus.

_____2009. *What the Dog Saw: And Other Adventures*. Nueva York: Little, Brown and Company.

Goldstein, Noah, Steve J. Martin y Robert B. Cialdini. 2020. *El pequeño libro del sí*. Barcelona: Planeta.

Goleman, Daniel. 1996. *Inteligencia emocional*. Barcelona: Kairós.

_____2006. *Inteligencia social*. Barcelona: Kairós.

_____2013. *Focus: Desarrollar la atención para alcanzar la excelencia*. Barcelona: Kairós.

Goodall, Jane. 2002. *My Life with Chimpanzees*. Nueva York: Byron Preiss Publications, Inc.

Goodall (van Lawick), Jane. 1971. *In the Shadow of Man*. Nueva York: Dell Publishing.

Gottfried, Sophia. 2019. «*Niksen* Is the Dutch Lifestyle Concept of Doing Nothing —And You're About to See It Everywhere». *Time*. 12 de julio. https:// time. com/5622094/what-is-niksen/. Consultado el 1 de agosto de 2020.

Grant, Adam. 2014. *Dar y recibir: Por qué ayudar a los demás conduce al éxito*. Barcelona: Gestión 2000.

Greene, Melissa Fay. 2020. «The Romanian Orphans Are Adults Now». *The Atlantic*. 23 de junio (número de julio/agosto). https://www.theatlantic.com/magazine/archive/2020/07/can-an-unloved-child-learn-to-love/612253/. Consultado el 28 de julio de 2020.

Greene, Robert. 2004. *The 48 Laws of Power*. Nueva York: Viking Penguin.

_____2020. *Maestría*. Barcelona: Océano.

Groll, Elias. 2015. «Shinzo Abe Regrets But Declines to Apologize for Japan's WWII Actions; The Japanese Leader Is Trying to Overhaul His Country's Constitution to Allow for a More Assertive Military». *Foreign Policy*, 14 de agosto https://foreignpolicy.com/2015/ 08 /14 /shinzo-abe-regrets-but-declines-to-apologize-for-japans-wwii-actions/. Consultado el 11 de junio de 2020.

Grove, Andrew. 1999. *Only the Paranoid Survive: How to Exploit the Crisis Points That Challenge Every Company*. Nueva York: Currency and Doubleday.

Haidt, Jonathan. 2010. *La hipótesis de la felicidad*. Málaga: Gedisa.

Hardach, Sophie. 2020. «Do Babies Cry in Different Languages?». *New York Times*, 4 de abril. https://www.nytimes.com/2020/04/15/parenting/baby/wer-mke-prespeech-development-wurzburg.html. Consultado el 1 de septiembre de 2020.

Hardy, Benjamin. 2016. «23 Michael Jordan Quotes That Will Immediately Boost Your Confidence». *INC.*, 15 de abril. https://www.inc.com/benjamin-p-hardy/23-michael-jordan-quotes-that-will-immediately-boost-your-confidence.html.

Harlow, H. F. y R. R. Zimmerman. 1959. «Affectional Responses in the Infant Monkey». *Science* 130: 421-432.

Harrell, Keith. 2005. *Attitude Is Everything.* Nueva York: HarperCollins Publishers.

Hartman, Steve. 2019. «A School Bus Driver's Special Delivery». *CBS Sunday Morning*, 26 de mayo. https://www.cbsnews.com/video/a-school-bus-drivers-special-delivery/?ftag=CNM-0010aab6i&linkId=68113756&fbclid=I wAR0e0a3EF3KP0BLaFwCCpYyI_jOUi86B3BWDHpSJVkUg8sscTNX-VuAckbWs. Consultado el 12 de junio de 2019.

Harvard Health. 2019. «The Power of the Placebo Effect: Treating Yourself with Your Mind Is Possible, But There Is More to the Placebo Effect Than Positive Thinking». *Harvard Health Publishing-Harvard Medical School*, mayo. https://www.health.harvard.edu/mental-health/the-power-of-the-placebo-effect.

Harvard University. 2007. «Project Implicit». https://implicit.harvard.edu/implicit.

Heathfield, Susan M. 2019. «10 Tips to Promote Creative Thinking». *The Balance Careers*, 8 de mayo. https://www.thebalancecareers.com/promote-creative-thinking-1918766. Consultado el 26 de noviembre de 2020.

Hebl, Michelle R. y Laura M. Mannix. 2003. «The Weight of Obesity in Evaluating Others: A Mere Proximity Effect». *Personality and Social Psychology Bulletin* 29:28.

Hewlett, Sylvia Ann. 2014. *Executive Presence.* Nueva York: HarperCollins Publishers.

Hoffer, Eric. 2010. *El verdadero creyente.* Madrid: Tecnos.

Hotz, Robert Lee. 1999. «Mars Probe Lost Due to Simple Math Error». *Los Angeles Times*, 1 de octubre. https://www.latimes.com/archives/la-xpm-1999-oct-01-mn-17288-story.html. Consultado el 3 de septiembre de 2020.

Hsieh, Tony. 2010. *Delivering Happiness: A Path to Profits, Passion, and Purpose.* Nueva York: Business Plus.

Huffington, Arianna. 2014. *Thrive.* Nueva York: Harmony Books.

Ingersoll, Geoffrey. 2013. «General James 'Mad Dog' Mattis Email About Being 'Too Busy to Read' Is a Must-Read». *Business Insider.* 9 de mayo. https://www.businessinsider.com/viral-james-mattis-email-reading-marines-2013-5.

Isaacson, Walter. 2003. *Benjamin Franklin: An American Life.* Nueva York: Simon & Schuster.

_____2018. *Leonardo da Vinci: La biografía.* Barcelona: Debate.

Jacobs, Charles S. 2009. *Management Rewired: Why Feedback Doesn't Work and Other Surprising Lessons from the Latest Brain Science.* Nueva York: Portfolio.

Jasanoff, Alan. 2018. *The Biological Mind: How Brain, Body, and Environment Collaborate to Make Us Who We Are.* Nueva York: Basic Books.

Journal of Neurosurgery Publishing Group. 2017. «JFK's Back Problems: A New Look». *ScienceDaily.* 11 de julio. www.sciencedaily.com/releases/2017/07/170711085514.htm. Consultado el 2 de agosto de 2019.

Kahneman, Daniel. 2021. *Pensar rápido, pensar despacio.* Barcelona: Debolsillo.

Kennedy, John F. 2003. *Profiles in Courage.* Nueva York: Harper.

Klein, Allison. 2019. «An Autistic Boy Had a Meltdown at a Theme Park, and an Employee's Simple, Soothing Act of Solidarity Went Viral». *The Washington*

Post. 7 de junio. https://www.washingtonpost.com/lifestyle/2019/06/07/the-me-park-employee-lay-down-ground-next-an-autistic-boy-having-mel-tdown-her-act-solidarity-went-viral/. Consultado el 26 de junio de 2020.

Knapp, Mark L. y Judith A. Hall. 2002. *Nonverbal Communication in Human Interaction*, 5.ª ed. Nueva York: Harcourt Brace Jovanovich.

Kobayashi, Kenji y Ming Hsu. 2019. «Common Neural Code for Reward and Information Value». *Proceedings of the National Academy of Sciences* 116 (26): 13061-13066. doi:10.1073/pnas.1820145116.

Kolenda, Nick. 2013. *Methods of Persuasion: How to Use Psychology to Influence Human Behavior.* Boston: Kolenda Entertainment, LLC.

Kruger, Justin y David Dunning. 1999. «Unskilled and Unaware of It: How Difficulties in Recognizing One's Own Incompetence Lead to Inflated Self-Assessments». *Journal of Personality and Social Psychology*, diciembre.

La Ruina, Richard. 2012. *The Natural.* Nueva York: HarperCollins Publishers.

LeDoux, Joseph E. 1996. *The Emotional Brain: The Mysterious Underpinnings of Emotional Life.* Nueva York: Touchstone.

_____2002. *Synaptic Self: How Our Brains Become Who We Are.* Nueva York: Penguin Books.

LeGault, Michael R. 2006. *Th!nk: Why Crucial Decisions Can't Be Made in the Blink of an Eye.* Nueva York: Threshold Editions.

Lejeune, Erich J. 2006. *Live Honest-Become Rich!* Heidelberg, Alemania: Goyal Publishers.

Lemov, Doug. 2010. *Teach Like a Champion. 49 Techniques That Put Students on the Path to College.* Hoboken, NJ: John Wiley & Sons, Inc.

Leonard, George. 1992. *Mastery: The Keys to Success and Long-Term Fulfilment.* Nueva York: Plume.

Library of Congress. 2010. Jefferson's Library. 3 de agosto. https://www.loc.gov/exhibits/jefferson/jefflib.html. Consultado el 15 de marzo de 2020.

Linden, David J. 2011. *The Compass of Pleasure: How Our Brains Make Fatty Foods, Orgasm, Exercise, Marijuana, Generosity, Vodka, Learning and Gambling Feel So Good.* Nueva York: Penguin Group.

Lipman-Blumen, Jean. 2005. *The Allure of Toxic Leaders: Why We Follow Destructive Bosses and Corrupt Politicians -and How We Can Survive Them.* Nueva York: Oxford University Press.

Lloyd, Robin. 1999. «Metric Mishap Caused Loss of Nasa Orbiter». *CNN/Tech.* http://www.cnn.com/TECH/space/9909/30/mars.metric.02/. Consultado el 1 de enero de 2021.

Logan, Dave, John King y Halee Fischer-Wright. 2008. *Tribal Leadership: Leveraging Natural Groups to Build a Thriving Organization.* Nueva York: HarperCollins.

Lutz, Eric. 2019. «Reefer Madness: Elon Musk's Viral Blunt-Smoking Photo Comes Back to Haunt Him». *Vanity Fair*, 8 de marzo. https://www.vanityfair.com/news/2019/03/reefer-madness-elon-musks-viral-blunt-smoking-photo-comes-back-to-haunt-him. Consultado el 28 de julio de 2019.

Macias, Amanda. 2018. «The Extraordinary Reading Habits of Defense Secretary James Mattis». *CNBC*, 15 de septiembre. https://www.cnbc.com/2018/09/13/defense-secretary-james-mattis-extraordinary-reading-habits.html.

Maguire, Daniel C. y A. Nicholas Fargnoli. 1991. *On Moral Grounds: The Art and Science of Ethics.* Nueva York: Crossroad Publishing.

Manchester, William y Paul Reid. 2012. *The Last Lion: Winston Spencer Churchill: Defender of the Realm, 1940-1965.* Nueva York: Little, Brown and Company.

Mandela, Nelson. 2021. *El largo camino hacia la libertad.* Barcelona: Debolsillo.

Mandino, Og. 1968. *2020. El vendedor más grande del mundo.* Barcelona: Debolsillo.

McCormack, Mark H. 1989. *What They Still Don't Teach You at Harvard Business School.* Nueva York: Bantam.

McCullough, David G. 2016. *The Wright Brothers.* Nueva York: Simon & Schuster.

Medina, Jennifer, Katie Benner y Kate Taylor. 2019. «Actresses, Business Leaders and Other Wealthy Parents Charged in U.S. College Entry Fraud». *New York Times,* 12 de marzo. https://www.nytimes.com/2019/03/12/us/college-admissions-cheating-scandal.html. Consultado el 29 de julio de 2019.

Mlodinow, Leonard. 2013. *Subliminal: Cómo tu inconsciente gobierna tu comportamiento.* Barcelona: Crítica.

Murphy Jr., Bill. 2018. «Want to Live Longer? A Neuroscientist Says These Surprising Daily Habits Make It Much More Likely. 'I have no explanation for it,' said the lead researcher. But she's certain it works». *Inc.* 21 de febrero. https://www.inc.com/bill-murphy-jr/want-to-live-much-longer-a-neuroscientist-says-these-surprising-daily-habits-make-it-much-more-likely-youll-live-past-90.html. Consultado el 12 de abril de 2020.

Nadler, Amos y Paul J. Zack. 2016. «Hormones and Economic Decisions». En *Neuroeconomics,* editado por Martin Reuter y Christian Montag, 41-66. Nueva York: Springer.

Navarro, Joe. 1984. *An Ethologist's Codex: Observations on Human Behavior.* Manuscrito inédito (colección de Navarro).

_____2009. «The Key to Understanding Body Language». *Psychology Today,* 28 de octubre. https://www.psychologytoday.com/us/blog/spycatcher/200910/the-key-understanding-body-language. Consultado el 2 de septiembre de 2020.

_____2017. *Three Minutes to Doomsday; An FBI Agent, A Traitor, and the Worst Breech in U.S History.* Nueva York: Scribner.

_____2019. *Diccionario de lenguaje no verbal: Una guía del comportamiento humano.* Málaga: Sirio.

Navarro, Joe, con Marvin Karlins. 2010. *El cuerpo habla.* Málaga: Sirio.

Navarro, Joe, con Toni Sciarra Poynter. 2014. *Dangerous Personalities.* Nueva York: Rodale.

Neffinger, John y Matthew Kohut. 2013. *Compelling People: The Hidden Qualities That Make Us Influential.* Nueva York: Hudson Street Press.

Nelson, Charles A., *et al.* 2014. *Romania's Abandoned Children: Deprivation, Brain Development, and the Struggle for Recovery.* Boston: Harvard University Press.

Odobescu, Vlad. 2015. «Half a Million Kids Survived Romania's "Slaughterhouses of Souls". Now They Want Justice». *The World.* 28 de diciembre. https://www.pri.org/stories/2015-12-28/half-million-kids-survived-romanias-slaughterhouses-souls-now-they-want-justice. Consultado el 26 de mayo de 2020.

Oud, Anne-Maartje y Joe Navarro. 2020. «Conducting Difficult Interviews or Conversations». *Psychology Today Blog,* 1 de febrero. https://www.psychology

today.com/us/blog/spycatcher/202002 /conducting-difficult-interviews-or-conversations. Consultado 1 de enero de 2021.

Panksepp, Jaak. 1998. *Affective Neuroscience: The Foundations of Human and Animal Emotions*. Nueva York: Oxford University Press.

Peale, Norman Vincent. 2017. *El poder del pensamiento positivo*. Barcelona: Océano.

_____1967. *Enthusiasm Makes a Difference*. Englewood, NJ: Prentice-Hall.

_____1976. *The Positive Principle Today*. Englewood, NJ: Prentice-Hall.

Peters, Gerhard y John T. Woolley, eds. 1962. «Remarks at a Dinner Honoring Nobel Prize Winners of the Western Hemisphere», *American Presidency Project*, 20 de abril de 1962. Consultado en 2014.

Peters, Thomas J. y Robert H. Waterman Jr. 1982. *In Search of Excellence*. Nueva York: HarperCollins Publishers.

Pine, B. Joseph y James H. Gilmore. 1999. *The Experience Economy: Work Is Theatre and Every Business is a Stage*. Boston: HBS Press.

Pinker, Steven. 2018. *La tabla rasa: La negación moderna de la naturaleza humana*. Barcelona: Paidós.

Podles, Leon J. 2008. *Sacrilege: Sexual Abuse in the Catholic Church*. Baltimore: Crossland Press.

Post, Stephen. 2008. *Why Good Things Happen to Good People*. Nueva York: Broadway Books.

Povoledo, Elisabetta. 2020. «It's Never Too Late to Pursue a Dream, a Graduate Says. He Can Back It Up». *New York Times*, 5 de agosto. https://www.nytimes.com/2020/08/05/world/europe/italy-graduate-96.html. Consultado el 20 de agosto de 2020. «Questionable Behaviour: Companies Are Relying More and More on Psycho- metric Tests». 2020. *The Economist*, 5 de noviembre. https://www.economist.com/business/2020/11/05/questionable behaviour?utm_campaign=editorial-social&utm_medium=social-organic&utm_source=twitter. Consultado el 10 de noviembre de 2020.

Rao, Srikumar S. 2010. *Happiness at Work: Be Resilient, Motivated, and Successful —No Matter What*. Nueva York: McGraw Hill.

Ratey, John Jay. 2001. *A User's Guide to the Brain: Perception, Attention, and the Four Theaters of the Brain*. Nueva York: Pantheon Books.

Reed, Anika. 2019. «British Airways Apologizes to Travelers After Flight Lands 525 Miles Away from Destination». *USA Today*, 25 de marzo. https://www.usatoday.com/story/travel/news/2019/03/25/british-airways-flight-lands-525-miles-away-destination-scotland-london-germany/3267136002/. Consultado el 3 de septiembre de 2020.

Roberts, Andrew. 2003. *Hitler y Churchill. Los secretos del liderazgo*. Madrid: Taurus.

_____2019. *Churchill: La biografía*. Barcelona: Planeta.

Robinson, Greg. 2001. *By Order of the President: FDR and the Internment of Japanese Americans*. Cambridge, MA: Harvard University Press.

Roosevelt, Theodore. 1910. «The Man in the Arena». Discurso en la Sorbona de París, Francia, el 23 de abril de 1910. Consultado el 1 de enero de 2021 del *Theodore Roosevelt Center en Dickinson State University*. https://www.theodore rooseveltcenter.org/Learn-About-TR/TR-Encyclopedia/Culture-and-Society/Man-in-the-Arena.aspx.

Ryu, Jenna. 2020. «Lea Thompson Supports Brad Garrett's Claim Staff Members 'Were Treated Horribly' by Ellen DeGeneres». *USA Today*, 31 de julio.

https://www.usatoday.com/story/entertainment/celebrities/2020/07/31/
ellen-degeneres-brad-garrett-calls-mistreatment-common-knowled-
ge/5554831002/. Consultado el 3 de agosto de 2020.

Sagan, Carl y Ann Druyan. 2017. *El mundo y sus demonios: La ciencia como una luz en la oscuridad*. Barcelona: Crítica.

Sanders, Betsy. 1995. *Fabled Service*. San Francisco: Jossey-Bass Publishers.

Sanders, Robert. 2018. «Enlarged Spleen Key to Diving Endurance of "Sea No-mads"». *Berkeley News*, 19 de abril. https://news.berkeley.edu/2018/04/19/enlarged-spleen-key-to-diving-endurance-of-sea-nomads/.

Sandle, Tim. 2018. «Knowledge Doubles Almost Every Day, and It's Set to In-crease». *Science Digital Journal*, 23 de noviembre. http://www.digitaljournal.com/tech-and-science/science/op-ed-knowledge-doubles-almost-every-day-and-it-s-set-to-increase/article/537543. Consultado el 19 de noviembre de 2020.

Schilling, David Russell. 2013. «Knowledge Doubling Every 12 Months; Soon to be Every 12 Hours». *Industry Tap*, 19 de abril. https://www.industrytap.com/knowledge-doubling-every-12-months-soon-to-be-every-12-hours/3950. Consultado el 7 de noviembre de 2020.

Segev, Tom. 1999. *One Palestine Complete: Jews and Arabs Under the British Mandate*. Nueva York: Henry Holt & Co.

Seidman, Dov. 2013. *How: Por qué cómo hacemos las cosas significa tanto*. Madrid: Aguilar.

Seligman, Martin E. P. 2021. *Aprenda optimismo: Haga de la vida una experiencia maravillosa*. Barcelona: Debolsillo.

Shane, Scott. 2010. *Born Entrepreneurs, Born Leaders: How Your Genes Affect Your Work Life*. Nueva York: Oxford University Press.

Shankman, Peter y Karen Kelly. 2013. *Nice Companies Finish First: Why Cut-throat Management Is Over —and Collaboration Is In*. Nueva York: Palgrave MacMillan.

Shiel, William C. Jr., M.D. 2019. «Medical Definition of Synapse». *MedicineNet* (www.medicinenet.com). https://www.medicinenet.com/script/main/art.asp?articlekey=9246. Consultado el 25 de agosto de 2019.

Silver, Katie. 2014. «Romania's Lost Generation: Inside the Iron Curtain's Orphan-ages». *ABC Radio National*, 23 de junio. https://www.abc.net.au/radionational/programs/allinthemind/inside-the-iron-curtain's-orphanages/5543388. Consultado el 9 de febrero de 2020.

Simmons, Annette. 2006. *The Story Factor: Inspiration, Influence, and Persuasion Through the Art of Story Telling*. Cambridge, MA: Basic Books.

Slater, Robert. 1999. *Jack Welsh and the GE Way*. Nueva York: McGraw Hill.

Smith, Robert. 2009. *The Leap: How 3 Simple Changes Can Propel Your Career from Good to Great*. Nueva York: Penguin Books.

Sobel, Dava. 2000. *Galileo's Daughter: A Historical Memoir of Science, Faith, and Love*. Nueva York: Penguin Putnam, Inc.

Solzhenitsyn, Aleksandr I. 2015. *Archipiélago Gulag*. Barcelona: Tusquets.

Sorce, James F., *et al*. 1985. «Maternal Emotional Signaling: Its Effects on the Visual Cliff Behavior of One-Year-Olds», *Developmental Psychology* 21 (1): 195-200.

Sorensen, Ted. 2009. *Kennedy: The Classic Biography*. Nueva York: Harper Perennial.

Statt, Nick. 2018. «NASA Is Currently Conducting a Workplace Culture and Safe-ty Review of Boeing and Spacex, Due in Part to Musk's Behavior». *The Verge*,

29 de noviembre. https://www.theverge.com/2018/11/19/18118769/elon-musk-smoke-weed-nasa-admin-jim-bridenstine-workplace-culture-review. Consultado el 11 de agosto de 2020.

Stavrova, Olga. 2019. «Having a Happy Spouse Is Associated with Lowered Risk of Mortality». *Psychological Science*; 095679761983514 DOI: 10.1177/0956797619835147. Consultado el 19 de junio de 2020.

Steiner-Adair, Catherine y Teresa H. Baker. 2013. *The Big Disconnect*. Nueva York: HarperCollins Publishers.

Stone, Douglas, Bruce Patton y Sheila Heen. 1999. *Difficult Conversations*. Nueva York: Penguin Books.

Sullenberger, Captain Chesley B., III y Jeffrey Zaslow. 2010. *Highest Duty: My Search for What Really Matters*. Nueva York: William Morrow.

_____2016. *Sully: My Search for What Really Matters*. Nueva York: William Morrow.

Sutton, Robert I. 2007. *The No Asshole Rule: Building a Civilized Workplace and Surviving One That Isn't*. Nueva York: Hachette Book Group.

Thompson, Terri, *et al.* 2012. «Victims of Lance Armstrong's Strong-Arm Tactics Feel Relief and Vindication in the Wake of U.S. Anti-Doping Agency Report». *New York Daily News*, 26 de octubre. https://www.nydailynews.com/sports/more-sports/zone-lance-armstrong-bully-downfall-article-1.1188512. Consultado el 29 de julio de 2020.

Tough, Paul. 2014. *Cómo triunfan los niños: Determinación, curiosidad y el poder del carácter*. Madrid: Palabra.

Tracy, Jessica. 2016. *Take Pride: Why the Deadliest Sin Holds the Secret to Human Success*. Nueva York: Houghton Mifflin Harcourt.

Tronick, Ed. 2007. *Still Face: The Neurobehavioral and Social-Emotional Development of Infants and Children*. Nueva York: W. W. Norton and Company.

Trout, Jack y Rivkin, Steve. 2010. *Reposicionamiento: La estrategia competitiva en una era de hipercompetencia, cambio y crisis*. Madrid: Pirámide.

Underhill, Paco. 2010. *Por qué compramos: La ciencia del shopping*. Barcelona: Gestión 2000.

Van Baaren, Rick B., *et al.* 2006. «Mimicry for Money: Behavioral Consequences of Imitation». *Journal of Experimental Social Psychology* 39: 393-398.

Van Edwards, Vanessa. 2018. *Cautivar. La ciencia de seducir a las personas*. Madrid: Oberón - Anaya.

Vedantam, Shankar. 2010. *The Hidden Brain: How Our Unconscious Minds Elect Presidents, Control Markets, Wage Wars, and Save Our Lives*. Nueva York: Spiegel & Grau.

Vuori, Tim O. y Quy N. Huy. 2015. «Distributed Attention and Shared Emotions in the Innovation Process: How Nokia Lost the Smartphone Battle». *Administrative Science Quarterly*, 1-43. http://www.enterprisegarage.io/2015/12/case-study-how-nokia-lost-the-smartphone-battle/. Consultado el 3 de agosto de 2020.

Walker, Rob. 2008. *Buying In*. Nueva York: Random House Publishing Group.

Watson, Lillian Eichler. 1988. *Light from Many Lamps: A Treasury of Inspiration*. Nueva York: Touchstone.

Watzlawick, Paul. 1974. *An Anthology of Human Communication*. Palo Alto, CA: Science and Behavior Books.

The Week. 2020. «The Impeachment Battle over Witnesses». 31 de enero, página 4.

_____2020. Cita de Mary Renault. 27 de noviembre, página 19.

Weisfield, G. E. y J. M. Beresfor. 1982. «Erectness of Posture as an Indicator of Dominance or Success in Humans». *Motivation and Emotion* 6 (2): 113-131.

Welch, Jack y John A. Byrne. 2002. *Hablando claro*. Barcelona: Ediciones B.

Wilson, Timothy D. 2002. *Strangers to Ourselves: Discovering the Adaptive Unconscious*. Cambridge, MA: Harvard University Press.

Wiseman, Richard. 2018. *59 Segundos. Piensa un poco para cambiar mucho*. Barcelona: RBA.

Wolfe, Ira. 2004. *Understanding Business Values and Motivators*. Atlanta: Creative Communications Publications.

Yahr, Emily. 2020. «The Downward Spiral of Ellen DeGeneres's Public Persona: A Complete Guide». *The Washington Post*, 3 de agosto. https://www.washingtonpost.com/arts-entertainment/2020/08/03/ellen-degeneres-show-reputation/. Consultado el 3 de agosto de 2020.

Young, Janette. 2018. «Four Ways Having a Pet Increases Your Lifespan». *The Conversation*, 17 de enero. https://theconversation.com/four-ways-having-a-pet-increases-your-lifespan-88640. Consultado el 22 de julio de 2020.

Índice temático

C

D